KB071469

용기의 심리학

용기의 심리학

건강한 사회적 삶을 위한 아들러학파의 안내서

Julia Yang · Alan Milliren · Mark Blagen 공저

오익수 · 유리향 · 김선희 · 김선우 · 조회진 · 이해중 공역

학지사

The PSYCHOLOGY OF COURAGE

by Julia Yang, Alan Milliren, and Mark Blagen

역 · 자 · 서 · 문

아들러의 상담이론은 공동체 의식을 강조한다. 우리 인간은 사회적 맥락에서 태어나고 사회적 환경에서 살아가는 사회적인 존재이기 때문에 사회적 삶을 잘 살아가야 한다. 우리의 정신은 공동체 의식을 지향할 때 건강해진다. 서로 배려하고 협력하고 자신이 속한 공동체에 공헌함으로써 자신의 존재를 확인하고 소속감을 느끼게 되며 존재는 당당해진다. 반대로 사회적 삶을 지향하지 않고 자기의 이익만 추구하면 개인의 심리적 고통은 커진다. 자기에게 보상이 주어지는 일만 찾아 나서고, 보상이 주어지지 않으면 그 일을 회피하는 개인의 이익을 중요시하는 삶은 두려움과 불안, 우울, 무기력 등 부정적인 정서를 야기하기 쉽다. 이에 공동의 이익보다는 개인의 이익이 앞서고, 서로 협력하기보다는 무한 경쟁을 부추기는 오늘날의 사회에서 공동체 의식을 강조하는 아들러 상담이론이 우리에게 주는 제안은 유익하다. 즉, 우리가 모두 공동체 의식을 가지고 가정, 학교, 지역사회, 우리 민족, 지구, 우주 공동체에 협력하고 공헌함으로써 현대사회가 주는 많은 문제를 극복할 수 있음을 아들러 상담이론에서 찾아볼 수 있다. 다시 말하면, 아들러 상담이론이 제안하는 바에 따라 공동체 의식을 함양하고 공동체 삶을 살아감으로써 오늘날 사회문제로 부각되고 있는 자살, 학교폭력, 빈부격차,

지역갈등, 계층갈등 등의 문제를 완화시키고 극복할 수 있다는 것이다.

이러한 공동체 의식에 뿌리를 둔 아들러 상담의 매력을 발견한 우리는 1999년도부터 지금까지 한국아들러상담연구회를 조직하여 활동하고 있다. 아들러 상담에 관한 책과 문헌을 읽고 토론하며, 때로는 번역하고 저술하였고, 연구논문도 발표하여 왔다. 1999년부터 지금까지 꾸준히 한국아들러상담학회 활동을 함께한 많은 동료 가운데 대표적인 학자는 전남대학교의 노안영 교수, 목포대학교의 강만철 교수, 광주보건대학교의 김광운 교수, 광주대학교의 정민 교수, 전남대학교의 강영신 교수다. 이들은 몸담은 대학교에서 나름대로 이들의 대학원 학생들과 함께 아들러 상담 관련 책과 문헌을 읽고 토론하고, 연구활동을 하면서 아들러 상담의 개념과 기법을 널리 알리려고 노력하여 왔다. 이 책의 원저인 『The Psychology of Courage』의 내용이 몇 차례에 걸쳐서 한국아들러상담연구회를 통하여 소개되었고, 그 내용이 우리에게 매우 유익함을 알게 되었다. 이에 역자는 광주교육대학교 상담 전공 대학원생들과 함께 이 책을 공부하고 번역하기로 했다. 책의 번역은 대학원생 3기 스터디 모임 참여자를 중심으로 이루어졌다. 이들은 2009년부터 다양한 아들러 상담 관련 책과 문헌을 공부하여 왔고, 아들러 상담에 관한 학위논문을 발표하였으며, 대학원 졸업 후에도 2주에 한 번씩 만나 아들러 상담에 관하여 발표하고 토의하는 등 공부를 계속하고 있다.

우리는 『The Psychology of Courage』을 꼼꼼히 읽어 가면서 많은 감동을 받고 공동체 의식에 기초한 삶이 중요함을 다시 확신하게 되었다. 아들러는 공동체 의식 대신 '사회적 관심'이라는 용어를 선호한다. 이 역서에서는 같은 의미로 혼용하고 있다. 이 책의 저자들은 우리가 세상을 살아가면서 만나게 되는 가장 주요한 삶의 과제를 일, 우정, 사랑으로 요약한다. 일의 과제는 우리가 삶을 유지하기 위하여 가져야 하는 일의 세계를 다루고, 우정의 과제는 우리가 사회적 존재로서 다른 사람과 관계를 맺고 더불어 살아가는 문제를 의미하며, 사랑의 과제는 두 남녀가 친밀함을 발달시키고 사랑하고 결혼하고 아이를 낳아 기르는 것과 관련한 과제다. 아들러 상담학파는 이러한 생애과제에 접근할 때 사회적 관심을 지향하여 자신이 속한 사회에 협력하고 공헌하는 방식을 취하는 것이 건강한 삶임을 강조한다. 이러한 삶의 과정에서 용기가 발달하고 기능한다. 아들러 상담학파는 특히 '불완전할 용기'를 중요하게 여긴다. 불완전할 용기를 통하여, 자신이 불완전함에도 불구하고 있는 그대로의 자신을 감당하면서 공동체의 한 부분으로서 협력하고 공헌하는 삶을 살아간다는 것이다. 한편, 사회적 관심과 반대로 자기 관심만을 지향하면, 즉 일, 우정, 사랑과 같은 기본적인 생애과제에서 자신에게 어떠한 보상이 따르는지, 자신이 원하는 것을 성공적으로 얻을 수 있는지 또는 얻을 수 없는지 등 자신의 이익에만 관심을 두게 된다. 그리고 자신에게 보상을 주는 과제는 열심히 하지만 별다른 보상이 따르지 않는 과제는 회피하려고 하고, 자신이 원하는 만큼의 보상이 주어지는지 아닌지를 따지면서 심리적인 두려움을 키워 간다. 이에 저자들은 우리의 삶에서 만나는 기본적인 생애과제에 대해 자기 관심에 기초한 것이 아니라 사회적 관심에 기초하여 접근함으로써 우리의 정신건강을 유지하고 발전시킬 수 있음을 용기와 관련하여 설명한다. 저자는 일, 우정, 사랑의 기본적인 생애과제와 더불어 실존적인 생애과제로서 존재의 과제와 소속의 과제를 다룬다. 존재의 과제는 자기 자신을 있는 그대로 받아들여 자신과 잘 지내는 것을 말하고, 소속의 과제는 자신을 우주의 한 부분으로 생각하면서 우주와 잘 지내는 것을 말한다. 이 책은 용기와 관련하여 기본적인 생애과제와 실존적인 생애과제를 어떻게 이해하고 접근하는 것이 좋은지에 대하여 구체적인 지침을 준다. 책의 후반부에는 이러한 용기를 촉진하기 위한 구체적인 방법을 제시한다. 요약하면 『용기의 심리학』은 우리가 사회적 존재로서 사회적 삶을 어떻게 살아가야 바람직한지에 대하여 구체적인 방향과 지침, 그리고 이를 가능하게 하는 용기를 기르는 방법을 제공하고 있다. 독자들이 아들러 상담 이론의 진수를 맛보면서 이에 기초하여 자신의 삶을 잘 살아가기 위한 지침들을 발견하고 실행하기를 희망한다.

끝으로 이 책의 번역을 마치기로 한 기한을 훌쩍 넘겼음에도 번역이 끝날 때까지 말없이 기다려 주고 지지해 준 학지사 정승철 이사와 편집을 맡아 수고해 준 이하나 선생님에게 감사의 마음을 전한다. 전문 번역서의 발간에 따른 어려움을 감수하면서도 이 책의 발간을 승인하고, 상담학의 발전에 흔쾌히 기여하고자 애쓰는 학지사의 김진환 사장님과 편집부 여러분에게 깊은 감사의 마음을 전한다.

역자 일동

자신의 원칙에 따라 사는 것보다 자신의 원칙을 세우기 위해 싸우
는 것이 더 쉽다.

                                             -Alfred Adler

   나는 "진정으로 용기 있는 사람은 선을 위하여 두려움을 견딘다."
라는 말을 들은 적이 있다. Julia Yang 박사와 Alan Milliren 박사와
함께 아시아를 여행하면서 나는 이 말을 생각했다. 나는 대만의 국
립 Hsinchu 교육대학교에서 개최된 학회의 특별 강연자 중 한 사람
이었다. 이 패널은 Julia, Al, 그리고 나를 포함하여 미국과 대만의
전문가들로 구성되었다. 나는 Julia가 청중의 관심을 끌면서 처음에
는 영어로, 이어서 중국어로 유창하게 강연하는 것을 들었다. 그리
고 Julia가 미국에서 대학원 교육을 받기 전에 이 문화에서 어떻게
성장했는지를 생각했다. 그녀는 매우 효율적으로 강의하면서 두 문
화에서의 사회적 정의를 설명했다. 나는 그녀가 (정년보장 교수직의
재정적 안정뿐만 아니라) 고국의 문화적 안정성을 포기하고, 두 자녀
를 둔 싱글맘으로서 새로운 나라로 온 용기의 수준에 대해 생각해
보았다.

   Al은 Julia의 옆자리에 있었다. 그는 미국을 출발하여 장시간 비
행기를 탔고 곧이어 대만의 최남단까지 기차로 왕복했다. Al은 불

과 며칠 전에야 의사로부터 여행 허락을 받았다. 하지만 그는 생기가 넘쳤고, 휠체어를 거의 펼치지 않았다. Al도 편안한 생활을 하는 정년보장 교수였다. Al은 다른 사람들이 아들러가 제공한 선물들을 배우도록 돕기 위하여 편안함을 버렸다. Al에게는 편안함을 추구하지 않고 자신의 소명을 추구하는 용기가 있었다. 그는 우리를 옭아매는 '유혹들, 지엽적인 일들, 손쉬운 방법들' 대신에 그의 가치에 따라 살기로 선택한 것이다.

용기와 사회적으로 책임 있는 방식으로 행동하는 것 간에는 직접적인 관련이 있다. 이는 아들러학파가 사회적 관심이라고 부르는 것이다. 용기 있는 사람들은 다른 사람들과 협력하고 사회적 정의에 전념한다. 용기가 부족한(또는 낙담한) 사람들은 역기능적인 삶에 빠진다. 용기를 가짐으로써 일, 사랑, 우정과 같은 생애과제를 다루는 능력을 갖게 된다.

이 책에서 Mark Blagen과 함께 Julia와 Al은 용기 또는 '심리적 근육'이라 부르는 것에 대하여 쓰고 있다. 이는 이들이 직접 체험하여 알게 된 내용들이다. 이 책은 제목에서 말하듯이 용기에 관한 것이다. 저자들은 아들러학파 또는 개인심리학을 통하여 이론적 기초를 분명히 제공한다. 이 접근은 인간 특성의 '불가분성'과 삶의 전체성을 강조한다. 저자들은 만족스러운 삶을 만들어 가는 데 필요한 다섯 가지 생애과제를 숙달하는 법을 강조하며, 용기를 촉진하는 22개의 도구를 제공한다. 나는 교재 전반에 제시된 소크라테스식 질문을 특히 좋아한다. 사실 이 책은 단순한 책이라기보다는 건강한 삶을 위한 지침서다. 나는 독자들이 이 책을 읽을 용기를 갖게 되기를, 그리고 만족한 삶을 만들어 가기 위하여 '도구들'을 활용할 용기를 갖게 되기를 바란다. 독자들이 다음과 같은 아들러의 말을 기억하기를 바란다.

"산업과 과학에서의 잘못은 대가가 크고 개탄스럽지만, 우리가 삶을 살아가는 방식에서의 잘못은 삶 자체를 위험에 빠뜨릴 수 있다."

다른 말로 표현하면, "용기가 여러분과 함께하기를!"

Jon Carlson, PsyD, EdD
Distinguished Professor of Psychology & Counseling
Governors State University

자신을 전체의 한 부분으로 받아들이는 사람만이 용기를 가질 수 있기 때문에, 용기는 사회적 기능임을 이해하여야 한다. 단순히 인생에서 수용할 수 있는 부분만 자신의 것으로 생각하지 않고, 수용할 수 없는 부분도 자신의 것으로 받아들이면서 편안함을 느끼는 사람에게서 용기를 발견할 수 있다. 이들은 우리의 문화에 있는 어려움을 모두를 위하여 상황이 나아지도록 작업해야 하는 과제로 받아들인다.

−Alfred Adler(1870~1937, 1931/2003)

왜 용기에 대한 책인가? 많은 사람이 이미 더 나은 삶에 관하여 책을 썼는데 왜 또 하나의 책을 쓰는가? 우리는 만족스러운 삶에 대해 무엇을 알고 있는가? 성취 가능한 일인가? 어떻게 도달할 수 있는가? 용기란 무엇인가? 어떻게 용기를 얻고 주는가? 우리가 생애의 많은 요구에 맞닥뜨리는 동안, 심리학은 우리가 용기를 추구하는 데 어떻게 도움이 될 수 있는가?

무관심에서 적대감으로

실존주의 철학자들과 심리학자들은 20세기의 문제를 무관심apathy

이라고 이야기한다. 공포와 불안에 휩싸인 사람들은 **무감동**의 상태로 도피하여 자신을 둘러싼 세계에 **영향을 미칠 수 없다**. 조용하고 우울한 무관심이 자신과 타인에 대한 **적대감**으로 변하면서, "당신의 일이나 신경 써."와 "그건 중요하지 않아."와 같은 태도는 21세기에도 지속되었다. 수십 년 전, Rudolf Dreikurs는 사람들이 어떻게 사는가를 침울한 모습으로 기술했다.

> 사람들은 그렇게도 많이 배워 왔지만 아직도 사회적 삶을 사는 데 필요한 기본을 모른다. 가족과 평화롭게 지내지 못한다. 자녀를 양육하는 법도 모른다. 중독되지 않고서는, 즉 무엇을 획득하고 성취하고 도달하기 위해서 미친 듯이 돌진하지 않으면, 자신의 인생을 즐길 수 없다. 사심 없는 사랑은 잃어버린 예술이 되었다. 무엇인가에 대한 신념은 낡은 생각이 되었고, 관계는 한가한 꿈이 되었다(Dreikurs, 1971/1994, p. xii).

두려움이 집과 학교, 일터 그리고 사회에서 사고와 감정, 행동에 영향을 미침에 따라 오늘날 삶의 문제는 과거보다 심각해졌다. 새로운 천 년의 전환기에 지역적으로나 전 세계적으로 공공 범죄와 파괴행위가 급증하여 세상은 더 이상 안전하지 않고, 우리는 이러한 세상에서 살아갈 준비를 전혀 하지 않고 있다. 행복한 삶을 살려는 목적을 이루는 것이 어렵다는 것은 말할 필요도 없게 되었다.

게다가 우리는 오늘날 기존의 윤리와 가치에 반응하는 데서 모호함과 양가성이 많은 개인주의적이고 물질주의적인 사회에 살고 있다. 또한 우리는 발달과 적응을 위한 상호지지 체제를 접할 수 없는 시대에 살고 있다(Bellah et al., 1985 참조). 우리는 모든 것을 혼자 해야 한다. 정서적·사회적 고립으로 인해 우리는 두려워하며 살고 있다.

사회적 관계를 예측하고 통제하려는 욕구 때문에 삶을 있는 그대로 수용하는 우리의 자연적인 능력이 없어지고 있다. 전적으로 좋은 의도를 가지고 만족스러운 삶을 추구하는 사람들이라도 경쟁하고 비교하려는 욕구의 함정에 빠져든다. 삶이 완전하지 않음을 알게 되면서 경쟁하고 비교하는 것을 통해 파괴적인 감정을 숨긴다. 행복의 권리에 대한 가정과 주장은 널리 퍼져 있는 자기중심적인 문화 현상과 직접 관련된다.

두려움에서 용기로

우리에게는 개인의 안녕을 발전시키고 모든 사람에게 소속감과 중요성을 격려하는 더 나은 세상을 만드는 과제가 있기 때문에, 사회적 삶에서의 용기를 논의하는 것이 필요하다. 그동안 용기는 심리학 문헌에서 간과되어 왔다. 20세기를 두려움의 세기, 그리고 이전의 과학의 세기에 이어 심리학의 세기라고 한다(May, 1977, p. 7). 전근대적인 공동체적 가치가 과학적인 가치로 바뀌는 혼돈의 시기에 탄생한 심리학은 지난 세기의 물질주의와 개인주의의 영향을 피할 수 없었다. 심리학은 돌봄을 활성화하고자 하였으나 실패했다. 오히려 심리학은 용기를 함양시키기보다는 상대 개념인 공포를 분석하는 데 훨씬 많은 관심을 기울여 왔다.

정신건강은 정신질환이 없는 상태가 아니다. 심리학이 질병의 유무만을 다루는 것으로는 충분하지 않다. 우리는 대부분의 심리학이론에서 기술된 것보다 더 탄력적이다. 불리한 생활 조건에서도 최적으로 대처하고 발달하는 것이 곧 건강한 것이다. 개인 건강과 공중 건강을 행복의 구인 또는 행복을 추구할 수 있게 하는 특성이라고 볼 수 있다. 따라서 심리학은 삶의 문제에 대처하도록 개인을 고취하고 준비시키는 가치를 인정하고 포괄하여야 한다. 21세기에는 우리에게 돌보는 용기의 임무가 부여되어 있다. 두려움을 직면하고, 부적절함을 극복하고, 타인을 돌보고, 용기와 희망으로 고통을 견디어 내고, 자신과 가족, 지역사회, 그리고 인류와 조화롭게 살아가도록 돕는 심리학이 필요하다.

공동체 의식: 무관심의 치유

> 나는 조사 과정에서 어려움의 시작에서부터 이를 극복해 가는 전체 생애 과정에 걸쳐 있는 의의를 발견하는 것을 특별히 중요하게 여긴다. 이는 꽤 역설적이다. 커다란 성취는 대체로 장애를 용기 있게 극복하는 데서 나오지, 원래 있는 소질의 결과가 아니라는 것이다. 오히려 소질이 없어서 나온 결과다.
>
> —Alfred Adler

알프레드 아들러에게 무관심에 대한 해결책은 개인심리학의 핵심 개념인 공동체 의식이라는 타고난 적성과 이를 훈련시키는 것이다. 행복의 길(또는 더 나아지기, 인생의 의미)은 공동체 의식을 추구하는 용기에 있다. 아들러에게 건강한 사회적 삶의 기준은 공헌과 협력을 통하여 소속감을 경험하는 정도다. 공동체 의식은 용기를 가지고 삶의 문제를 직면하고 자신과 타인을 위한 책임감을 받아들이도록 우리를 고무하고 준비하게 한다.

아들러 심리학은 자주 개인심리학이라고 불린다. 개인individual이
라는 용어의 그리스어 어원은 개인의 고유한 개별성과 관련된다.
그러나 아들러 심리학은 개인의 반의어가 아니라 개인의 확장과 공
동체 의식 또는 사회적 관심의 증진을 강조하는 사회심리학이다.
개인심리학의 원리는 다음과 같다.

1. 우리는 사회적 존재다. 인생의 의미는 인류를 위하여 협력하
   고 공헌함으로써 소속감과 중요성을 성취하는 데 있다.
2. 모든 행동은 사회적 중요성과 소속감을 성취하기 위한 목적이
   있다.
3. 우리는 전체적인 존재다(즉, 생각하기, 느끼기, 행동하기). 우리
   삶의 모든 측면은 분리될 수 없다(즉, 일, 사랑, 우정/가족/지역사
   회, 자기와 타인의 조화).
4. 우리는 초기 경험들에서 의미를 만들고, 평생 이러한 틀에 따
   라 행동한다.
5. 인생은 움직임이다. 우리에게는 극복하고, 보상하고, 완벽을
   지향하는 목적을 추구하는 창조적인 힘이 있다.
6. 완벽은 허구다. 완벽을 추구할 때 우리는 과잉보상이나 과소
   보상의 문제를 경험하는 경향이 있다.
7. 평등은 소속을 전제로 한다. 삶의 문제는 개인적 열등감뿐만
   아니라 집단적 열등감에서 비롯된다.
8. 용기와 사회적 관심은 보편적인 가치다. 이는 개인 및 사회적
   삶의 목적이자 수단이다.

9. 개인의 자유는 사회적 책임감과 함께한다.
10. 행복은 전 세계 인류의 목적이다. 개인과 사회가 안팎에서 사회적 삶의 용기를 일구어 내는 힘들을 인식할 때 행복을 얻을 수 있다.

전 세계의 인류

용기나 공동체 의식은 새로운 개념이 아니다. 동서양에서 문화적 및 영성적 전통의 덕목에 스며 있다. 공동체 의식을 사회적 이상의 덕목과 윤리로 볼 수 있다면, 이는 기독교 영성에서의 아가페, 유교의 인, 도교의 조화, 불교의 초월적 지혜와 비교할 수 있다. 공동체 의식을 개인의 품성 특성으로 간주하면, 이는 우리와 타인에게 사회적으로 도움이 되는 용기와 이의 필수적인 태도로서 성취된다. 우리는 이러한 태도나 품성 특성이 모두 가정, 학교, 그리고 다른 삶의 장면에서 개발될 수 있는 타고난 적성이고 능력이라는 아들러의 희망과 확신을 함께한다. 개인심리학은 개인 내부 및 개인 간의 관점뿐만 아니라 개인 초월적 관점으로 덕목을 이해하고 발달시키려는 유일한 심리학이다.

개인심리학은 용기란 무엇인지, 그리고 사회적 삶을 증진시키기 위하여 용기를 어떻게 활용할 수 있는지를 이해하는 데 개방적이며 수정 가능한 틀을 제공한다. 아들러는 여성과 아동의 사회적 평등관을 제시한다. 아들러는 자기조력 및 자기심리학의 아버지이자 인지심리학, 실존주의 심리학, 인본주의 심리학, 긍정심리학의 선구자로 여겨지고 있다. 아들러는 동양의 공자와 서양의 소크라테스와 비교되어 왔다. 공동체와 자기조력에 대한 아들러의 생각은 익명의 알코올 중독자 모임(A.A.)의 공동 창설자와 활동에 큰 영향을 주었다(Blagen, 2008). 이와 같이 우리의 강점을 드러내고 용기를 훈련할 수 있는 상호연계를 통해, 문화적으로 적용 가능한 도구들을 개발하고 종합할 놀라운 기회가 우리에게 주어졌다.

책의 구성

이 책은 3부로 구성된다. 제1부 '기초'에는 3개의 장이 있다. 1장에는 개인심리학의 원리에 기초하여 용기를 정의한다. 2장은 정신건강의 측정 모델이 되는 사회적 관심의 개념 요소에 초점을 맞춘다. 3장은 개인심리학의 개념을 계속하여 소개하면서, 아들러와 그의 추종자들이 제안한 각 생애과제를 다루는 제2부 '사회적 삶의 용기'의 도입이 되기도 한다.

4장부터 7장은 이 책에서 생애의 기본 과제로 삼고 있는 일하고 사랑하고 사회적 관계에 참여할 용기를 다룬다. 사랑의 과제는 두 성인 간의 친밀함의 과제를 말한다. 6, 7장에서는 보다 범위가 넓은 우정/가족/지역사회 과제(아들러가 처음에 '사회적 과제'라고 한 것)를 다룬다. 7장은 '소속의 용기'라고 하였는데, 공동체 생활의 심리적 측면에 초점을 둔다. 8장과 9장은 실존적 · 영성적 관점에서 자기와 우주와 잘 지내는 실존적 과제를 다룬다. 8장은 '존재의 용기'인데 자기와 조화롭게 존재하는 과제를 다룬다. 9장은 우주적인 사회적 관심 또는 영성적 소속감과 관련한 영성적 안녕의 과제로서 우주와 조화롭게 존재하는 과제를 다룬다.

제2부의 각 장에서 각 생애과제, 두려움의 문제, 보상 또는 회피의 의미뿐만 아니라 이 과제에 접근하는 사회적으로 유용한 태도에 대한 아들러학파의 통찰도 살펴본다. 각 과제의 문제를 더 잘 설명하기 위하여, 우리가 면접한 많은 사람의 간단한 생각과 담화를 많이 포함한다. 또한 책의 내용과 독자의 사고과정 간에 상호작용을 촉진하기 위하여 소크라테스식 질문을 활용한다.

제3부 '시사점'에서는 22개의 유용한 도구들을 소개한다. 10장 '용기를 촉진하는 기술'은 이러한 도구들을 사용하는 것에 관한 여러 가지 핵심 개념, 즉 소크라테스식 질문, 격려, 촉진 요소를 주로 다룬다. 도움이 되는 도구들은 초기 기억, 가족 구도, 생활양식 사정과 같은 심리학적 연구에 의한 아들러학파의 기법에 근거한다. 이는 독자들이 자기연습이나 다른 사람이 용기를 드러내거나 획득하도록 돕는 데에 사용할 수 있게 창의적으로 고안되었다. 독자는 이 책의 제1부와 제2부의 내용과 상호 참조되는 이러한 자료들을 이용할 많은 방법이 있음을 알게 될 것이다. 우리는 용기와 공동체의식이 실제로 가르쳐질 수 있는 횡문화적 개념이라고 믿으며, 또한 이 책이 학술적 또는 임상적 상황에서 훈련하는 데 이용될 수 있기를 희망한다.

우리가 현대 생활에서 개인심리학과 이의 적용 가능성을 정확하게 전달하고 있음을 확인하기 위하여 대부분 아들러와 그의 추종자들의 고전적 저술에 기초하여 책을 저술하였으며, 아울러 문헌 또는 개인적인 의사소통을 통하여 아들러학파 동료들의 자문을 받아 우리의 아이디어를 확인하고자 했다.

마무리 생각

　아들러는 자신의 심리학을 평범한 사람을 위한 상식이라고 보았다. 우리는 행복이란 용기 있게 사랑하고 일하며, 자신과 타인, 세계와 조화로운 관계를 맺을 때 얻어지는 것이라는 신념을 가지고 이 책을 썼다.

　적대감과 무관심이 만연하는 이 시대에 우리의 동료 전문가와 독자들이 용기를 드러내고 촉진하는 데 유용한 정보와 도구들을 이 책에서 알게 되기를 희망한다. 마지막으로 우리는 이 책이 모두에게 건강한 사회적 삶의 목적으로 안내하는 편리한 안내서가 되기를 바란다.

감·사·의·글

> 우리가 사랑할 때, 우리는 신의 마음속에 있다.   −Kahlil Gibran

믿거나 말거나, 우리는 용기에 대한 이 책을 쓰는 동안 많은 두려움을 경험했다. 이 프로젝트는 스스로 움직여 갔으며, 우리에게 익숙한 학술적 저술 방식과는 반대되는 방식으로 자신을 나타냈다. 우리가 책을 써 갈수록 우리가 배워야 할 것이 훨씬 많다는 것을 더욱더 알게 되었다. 어쨌든 우리는 모험을 감수했고, 따라서 불완전의 용기라는 면에서 우리와 함께 나누는 독자들께 먼저 감사하고자 한다.

주제의 가치를 알아보고 우리를 출판사와 연결시켜 준 Jon Carlson에게 감사드린다. Georgia, Debra, David H., Mario, Ms. V., 그리고 Jon R.은 우리의 면접, 영상·음성 기록, 그리고 전사를 도우면서 실제적인 도움을 많이 주었다. 책의 진도와 완성이 늦어짐에도 오랫동안 참아 주고 너그럽게 자주 지지하여 준 Dana Bliss(우리의 편집자)에게 큰 빚을 졌다. 출판하느라 애를 많이 쓴 Routledge의 Chris Tominich에게도 깊이 감사드린다.

이 책의 많은 생각은 독창적인 것이 아니다. 우리는 아들러학파의 친구들(예를 들면, West W., Dan E., Richard W., 그리고 Erik M.)과 동서

양의 많은 고전의 저자들에게 감사한다. 특히 Michelle A., Shannon D., Gina G., David L., Cinthie C., Georgia S., Donna S., Mary W., 그리고 Monica W.에게 특별한 감사를 드린다. 이들의 사색적인 저서들은 큰 도움이 되었다. 특별히 우리에게 용기의 많은 면을 가르쳐 주고 그들의 진정한 삶의 이야기를 공유하도록 해 준 분들께 감사한다.

저자들이 다양한 공간과 시간 속의 세계를 멀리, 그리고 깊숙이 여행하는 동안 이 책은 진정한 공동체 프로젝트였다. 실제 저술은 Colorado의 눈 덮인 Blanca 산 근처에서 시작했다. 주요 개념과 용기를 촉진하는 많은 도구는 우리가 미국, 대만, 슬로바키아에서 워크숍을 진행했을 때 참가자들이 해 준 조언에 기초하여 개발되고 정련되었다. 동료상담자, 학생, Governors 주립대학교와 대만 국립 Hing Chu 교육대학교 직원들의 지지와 격려는 이 책을 완성하는 데 큰 도움이 되었다.

우리는 가족과 친구들에게 영원히 감사한다. 이들의 존재는 우리가 신의 사랑의 구조를 알도록 영감을 주었다. Julia가 제2언어로 책을 쓰는 것은 어려운 일이었다. 그녀는 아들 Alan Lin에게 한없이 고마워한다. 아들은 엄마의 원래 생각을 충분히 이해하고 존중하면서 여름 내내 엄마의 중국식 영어를 교정했다. 그녀는 또한 딸 Joy Lin을 늘 마음에 품고 있다. 엄마가 책을 쓰면서 안식년의 책무를 다하기 위하여 멀리 떨어져 있을 때, 딸은 고등학교 마지막 학년의 몇 달을 혼자 지냈다. Julia가 없는 동안 대학원 공부를 뒤로 밀치고 Joy와 함께 있어 준 정신적 친구인 Lao Lao에게도 감사한다. Julia에게 저술의 용기가 필요할 때, 가까이서 좋은 친구가 되어 준 Max, X, Sidney에게도 감사의 마음을 전한다.

저자들 서로의 매우 특별한 관계 속에 있는 사랑 덕분에 이 책의 저술이 가능했다. Julia는 Illinois 주립대학교에서 Al의 대학원 학생이었다. 이 책에서 인용된 많은 부분은 학생의 필요와 포부를 알고 있는 Al로부터 받은 졸업 선물이었다. Al은 세 시간씩 운전하며 시카고 아들러 연구소(지금은 시카고에 있는 the Adler Professional School of Psychology)를 방문할 때 Julia를 자주 데리고 갔다. Julia는 창밖 시카고 기차의 소음이 Al과 다른 아들러학과 사람이 촉진자였던 공개적인 가족 포럼에서의 경이로운 상호작용과 결코 맞설 수 없었던 때를 기억한다. 25년의 시간이 지나서도 Julia는 Al의 소크라테스식 질문의 새로운 기법, 현장 시범, 강연 원고에 계속하여 경탄한다. 이 책에 수록된 많은 도구는 독자들이 그동안 접할 수 없었던 Al의 작업을 실제로 기록한 것이다.

A.A.의 공동 창시자인 Bill W.에 대한 아들러의 영향력을 발견한 Mark는 공동체와 무조건적인 사랑이 고통과 의심을 치료와 회복으로 바꾸어 놓음을 보여 주었다. 암으로 아내를 잃은 절망 속에서도, Mark는 생기를 되찾아 이 책에 매우 진정성 있게 희망의 이야기를 썼다. 공동 저자로서 Mark는 Julia에게 많은 자신감을 주는 비평과 격려를 끊임없이 해 주었다. 우리는 저술의 과정을 함께하면서, 새로운 생활을 시작했다. 이들은 2009년 3월 28일 결혼했다. 이들은 두 사람의 결합을 장엄한 사랑으로 묶어 준 신의 뜻으로 돌렸다. 최대한 충실한 삶을 상상하고 살아가는 아름다움에는 한계가 없다!!

우리와 함께 새로 시작하자. 인생은 좋은 것이다!

차 • 례

기 초

THE PSYCHOLOGY OF

COURAGE

CHAPTER

01

용기란 무엇인가

용기란 다른 사람을 구하기 위하여 곧 무너질 건물에 들어가는 것이라 고 생각한다(2001년 세계무역센터 테러 목격자, Phillips, 2004).

Henry는 수술치료가 가능한 암에 걸린 소년이었는데, 그는 계속 살아 남을 수 있다는 것에 대해 운이 좋다고 느낀다. 그는 매 순간 최선을 다하여 열심히 살고 있다. Henry는 죽음을 직면하면서 매우 큰 존엄성 을 갖게 되었다(Phillips, 2004).

도시 빈곤지역의 담임교사로서 나는 매일 용기를 만난다. 때로는 사랑 외에는 어느 것도 줄 수 없을 정도로 겨우겨우 먹고살기 바쁜 3~4명의 아이가 있는 싱글맘을 보면서 용기를 만난다. 때로는 집에서 맞는다는 말을 할 정도로 선생님을 신뢰하는 1학년 아이에게서 용기를 만난다. 용기는 내부로부터 나오는 강점이다. 그러나 외부에서 이를 관찰한다면, 용기는 단순히 경외의 마음을 일으킨다(Gina).

용기에 관한 이야기는 역사 속의 영웅뿐만 아니라 일상생활의 보통사람에게서도 찾을 수 있다. 용기는 미덕, 마음 상태, 태도, 정서, 힘 또는 행동일 수 있다. 하지만 용기의 심리학을 정립하는 것은 어렵다. 우리가 장애와 두려움에 부딪힐 때, 외적으로 극복하거나 또는 내적으로 인내하는 중에, 직면하거나 또는 참고 괴로워하는 중에 용기가 가장 잘 드러난다. 자아를 실현하려고 열심히 노력하는 사람에게 용기 있다고 하지 않고, 고통과 두려움을 이겨 내기 위해 열심히 노력한 사람에게 용기 있다고 한다(Miller, 2000). 하나의 성에서 용기 있는 행동으로 간주되는 것이 이성에게는 그렇지 않을 수 있다. 용기란 다양한 문화와 영적 전통에서 묘사된 것처럼 개인과 가족, 공동체에 따라 많은 것을 의미한다.

용기의 심리학

용기를 단순하게 말하면, 어려움이 있는 상황에서 위험을 감수하고 앞으로 나아가려는 마음이다. 용기란 무엇인가와 같은 질문을 할 때, 우리는 용기가 어떤 목적으로, 누구를 위해, 그리고 누구를 지향하는지도 질문한다. 용기는 우리의 생각, 감정, 행동으로 표현된다. 우리는 용기의 행위가 사심 없고 타인 지향적인 특징이 있다는 점에 주목한다. 용기는 우리가 자기실현을 추구함에 따라 공동선의 목적을 알아차리도록 하는 내적인 생명력이다.

이 책에서 우리는 개인심리학의 관점에서 용기의 개념적 이해와 활용을 다루고자 한다. 심리학적 구인으로서 용기는 인간의 본성, 가족의 영향, 그리고 일, 사랑, 사회의 생애과제를 처리하는 특유의 방식을 이해하려는 아들러의 긍정적, 현상학적, 그리고 실용적인 접근에서 가장 잘 이해된다.

아들러는 우리가 전체의 일부분일 뿐이며, 따라서 개인적인 삶은 결코 완벽할 수 없다고 생각했다. 낙담한 사람은 실패의 두려움 속에 있으며, 수용과 불완전할 용기가 부족하다. 낙담한 사람은 생애과제에 대해 과잉보상이나 자기보호, 또는 과소보상이나 회피를 함으로써, 지나치게 성공을 추구하려고 하는 과장된 열등감에 빠진다([그림 1-1] 참조).

아들러의 성숙이론은 용기의 덕목과 핵심 특성을 배울 수 있게 하는 최선의 지침을 우리에게 제공하는 용기의 심리학이다. [그림 1-1]에서 보는 바와 같이 우리는 일, 사랑, 사회(가족/우정)의 기본적 생애과제를 만난다. 그리고 이러한 과제들이 서로 관련을 맺고, 어렸을 때의 사회적 삶에서 형성된 삶의 태도와 연관하여 존재(자기와의 조화)와 소속감(우주와의 평등과 조화를 통하여)의 실존적인 생애과제를 만난다. 거부와 실패에 대한 두려움은 모든 문제의 근원이다. 비교와 경쟁은 집과 학교, 직장에서 사용하는 전형적인 대처 방법이다. 이러한 문제에 대한 답은 용기다. 협력과 공헌의 용기를 통하여 자기관심의 태도를 사회적 관심의 태도로 바꿀 때 변화는 가능하다.

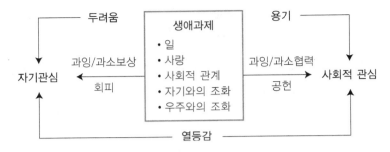

그림 1-1 용기의 개인심리학적 모델(Yang, Milliren, & Blagen, 2010)

○ 두려움

용기는 절망의 없음이 아니다. 오히려 절망에도 불구하고 앞으로 나아
가는 능력이다(May, 1975, p. 3).

철학적·군사적·종교적 문헌에서 논의된 다양한 용기의 정의
에는 공통점이 있다. 즉, 용기가 있기 전에 대립적인 상황이 있어야
한다는 것이다. 용기는 위험, 절망 또는 두려움에 대한 반응이다.
두려움은 용기의 중심에 있고, 용기가 존재하려면 두려움이 있어야
한다(Moran, 1987). 우리가 위험을 감지할 때, 두려움은 우리에게 즉
시 자기보호가 필요함을 알린다. 위험에 대한 반응으로서 두려움은
보호의 목적을 갖는 경보체제처럼 기능한다. 두려움이 우리의 직관
과 함께 작용하여 우리를 생존하게 하는 신호의 역할을 할 때, 두려
움은 선물이다(Becker, 1997).

우리를 둘러싼 세계, 우리와 함께 있는 세계, 우리 안에 있는 세

계를 만나면서, 두려움이 고조된다. 우리는 거부, 실패, 실수를 두려워한다. 다른 사람들이 우리를 어떻게 생각할까를 걱정한다. 따라서 우리는 우리 자신을 걱정한다. 우리는 죽음을 두려워한다. 따라서 우리는 두려움 속에서 살아간다. 두려움은 혹이 없어야 할 곳에서 혹을 찾는 것이다. 우리는 상실과 변화를 두려워한다. 두려움은 우리의 과거와 미지의 미래 사이에 다리를 놓기 위해 사용하는 방책이다. 그림자가 태양 아래의 모든 것을 따라다니는 것처럼 두려움은 우리를 따라다닌다.

두려움이 위험보다 커지기 전까지는 두려움은 기본적이며 정상적이고 필요하다. 두려움이 위험보다 커지면, 두려움은 불안이 된다. 실제의 상황 또는 알 수 없는 이유로 야기된 두려움은 대부분 얼굴이 없고, 뜻밖의 순간에 우리 안으로 숨어든다. 그러나 이유 없는 두려움은 우리에게 그 힘을 행사하여 걱정이나 불안이 될 수 있다. 불안은 우리의 자유를 벗겨 내고 역설적으로 겁을 주는 세계로부터 우리를 떼어 놓는다. 두려움과 달리 불안은 인식할 수 있는 원인이 없으며, 우리의 기대와 현실 사이의 어긋난 균열에서 생겨난다. 실존적으로 두려움은 궁극적으로 죽음에 관한 것이며, 일상적인 삶에서 회의와 무의미감으로 드러난다.

개인심리학에서 두려움은 정서 이상의 것이다. 두려움은 열등감을 느끼고 세상의 요구에 부응할 수 없다고 느끼는 사람들의 목적으로 쓰일 수 있다. 두려움은 숨겨진 적대감으로 이용될 수 있다. 숨겨진 적대감은 공헌을 부정하거나 자신과 타인에 대한 책임을 지지 않으려는 개인의 선택을 감춘다. 아들러는 두려움과 불안을 번갈아 사용했다. 아들러는 불안을 사회적 삶에 대한 걱정으로 보았다. 불안은 불완전하다고(열등감) 느끼는 사람들이 완전하려는(우월성) 목적을 추구함을 나타내지만, 이러한 추구로 소속하기 원하는 사회와 연결되려는 소망으로부터 훨씬 더 멀어진다.

> [가시적이거나 느낌상의 패배를 막아 보려는] 새로운 목적은 새로운 방식의 삶을 상세하게 제시한다. 실패에 대한 두려움 때문에 모든 것을 끝내지 않은 채 내버려 두어야 하고, 모든 노력과 행동은 모든 것을 감안해도 무용한 면에서 일어나는 가짜 활동(pseudo-activity)이 된다 (Adler, 2006a, p. 38).

우리가 두려움에 빠지면, 두려움은 우리의 생각, 감정, 행동을 지배하게 된다. 우리는 순간적인 긍정감을 느끼거나 우리 자신이나 타인을 통제하는 방식으로 두려움에 반응한다. 마음속으로 우리는 현재의 자신의 모습과 타협하며, 자신의 진정한 바람과 요구가 충족되지 않음을 안다. 두려움이 문제보다 더 커지면, 두려움은 우리가 자신과 세계와 관계를 맺을 때 우리의 발달과 적응이 도전적이되도록 한다. 우리가 두려움에 계속 사로잡혀 있으면, 우리는 제약을 받고 세상과 세상이 줄 수 있는 것을 볼 수 없게 된다. 이는 우리의 활력과 비전을 앗아갈 수 있다. 두려움은 우리가 앞으로 나아감을 멈추게 할 수 있다. 두려움은 우리의 소속감을 방해할 수 있다. 극단적인 두려움에 빠지면, 자신과 타인에 대한 (조화 대신에) 적대감이 보편적인 갈등 반응 방식이 된다. 두려움에 빠지면 삶은 무기력하고, 희망이 없고, 의미가 없어진다. 패배할까 봐 두려워하고 패배하지 않으려고 노력하는 가운데, 우리는 열등감을 느낀다.

◯ 열등감

생물학적으로 말하면, 우리는 모두 작고, 의존적이고, 무기력함을 느끼면서 태어난다. 신체적인 열등감은 실재하는 반면, 심리적인 열등감은 가정 및 학교에서 돌보는 사람, 형제자매로부터 시작하여 성격형성기에는 놀이친구와 또래와의 상호작용에서 비롯된다. 진정한 열등감은 신체적인 면에서만 있어야 하지만, 대부분의 열등감은 우리의 행동과 감정에 영향을 주는 주관적이고 평가적인 인식에서 온다. '더 작은' 또는 '마이너스' 위치에 있다는 인식은 보편적인 열등감이나 과장된 열등감 콤플렉스를 갖게 한다. 열등감은 개인에게 존재할 뿐만 아니라 집단적 또는 영성적으로도 존재한다.

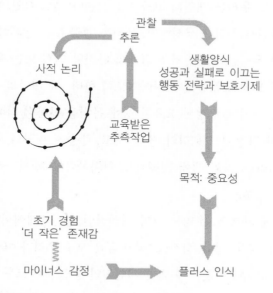

그림 1-2 마이너스 감정에서 플러스 인식으로(Milliren, 2005)

더 작다는 느낌이 사회적 불평등과 생의 무의미에서 비롯되거나 영성적인 연계감이 없으면, 우리의 소속감은 상당한 방해를 받는다.

두려움과 열등감은 사회적으로 유용한 행동을 하도록 하거나 또는 부적절감을 느끼게 한다. 부적절성은 우리에게서 삶의 자유와 책임을 빼앗아 가는 보호 장치다. 두려움과 열등감은 공동체 생활의 주된 일에 공헌하는 대신에 사랑, 일, 우정의 문제 해결과는 동떨어진 부차적인 활동들을 하게 한다.

우리는 마이너스 감정 또는 더 작은 존재감으로부터 개인적인 우월감 또는 플러스 인식으로 나아가고자 하는 자연스러운 바람을 가지고 열등감에 반응한다([그림 1-2] 참조). 이러한 심리적인 움직임은 행동전략과 정서의 채택, 그리고 자기보호를 위한 보호 장치에서 나타나는 타고난 창조적인 힘에 의해 동기화된다. 이러한 창조적인 힘으로 우리는 개인의 고유성을 갖는다. 창조적인 힘은 환경에 반응하면서 목적을 생성하며, 우리를 성공 또는 실패하게 한다. 또한 이는 우리를 불완전의 느낌에서 완전함 인식 또는 목적/중요성/소속의 느낌으로 은밀히 나아가도록 한다. 각 개인의 창조적인 힘은 생애 초기에 형성된 고유한 생애 목적을 향하여 나아가게 한다. 이러한 과정에서 우리의 정서, 사고, 행동은 우리의 사적 논리뿐만 아니라 우리의 생애 계획과도 일치한다(제9장의 '추구하기에 대한 논의' 참조).

아들러에 따르면, 우리는 각자 개인적인 정신세계에서 산다. 우리의 기억, 지각, 정서, 상상, 그리고 꿈은 모두 우리가 어떻게 생각하고 느끼고 행동하는가에 대한 개인적인 통일성과 고유성을 나타낸다. 아들러는 이러한 통일성을 **생활양식**이라고 했다. 즉, 생활양식이란 "우리를 성공과 실패로 이끄는 행동전략과 보호기제의 총체"다(Milliren, Clemmer, Wingett, & Testerment, 2006, p. 357).

우리가 느낌을 이해하고, 도전을 수용하거나 거부하고, 주관적으로 결정하고, 사회적 삶에서 최선을 다하는 방법을 평가할 때, 생활양식은 우리의 경험을 다양하게 이용하게 한다. 이는 "안내자, 제한자, 예언자"다(Carlson, Watts, & Maniacci, 2006). 두려움 중심의 열등감(또는 우월감)은 우리의 생활양식에서 드러난다. 우리가 생애 과제에 대처하는 동안 우리의 창조적인 힘이 장애와 대안을 창출할 때, 우리는 우리의 생활양식에 따라 우리의 환경을 이용한다.

> 전체적인 큰 생애 움직임의 행동은 …… 불완전으로부터 완전을 추구하는 것이다. 따라서 개인의 전체적인 삶의 방향은 극복하는 것이고 우월성을 추구하는 것이다(Adler, 1979, p. 52).

생활양식은 열등한 존재라는 감정으로부터 보다 나음이라는 목적을 향하여 창조적으로 나아가는 방법에 관한 인지도(cognitive map)다. 두려움이 열등감에서 드러나는 것처럼, 용기는 선택한 목적을 향해 나아가도록 동기화하는 창조적인 힘으로 나타난다. 겁 많고 보호적인 사람은 비난, 비현실적 생각, 자기중심, 이중적인 마음, 경쟁, 가공적 생애 목적이라는 어려움에 자주 부딪히고, 지나친 관심, 권력 투쟁, 복수 또는 우울을 만들어 내는 다른 방식의 어려움을 자주 겪는다. 반대로 용기 있는 사람에게는 이기심, 보호 장치, 착취, 우월성 등이 없고, 미적 특성, 아가페, 이타주의, 용기, 희망, 공감, 의미, 인내, 움직임, 고요, 일관성, 격려, 조화, 전체성, 재

생산, 사회적 유대 등의 특성이 있다.

◯ 보상

주로 준비가 부족할 때 용기는 위협당하게 되고, 이는 두려움으로 가장한다. 용기 부족의 핵심적인 문제는 실수에 대한 두려움이다. 실수 중심의 사회와 맞물리면, 낙담한 또는 열등한 느낌이 더 악화된다. 훌륭한 사람 또는 더 나은 사람이 되고자 노력할수록 우리의 문제는 더 악화되는 것 같다. 유용하게 되려는 열망이 우리를 동기화하더라도, 열등감에 대응하여 그 보상으로서 완전하려는 가공적 목적과 우월감을 가지면 대부분 두려움이 생긴다.

자기발달을 하나의 과정으로 보면, 장애물에도 긍정적인 효과가 있을 수 있다. 창조적인 힘은 보상적인 자기이상에 열등감을 적합하게 맞춰 가도록 돕는 원동력이다. 보상 과정은 마이너스 감정을 극복하려는 시도이고, 보상 추구는 자기이상을 향하여 나아가도록 하는 원동력이다. 이러한 이상을 다르게 생각하면, 타고난 완전 추구 성향은 사회적 소속감과 중요성으로 나아가게 하거나 이를 어긋나게 한다. 에디슨, 헬렌 켈러, 베토벤은 자신의 신체적 한계를 뛰어난 재능으로 이겨 낸 것으로 알려져 있는 있는 반면, 히틀러는 사회적 소속감과 중요성을 깨뜨린 고전적인 사례다.

보상 과정에서 우리의 사고, 감정, 행동을 안내하는 창조적인 목적은 성공할 수 없다는 두려움, 충분히 훌륭하지 않을 것이라는 두려움 또는 거부의 두려움을 자주 위장한다. 예를 들면, 불완전할 용기가 부족하면 자연히 완전하려는 보상적인 열망을 갖게 된다(예를 들면, 사회적으로 칭찬받는 행동으로 인정과 승인을 추구하는 인기 있는 아동 되기). 이러한 궁극적인 목적이 충족되지 않으면 권위와 힘에 반항하거나 사회적으로 덜 인정받는 다른 즉각적인 목적을 추구하면서 추구의 과정을 바꿀 수도 있다.

보상을 바라보는 또 다른 방식은 우리의 기본적인 생애과제(즉, 일, 사랑, 우정/가족)가 실제로 분리되지 않지만 어떤 영역에서 뛰어날 수 있음을 고려하는 것이다. 하나의 과제 영역에서의 만족감은 다른 과제 영역에서의 실패를 보상하는 데 활용될 수 있다. 직업, 개인의 신분, 성취를 강조하는 자본주의 사회에서, 집이 더 불만족스러울 수 있다. 직장과 가정에서 남자와 여자에 대한 사회의 강조점이 다르다는 점에서 이러한 불균형을 쉽게 알 수 있다.

사회적 유용성과 균형 또는 조화감은 좋거나 나쁜 보상의 준거다 (Wolfe, 1932/1957, p. 110). 나쁜 보상은 하나 또는 모든 생애과제 영역에서 과잉 보상하거나 과소보상하는 것과 관련된다. 보통 과잉보상은 오만과 자부심과 같은 자아감을 즉각적으로 고양시키는 반면, 과소보상은 무기력과 절망감과 함께 책임을 회피하게 한다. 나쁜 보상 방법은 우리에게 거짓 안전감을 주며, 즉각적이지만 주관적인 권력감을 갖게 한다. 이러한 주관적 권력감은 가공적 목적과 심리적 위장에 기초하여 쓸모없거나 잘못된 보상을 하는 사람들의 용기 부족을 드러낸다. 이들은 사회적인 면에서 겁이 많고, 이들의 생활양식은 이들을 깊은 고독감에 빠지게 한다.

한편, 사회적으로 유용한 활동을 선택하는 것은 우리가 알아차린 채무를 사회적 책임감, 더 친밀한 인간관계, 어려움의 수용과 극복,

사회적 용기와 같은 자산으로 바꾸는 좋은 보상이라고 할 수 있다. 좋은 보상 활동은 이차적으로 능력감, 사회적 존중감, 안전감에 이르게 한다. 우리는 일, 사랑, 사회적 관계라는 생애과제를 만날 때, 어려움에도 불구하고 자기확신의 용기와 참여의 용기를 반영하는 유용한 태도를 가짐으로써 사회적 중요성을 획득할 수 있다. 아들러는 용기가 전제되어야 실질적인 협력이 일어난다고 보았다. 이러한 용기를 통하여 우리는 적응의 무용한 측면으로부터 생애과제를 직면하고, 실수를 감수하고, 소속감을 느끼는 적응의 유용한 측면으로 나아간다. 반대로 용기의 부족은 열등감, 비관주의, 회피, 나쁜 행실을 야기한다.

> 자신을 전체의 한 부분으로 생각하고 이 세상에서, 그리고 이 인류 안에서 편안하게 있는 사람들만이 유용한 측면으로 나아가는 용기를 발휘할 수 있다(Adler, 1956, p. 159).

우리의 문제는 외적 생애 상황에 대하여 우리가 반응하는 방식의 표출이거나 생애과제에 대한 우리의 태도다. 사람들은 무용하거나(신경증적 보상) 유용한(좋은 보상) 방법으로 문제를 극복하려고 노력한다. 자신의 삶의 방식과 사회의 요구가 조화롭지 않음을 알게 되면, 선택의 문제에 직면하게 된다. 우리는 부적절함이 드러나는 것을 두려워하는 자신을 보호할 것인지, 아니면 다른 사람과 서로 연결되어 있는 자연적인 경향을 좇아 자신과 사회 간에 조화롭게 사는 것을 학습할 것인지를 결정하여야 한다. 이 선택은 실제로 '다소간 용기의 문제'에 기반을 두고 있다(Dreikurs, 1989, p. 29).

◌용기의 공통 필수 조건

용기는 두려움에 대한 답이다. 따라서 열등감에 대한 답이기도 하다. 생애과제에 부응하기 위해서는 용기가 필요하다. 그러나 용기는 두려움이 없는 것이 아니다. 용기가 두려움을 사라지게 하지도 않는다. 또한 용기는 어려움이 있을 때 우리가 누구인지, 그리고 우리는 누구이고 싶은지에 대하여 강하게 의식할 것을 요구한다. 용기는 두려움을 맞닥뜨리는 불굴의 노력이며, 지성, 참을성, 인내심을 필요로 한다. 용기는 위험을 평가하고 기술을 습득하고 문제를 해결하도록 하는 많은 특성이 연합되어 있다.

실용적인 지혜가 진짜 용기와 위장된 용기를 변별한다. 위험을 알아차리지 못하고, 비현실적인 낙관론을 펴며, 상황에 대한 두려움을 기반으로 평가하는 사람들에게서 볼 수 있는 것은 위장된 용기다. 진짜 용기 있는 사람들은 선을 위하여 두려움을 견디어 내지만, 위장된 용기를 보이는 사람들은 단순히 지각된 이점이나 대부분을 잃어버릴까 봐 두려워하는 것에만 초점을 둔다(Yearley, 1990). 두려움이나 절망이 있을 때, 진정한 용기는 상황에 대한 철저한 평가를 요구하며, 연민의 감정과 자신감의 표현에 의해 상호 전달된다. 용기 있는 행위가 내적인 목적을 반영한다고 하더라도, 이의 결과는 항상 타인을 위한 큰 선이 된다.

따라서 진정한 용기에는 평가적인 태도가 필요하다. 인지적으로 용기는 확신과 밀접히 관련된 구인이다. "확신은 용기가 있는 곳에서만 존재한다(Adler, 1956, p. 305)." 우리의 지각된 확신과 드러난 행동은 용기의 표현들이다. 우리의 추구는 누구를 지향하는가, 그리고 용기 있는 행동이 누구에게 도움이 되는가와 같이 질문할 때 이러한 용기의 합리적인 측면이 관찰될 수 있다.

용기는 공자의 인(仁) 사상(자비, 인류애)의 중요한 요소다. 인(仁)은 아들러 심리학의 **사회적 관심**과 대응한다. 인(仁)의 감정은 모든 남녀에게 적용되고 우리의 모든 행동을 안내한다. 공자는 용기가 자비와 지적인 깨달음이 있은 후에 따라온다고 했다. 의식, 학습의 즐거움, 정의감과 같은 동반하는 강점들 없이 용기가 실천된다면, 용기는 경시될 수 있다.

> 용기는 있으나 정의감이 부족한 평민이 노상강도가 될 수 있는 반면, 용기는 있으나 정의감이 부족한 귀족은 정치적인 소요를 일으킬 수 있다.
>
> ……
>
> 자신에게 일어나지 않기를 바라는 것을 다른 사람에게 행하지 마라.
>
> ……
>
> 적이 당신에게 입힌 상처들은 사랑과 정의로 되돌려져야 한다(『논어』, 17.23).

용기의 가치는 평가받은 목적과 지향뿐만 아니라 타인에 대한 애정에 의해 결정된다. 이는 정직하고 진실하게 자기를 희생하는 사람들의 용기 이야기에서 볼 수 있다. 용기의 열정은 **아가페**(무조건적 사랑)의 개념과 유사하다. 아가페는 세계 종교뿐만 아니라 인간주의 심리학의 공통 특성이다. 개인심리학에서 보면, 인간은 자신뿐만 아니라 전 인류를 위하여 완전의 목적을 실현하려고 노력한다.

완전함에 대한 생각, 위대함에 대한 이미지, 우월성을 구체화하려는 것은 인간의 사고와 감정에서 항상 자연스러웠으며, 이는 신의 계획이기도 하다. 신을 지향하기, 신 안에 머물기, 신의 소명을 따르기, 신과 하나 되기는 (욕구가 아닌) 이러한 추구의 목적으로부터 태도, 사고, 감정에 뒤이어 일어난다(Adler, 1979, p. 275).

아들러는 자주 서양의 공자로 여겨졌다(Way, 1962). 공동체 의식에 대한 아들러의 개념은 동양의 실용적인 지혜와 열정이 있는 도덕 특성에 초점을 맞추는 것을 함께하고, 사회를 위한 개인의 이상적인 윤리 행동을 보여 준다. 종합적으로 용기는 낙관적이고, 창의적이고, 타인의 유익을 위하여 협력하고 공헌할 준비가 되어 있는 삶의 태도가 특성인 사람들에게서 볼 수 있다. 한편 사회적 삶의 모든 실패는 용기와 사회의식이 부족한 결과다. 사회적 관심이 있고 잘 적응한 사람의 발달에서 용기를 볼 수 있다. 사회적 관심이 있으면, 자긍심이 있고 사회적 삶에 참여할 의향이 있는 사람으로 인정된다.

○ 영성적 개념으로서 용기

최근 긍정심리학자들이 용기를 "외적 또는 내적으로 반대에 부딪혀도 목적을 달성하려는 의지를 행사하는 정서적 강점"(Peterson & Seligman, 2004, p. 29)으로 정의했다. 아직 쉽게 이해되지는 않지만,

용감(용맹), 노력(근면), 진실성(진정성, 정직), 활력(생기, 열정, 활기, 에너지)과 같은 부가적인 특징적 강점들에서 용기를 관찰할 수 있다. 용기는 전사의 불굴의 정신으로 여겨지는데, 도덕적 신념과 육체적 희생 사이에서의 선택을 위한 의지력을 사용하는 것을 의미한다.

이러한 개인적인 의도는 대부분 우주에서의 영성의 확인과 관련된 권력에의 의지라는 실존주의 개념으로 잘못 받아들여지지 않아야 한다. 이 주제는 제9장에서 자세히 다룬다. 아들러학파의 관점에서는 모든 인간의 추구가 열등감에서 비롯되는데, 열등감은 권력에의 의지에 대한 추구를 그럴듯하게 몰고 간다. 아들러는 Nietzsche의 권력에의 의지라는 개념이 열등감에 대한 보상 반응으로서의 우월성 추구와 관련한 그의 허구이론의 뿌리라고 했다. 아들러에게 권력에의 의지는 생애 문제를 극복하는 데 자신의 의지를 발휘하고자 하는 창조적 에너지 또는 심리적 힘의 과정이다. 이는 우리가 타인에 대한 관심을 갖는 정상적인 자기고양이나 완전을 끝없이 추구하는 보호 경향으로 나아가게 한다. 또한 이러한 자기이상의 목적을 우월성이라고 할 수 있다. 아들러는 사회적 맥락에서 행동하려는 이러한 의지에 대해 다음과 같이 말했다. "그러나 단지 정당하게 행동하고 협력하고 나누는 삶을 사는 사람의 활동만이 용기 있다고 할 수 있다(Adler, 1979, p. 60)."

권력에의 의지는 우리의 존재에 생기를 불어넣는 우주의 내적인 힘인데, 용기가 진정으로 영성적 개념이라고 추론할 수 있는 기초를 제공한다. 권력에의 의지라는 실존적인 사고와 유사하게, 20세기 초의 철학자인 Herbert Gardiner Lord는 용기를 다양한 종류의 밀어붙이기push로 기술했다. 우리는 어려움들을 이겨 내는 타고난 성향

(밀어붙이기)이 있으며, (두려움 없이) 저항을 만나면 밀어붙이기가 더 강해진다. 특히 방해를 받고 공포나 다른 정서가 올라오면, 이를 극복하기 위하여 우리는 더 강하게 밀어붙인다. 이러한 밀어붙이기는 생물학적 기제이거나 사회적 능숙함일 수 있다(Miller, 2000).

용기의 고차적 형태를 전우애, 정의감, 자기존중감에서 찾을 수 있다. 사실 최고의 용기는 자신의 신념과 믿음에 기초한다. Aquinas가 주장한 서양 철학에서, 용기는 어떠한 위험도 견디어 낼 수 있는 마음이 생기게 하는 덕목이다. 용기의 역할은 성령의 능력을 드러내는 것이다. 성령으로서, 용기는 모든 위험을 피할 수 있음을 확신하는 자원을 갖게 된다. 이런 점에서 우리는 용기가 아가페 사랑의 한 부분이라고 인정하는 신과 관계를 맺는다(Yearley, 1990).

개인심리학에서 창조적인 힘을 통하여 장애를 이겨 내거나 극복하고자 하는 욕구는 한자 용기(勇氣)에서 묘사된 생명력의 한 부분이다. 용기(勇氣)는 '힘'을 나타내는 力과 '정신' 또는 '에너지'를 나타내는 氣에 근원한다. 용기는 개인과 우주에서의 '활력'을 의미한다. 현대 심리학이 용기를 강점과 의지 충만으로만 정의한다면, 용기를 기 또는 심리적 힘으로 보는 유교, 도교, 불교와 같은 동양 문화의 전통을 나타내지 못할 것이다. 이러한 2,500년 이전의 옛 전통들은 농익음, 참을성, 태연함, 무위, 평화주의, 조화를 소중하게 여긴다. 문화의 발달 과정에서 삶에 대한 축적된 기반으로 살펴볼 때, 용기는 사회적 조화의 이상을 믿고, 부, 명성, 권력, 성공의 경쟁적인 신념에 반대하는 운동을 지지하는 보통 사람들의 상식이다.

이러한 생각은 **조용한 권력**quiet power이라는 로저스학파의 관점과 진리인 도(道)와 조화롭게 행동함으로써 품성을 발달시키는 **부드러**

운 용기soft courage라는 도교의 관점에서 비슷하게 표현된다(Lin, 1937/1996, 1959; Eckstein & Cooke, 2005). 단순성, 참을성, 연민을 생의 위대한 보물로 받아들이는 것은 본질적으로 생명의 자연적인 역동 또는 자연의 생산과 재생산을 말하는 도교의 조화 개념이다. 권력에의 의지에 관한 Nietzsche의 개념을 끊임없는 순환이라는 생에 대한 의지로 해석하면, 우주의 생명 운동에 대한 도교의 관점과 일치한다.

동양적 사고에서 용기와 인간적 노력에 대한 영성적 목적은 우리가 동료 인류를 돌보는 것이 가장 중요한 세상에 살고 있다는 아들러의 신념과 같다. 우리 자신과 공동체에 대하여 최고의 관심을 보이는 공헌과 협력이 삶의 궁극적인 의미라는 점에서, 사회적 관심은 개인심리학에서 종교적 가치를 갖는다.

> 끊임없이 추구하는 존재로서의 사람은 신과 같을 수 없다. 영원히 완
> 전하고, 별들을 지휘하고, 운명의 주인이며, 낮은 곳으로부터 사람을
> 그에게로 들어올리고, 우주로부터 모든 개별적인 사람의 영혼에게 이
> 야기하는 신은 완전의 목적을 가장 눈부시게 드러낸다(Adler, 1979,
> p. 275).

◯ 용기의 정의

이 장에서 우리는 용기를 좋은 보상을 통하여 마이너스 감정에서 플러스 인식으로 우리를 나아가게 하는 창조적인 힘과 관련한 심리적 구인으로 논의했다. 이는 사회적으로 유용한 활동을 낳을 수 있

다. 용기는 역경, 상이한 가치, 어려움, 유혹에 직면하여 위험을 무릅쓰고 나아가게 하고, 견디게 하고, 자신을 지키게 하는 정신력이다. 용기를 갖는 것은 결과가 불확실하더라도 위험을 감수하려는 기꺼운 마음을 의미하는 것이라고 아들러는 똑같이 주장할 것이다. 이는 우리 각자가 협력과 공헌을 통하여 생명과 삶의 위기들에 대처하기 위하여 필요한 '심리적 근육'이다(Milliren, Evans, & Newbauer, 2006, p. 106).

우리는 또한 용기를 서양에서뿐만 아니라 동양에서도 공유하는 덕목으로 제시했다. 용기는 지각된 어려움이 있을 때 인지적/행동적/정서적/영성적으로 반응하는 데 필요하다. 용기는 삶의 장애물을 극복하는 동안 우리가 지니고 있는 이성과 열정을 이용함을 의미한다. 또한 전체를 위한 선과 같은 높은 수준의 공동체적 가치에 의한 용기는 때때로 영성적 에너지의 형태를 취한다.

우리는 이 장에서 논의한 심리적, 문화적, 그리고 영성적 맥락에서 용기를 다음과 같이 잠정적으로 정의할 수 있다. 어려움이 있을 때 우리를 자신과 타인에 대한 관심으로 나아가게 하는 창조적인 생명력. 특히 용기와 용기의 행위는 생애과제(즉, 일, 사랑, 우정/가족/공동체, 자기와의 조화, 우주와의 조화)에 대하여 사회적으로 유용한 방식으로 공헌하고 협력하고자 하는 개인의 의지를 통해 가장 잘 표현된다.

마무리 생각

"용기의 의미는 무엇입니까, 스승님?" 젊은 여행자가 그의 스승에게 물었다. 스승은 꽤 오랫동안 깊은 생각에 잠겨 있다가 말했다.

"용기는 아무런 의미가 없다."라고 대답했다. "용기는 오직 행위 속에만 존재할 뿐이다."

두 사람은 말없이 함께 걸었다. 단지 몇 마리의 새가 서로를 부르며 조용한 사색을 방해했다. 마침내 젊은 여행자가 침묵을 깨뜨렸다. "제가 용기의 생각을 소유할 수 있습니까?"

"사람은 어느 것도 소유할 수 없다." 스승이 답했다.

"오, 그러나 스승님." 젊은 여행자가 말했다. "제 마음속에서는 너무나 많은 것이 일어나고 있습니다. 저는 악마와 싸우고, 환상적인 성공을 얻기도 하고, 삶의 많은 도전을 이겨 내기도 했습니다. 많은 것을 경험하는 가운데 이점이 있었고, 용기를 갖는다는 것이 무엇인지 알고 있습니다."

스승이 말했다. "젊은이여, 어떤 것이 단지 소원하는 것인지와 어떤 것이 실제인지를 분명히 구분하라."

"제가 그런 정도도 생각할 수 없다는 말씀이십니까?"

"너는 네가 바라는 모든 것을 꿈꾸고 상상할 수 있다. 그러나 그런 것들이 실제로 성취되는 것은 아니다. 그러한 생각들은 단지 생각일 뿐이다."라고 스승이 말했다. "생각이란 한 모금의 연기다. 이는 실체가 아니고 더군다나 금방 사라지고 만다. 오직 네 행동으로서만 용기를 의미 있게 할 수 있다."

"그러나 스승님, 제가 행동하기 전에 생각하지 않습니까?"

"생명은 움직임을 필요로 한다. 네가 좋은 의도를 가지고 있더라도 실현되지 않는다면, 너는 아무것도 하지 않은 것이다." 스승이 말했다. "첫발을 내디딤으로써 여행이 시작되는 것처럼, 용기는 무엇인가가 행해지는 속에서만 알아차릴 수 있다. 너의 위대한 생각들을 행동으로 보여야 한다."

생명은 움직임이다. 무엇이 움직임에 방향을, 목적을 주는가? 제 2장에서 완전, 추구, 극복의 목적이 공공의 복지 내에서 어떻게 나타나는지 설명하는 아들러의 긍정적인 정신건강이론을 탐색할 것이다.

CHAPTER
02

공동체 의식과 정신건강

공동체 의식을 증진하는 것은 매우 중요한 가치를 지닌다. 정신은 진
보한다. 지성은 공동체의 기능이기 때문이다. 가치감이 증가되고, 용
기와 낙관적인 관점을 가져다준다. 공통적인 장점과 결점에 묵묵히 동
의한다. 우리가 다른 사람에게 도움이 되고, 개인적이 아닌 공동의 열
등감을 극복하는 한, 우리는 삶을 편안하게 느끼고, 자신의 존재를 가
치 있게 여긴다. 윤리적인 본성만이 아닌 올바른 심미적 태도, 즉 미와
추에 대한 깊은 이해도 진실한 공동체 의식 위에서 만들어진다(Adler,
1964, p. 79).

○ 사회적 관심이란?

아들러에 의하면, 인생의 '성공' 기준은 개인 특유의 삶의 방식에서 **공동체 의식**gemeinschaftsgefühl을 구체화하는 건강한 성격에 있다. 공동체 의식은 아들러가 이상적인 정신건강 상태를 기술하기 위하여 우리에게 소개한 단어다. 독일어에서는 그 의미가 완벽하고 분명하다. 그러나 gemeinschaftsgefühl을 영어로 번역하는 데는 상당한 어려움이 있다. 영어에는 동일한 의미를 전달할 수 있는 유용하고 적절한 단어가 없다. 이 점은 최근 슬로바키아공화국에서 강의하는 중에 더욱 확실해졌다. 우리는 공감, 존중과 같은 다양한 영어 단어를 번역하도록 요청했다. 대부분의 경우 우리가 요청한 단어들은 아주 직접적으로 번역되었고, 심지어 슬로바키아 언어인 empatie와 rešpect로도 바로 알아차릴 수 있었다. gemeinschaftsgefühl을 제시했을 때, 학생들은 gemeinschaftsgefühl이라고 응답했다. 그들은 번역이 필요하지 않다고 했다. 그리고 이를 있는 그대로 이해했다. 그러나 영어로는 이해되지 않았다.

우리는 gemeinschaftsgefühl의 의미를 제대로 이해하기 위하여 노력해야 한다. 많은 영어 낱말이—사회적 감정, 공동체 의식, 동료 의식, 연대감, 집단적 직관, 공동체적 관심, 사회적 감각, 사회적 관심—이의 의미를 전하려고 했다(Adler, 1956, p.134). 아들러는 1950년대 연구에서부터 마지막 단어인 **사회적 관심**social interest을 선호한 것 같다. 그러나 Heinz Ansbacher의 후기 저서를 보면, Heinz 자신은 **공동체 의식**community feeling이라는 용어를 사용하는 것을 선호했다. 우리도 공동체 의식이란 용어를 사용하는 것을 선호하지만, 이전에 쓰인 많은 저서를 존중하는 면에서 이 책에서는 **사회적 관심**social interest을 함께 사용하고자 한다.

사회적 관심은 타고난 능력이 아닌 더하거나 빼기, 축구공 차기 또는 요리하기를 학습하는 것처럼 우리가 개발해야 할 잠재력이다. 다른 교육의 과정처럼 세 가지 기본적인 요소가 있다. 첫째, 우리는 사회적 관심이 훈련을 통하여 발달될 수 있는 협력과 사회적 삶을 위한 **적성**aptitude이라고 가정한다. 그러므로 사회적 관심은 권장되고 생성되기를 기다리고 있을 뿐이다. 둘째, 이러한 적성이 다른 사람을 이해하고 공감하는 객관적인 능력뿐만 아니라 협력하고 공헌하는 **능력**abilities으로 확장될 수 있다. 셋째, 사회적 관심은 선택을 결정하고 개인의 역동에 영향을 미치는 주관적이고 평가적인 **태도**evaluative attitude가 될 수 있다. 그러나 기술과 능력으로 뒷받침되지 않으면, 이러한 사회적 관심의 태도만으로는 삶의 모든 문제에 부응하기에 충분하지 않다.

> 모든 인간은 사회적 관심 성향이 있다. 그러나 이는 교육을 통해, 특히 개인의 창조적인 힘의 올바른 안내를 통해 발달되어야 한다(Adler, 1979, p. 40).

사회적 관심이 의식적으로 발달시켜야 할 선천적인 잠재력임을 전제하면, 다음 단계—교육과 훈련의 기능—는 이의 발달, 즉 적성을 능력이나 기술로 전환하는 것이다. 사람이 음악이나 산수, 예술작품을 위한 잠재력을 훈련해야 하는 것과 마찬가지로, 사회적 관심도 훈련되어야 한다. 이런 훈련으로 협력과 공헌의 능력도 발달한다. 간단히 말하면, 이는 **가능성**(공헌을 함축함)의 관점을 가지고 **현재**(협력을 함축함)를 받아들이는 능력이라고 할 수 있다.

아들러는 인생이란 개인에게 자주 상반되는 두 가지 요구를 한다고 보았다. 한편으로 개인은 현존하는 환경에서 심각한 문제들을 처리할 수 있어야 했다. 즉, 개인은 협력할 수 있는 능력을 갖추고 있어야 했다. 또 다른 한편으로 개인은 사회적 진보의 요구에 부응할 수 있는 공헌 능력을 갖추어야 했다. 이러한 딜레마를 해결하려면, 개인은 현재의 요구와 발전의 요구 사이에서 균형을 찾을 필요가 있다(Dreikurs, 1989).

협력

아이와 엄마 사이의 관계는 협력이 필요하기 때문에, 협력 능력은 거의 출생 때부터 발달한다. 그래서 아들러는 초기에 사회적 관심이 발달하도록 아이를 훈련하기 시작하는 것이 엄마의 일차적인 책임이라고 보았다(Adler, 1979). 엄마와 아이의 관계에서, 사회적 관심의 잠재력은 틀을 갖추기 시작한다. 그러나 엄마(일차적인 돌보는 이)는 아이와의 관계를 자신에게만 국한함으로써 이러한 사회적 발달을 제한하는 일이 없어야 하며, 아이의 접촉 범위를 아버지, 형제자매, 다른 아이들, 낯선 사람들 등으로 넓혀 주어야 한다.

항상 확장하고 순환하는 인간관계에서 이러한 협력 능력의 기능은 동일시 능력과 비슷하다. "동일시 능력은 훈련되어야 하고, 다른 사람과 관계를 맺으며 성장하고 자신을 전체의 한 부분으로 느낄 때만 훈련될 수 있다. 우리는 삶에서 편안함도 있고 불편함도 있음을 알아야 한다. 우리는 온갖 유리한 점과 불리한 점이 있는 이 세상에서 편안함을 느껴야 한다"(Adler, 1979, p. 136). 협력으로 기술되는 사회적 관심의 가장 전형적인 예는 주거니 받거니 하는 개인의 능력이다. 개인은 삶의 부분을 전체적으로 느껴야 할 뿐만 아니라 삶의 좋은 측면과 나쁜 측면도 기꺼이 수용하여야 한다. 사람은 낙관적인 존재이거나 비관적인 존재가 아니고, 자신의 실제 상황에 효과적으로 기능하는 존재라고 할 수 있다.

> 삶은 문제 해결을 위하여 협력 능력이 필요한 문제만을 제시한다. '정확하게' 듣거나, 보거나, 말하는 것은 다른 사람이나 상황 안에서 완전히 자신을 놓아 버리고 다른 사람이나 상황에 동일시되는 것을 의미한다. 동일시 능력은 우리의 우정, 인류애, 공감, 직업과 사랑을 가능하게 한다. 동일시 능력은 사회적 관심의 기초이며 다른 사람과 함께 할 때만 실행되고 발휘될 수 있다(Adler, 1979).

아들러는 각 개인이 직면한 삶의 당면 문제들을 해결하는 유일한 방법은 높은 수준으로 협력 능력을 발달시키는 것이라고 했다. 각 개인이 기꺼이 협력하려는 정도는 각 개인이 발달시킨 사회적 관심의 정도를 나타내는 한 척도다. 비록 많은 사람의 협력 능력이 제한적이긴 하지만, 인생은 협력이 부족하다고 여겨질 정도로 부담이 큰 문제만을 주지는 않는다. 능력이 부족함을 알아차릴 수 있을 정도로 협력을 요구하는 경우는 거의 없다. 우리는 어려운 상황과

스트레스가 있을 때만 개인의 협력 능력을 제대로 평가할 수 있다
(Dreikurs, 1989).

공헌

인생은 전체에게 공헌하는 것이다(Adler, 1931/2003, p. 20).

각 개인은 협력 능력을 발달시켜야 할 뿐만 아니라, 공헌 능력—개
인적으로 극복하고 완전을 추구하면서 다른 사람의 복지를 기꺼이
고려하기—도 발달시켜야 한다. 인간은 고립된 존재로 살아가지
않는다. 예를 들어, 개인의 모든 행동과 감정은 동료에게 상당한 영
향을 미친다. 아들러는 '형제를 지키는 자(brother's keeper)'가 되는
것이 각 개인의 주요한 기능이라고 생각했다.

개인의 사회적 관심을 측정할 때, 기꺼이 공헌하려는 마음이 고
려되어야 한다. 여기서 중요한 것은 공헌과 보상 간에 일대일 대응
이 없으며, 각 개인은 그들이 받는 것보다 훨씬 많이 줄 수 있어야
만 한다는 것이다. 기꺼이 공헌하기는 타인과 보편복지에 대해 기
본적인 관심을 가지고 이루어져야 한다. 사적인 이익에 대한 관심
은 단지 부차적일 뿐이고, 일차적인 관심의 파생물로서만 따라 나
와야 한다. 그러나 밤이 지나면 아침이 오듯 자기 존중감이 뒤따라
올 것이며, 유용하다는 느낌은 개인의 가치감을 가져올 것이다.

요약하면, 사람은 수평 및 수직의 두 차원에서 기능할 수 있어야
한다. 수평적 차원은 사회적 삶의 일상적인 요구들이다. 이는 지

금-여기의 한 부분이다. 이것은 환경의 모든 요소와 즉각적인 관계를 포함하며, 직접 또는 간접적으로 접촉하게 되는 모든 일과 모든 사람을 포함한다. 따라서 수평적 차원은 사회적 관심이라는 용어가 의미하는 바와 같은 사회적 관계에만 국한되지 않고, 환경 전체와의 관계를 의미한다.

두 번째 차원은 사실상 수직적인데 연속적이고 상향하는 진화 활동이다. 이 차원은 공헌의 연속체라고 할 수 있다. 수평적 차원에만 머무는 것은 미래 또는 진화의 방향 요소가 없는 순응의 유형이다. 수직적 차원에만 주목하는 것은 당면한 환경에 관심을 두지 않고 우월성을 추구하는 것이다. 개인의 사회적 관심이 어느 정도 높은 수준에 이르려면, 이러한 차원의 두 방향 사이에서 균형 또는 평형이 유지되어야 한다.

그러므로 평가하는 태도는 인류와 인류 공동체의 발달에 대한 관심을 개인적 노력의 기본적인 목표로 간주하는 원리 또는 가치들의 종합으로 이루어진다. 이는 정상적인 사람의 행동, 삶의 목적이 완전한 인간이고자 하는 사람을 기술하는 상대적인 규준이 된다. 초점은 용기, 주도성, 창의성에 있으며, 이는 움직이고 진보하는 역동적인 토대 위에 인간의 전 존재를 두는 것이다.

정신건강의 측정

사회적 관심은 주고받는 능력의 표현이다(Dreikurs, 1989, p. 9).

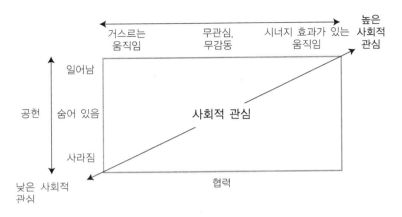

그림 2-1 정신건강의 척도로서의 사회적 관심

우리의 정신건강(또는 사회적 관심)은 현재의 필요와 진화의 요구 간의 균형 속에서 존재한다. 이런 주관적인 차원을 도표로 표현하면 [그림 2-1]과 같은 과정 모델(process model)이 되는데, 이는 사회적 관심을 공헌하는 능력과 협력하는 능력 간의 상호작용으로 개념화한다(Dreikurs, 1989). 이 모델은 모든 개인이 사회적인 삶을 위한 잠재력 또는 적성을 가지고 있으며 결국 훈련을 통하여 구현함을 가정한다. 이러한 잠재력 또는 적성이 실제 능력이 되는 적절한 심리적인 분위기가 주어지면, 잠재력 또는 적성은 더 잘 훈련된다.

모델의 대각선은 평가하는 태도—협력과 공헌의 개인적 능력 표현의 총합—를 나타낸다. 모델은 삶의 문제들에 부응하고 해결하는 개인의 적합성과 관련한 태도와 감정을 모두 포함한다. 만약 각 축에서 개인의 협력과 공헌 능력을 객관적으로 측정할 수 있다면, 사회적 관심이 발달한 정도를 나타내는 점을 대각선 위에 표시할 수 있을 것이다.

◯ 수평축

모델의 수평축은 협력의 연속체다. 여기서 **협력**이라는 용어는 서로 지원하고 지지하자고 합의하는 전통적인 의미가 아니라 긍정적 및 부정적 의미를 갖는다. 타인이 틀렸음을 증명함으로써 우리가 옳다고 할 필요가 있거나 타인에게 군림하거나, 상처주거나 포기할 필요가 있을 때도 협력은 자신과 잘 지내는 과제에 필요하기 때문이다. 이러한 협력의 태도는 인간관계의 측면만이 아니라 환경 요소와 개인적으로 관계 맺는 모든 측면에도 적용된다.

예를 들어, 뛰어난 피아니스트와 같이 재능이나 기능이 있는 사람의 행동을 살펴보면 그는 악기를 제압하거나 악기를 뛰어넘거나 일종의 싸움으로 악기를 이긴다는 면에서 악기를 숙달하는 것이 아니다. 피아니스트는 악기와 조화를 이루며 연주하는 매우 긍정적인 협력의 관계에 있음을 관찰할 수 있다. 같은 방식으로 숙련된 기술자는 도구들을 감사하고 존중하는 마음으로 다루며, 결과적으로 도구들과 공동의 관계를 유지한다. 교과 학습에서도 긍정적인 협력 정신으로 학습 자료를 접해야 한다. 그렇지 않으면 학습의 한계를 피할 수 없다. 예를 들면, 수학(또는 통계학)은 호전적인 태도로는 배울 수 없다.

높은 수준의 긍정적인 협력을 증명하는 다른 모든 예와 마찬가지로, 개인은 생물이든 무생물이든 다른 사람과 함께 작업한다. 이 관계를 조화, 동조(물리학에서와 같이), 상승 작용이라고 한다. 반대로 실패가 더 전형적인 상황에서는 부정적인 협력의 태도를 발견할 수 있다. 이러한 상황들은 마치 파트너가 패배하거나 굴복하지 않는 것처럼 보일 수 있으며, 패배를 확실히 하기 위해 서로에게 반대하는 것으로 보인다. 앞의 예시처럼 피아노를 배우고 싶지 않은 사람은 피아노가 매우 협력적임을 알게 된다. 피아노가 음악적으로 반응하지도 않고, 연주 능력이 있다는 생각을 강화하지도 않을 것이기 때문이다. 여기에서 움직임은 상대에게 거스른다.

따라서 [그림 2-1]의 수평축은 더 넓은 맥락에서 환경의 즉각적인 요구에 부응하는 능력이라고 볼 수 있다. 이 환경은 내적인 것뿐만 아니라 외적인 것도 포함해야만 한다. 질병과 나쁜 건강은 자신의 생리 기능과 부정적으로 협력한 결과일 때 자주 나타난다. 단순한 수준에서는 과식하여 불편감이 있는 경우다. 더 복잡한 수준에서 알레르기들은 자신의 환경과 부정적인 협력을 한 형태라고 할 수 있다.

> 오랫동안 알레르기는 본질적으로 면역체계의 '잘못'으로 알려져 왔다. 면역체계가 잘 기능하면, 면역체계는 위험한 물질을 알아차리고 여러분의 신체를 보호하기 위하여 물질에 반응한다. 이는 신체가 해로운 박테리아나 바이러스로부터 여러분을 보호하는 방식이다. 그러나 때때로 사람의 면역체계가 잘못하여 해롭지 않은 음식, 꽃가루, 먼지 또는 벌침을 실제로는 위험하지 않아도 위험한 것으로 인식한다. 여러분의 면역체계가 이와 같은 것을 위험하다고 생각하면, 여러분은 결국 보호 대신 알레르기를 일으킨다(Andreas & Andreas, 1989, p. 38).

연속체의 극단은 개인의 전체 환경 대상 영역에 대한 협력의 움직임—상승 작용의 관계에서 함께하거나 적대적이고 싸우는 관계에서 반대하거나—에서 특징 지어진다.

이 연속체의 중간점은 두 가지 다른 행동 세트로 특징 지어진다. 한편으로는 무관심 또는 무감동이 상황을 당연한 것으로 받아들이는 사람을 잘 설명한다. 다른 한편으로는 타인과 함께하기와 타인을 반대하기 사이에서 마음이 흔들리는 사람이 있다. 매번 전진하지만 실제로는 후진하는 것이다. 이는 오늘날의 사회적 갈등과 혼란의 위기와 환경의 붕괴를 잘 설명한다. 환경에 반하는 활동은 환경에 함께하는 활동만큼 자주 일어난다. 그러나 두 가지 행동 세트 모두 협력이 없거나, 적어도 생태적인 관점에서 분명히 밝혀진 것처럼 협력이 부족하다고 할 수 있다.

수직축

[그림 2-1]의 모델에서 수직축은 공헌의 연속체로 두 가지 관점에서 보아야 한다. 이 연속체는 두 가지 기본 요소로 구성된다. 단순하게 말하자면, 행위와 결과다. 행위는 물리학자의 에너지 개념에서 도출한 것이다. 이는 작업을 하고—결과를 창출하고—저항을 극복하는 능력과 관련한다. 에너지 비유를 통하여 우리는 연속체의 행위 측면을 더 종합적으로 이해할 수 있다. 이는 모든 개인이 도움이 되는 노력을 하고 있으며 또는 적어도 그렇게 할 가능성이 있다고 보게 하기 때문이다.

행위 면에서는 활동의 유형이 거의 중요하지 않다. 높은 수준의 공격적인 관찰행동뿐만 아니라 높은 수준의 수동적인 관찰행동들도 유사한 목적을 달성하는 데 똑같은 정도로 효과적이기 때문이다. 예를 들어, 밀어붙이고 성급하게 남자를 물고 늘어지는 여자가 됨으로써 극도로 환영받지 못하게 될 수 있다. 단식투쟁과 금식은 교전상태처럼 효과적으로 사회의 방향전환과 개혁을 하게 할 수 있다. 그러나 물리적 활동과 심리적 활동을 분별하도록 유의하여야 한다. 앞의 예들에서는 관찰된 물리적 행동들이 매우 다르고 완전한 무활동에서 적대적인 공격과 폭력에 이르기까지 다양하지만 높은 수준의 심리적 활동이 있다.

따라서 행위의 상대인 결과가 더 중요하다. 사회의 발달과 개선의 맥락에서 보면, 결과는 극도로 건설적이거나 유용한 것으로부터 극도로 파괴적이거나 쓸모없는 것에 이르기까지 다양할 수 있다. 부분적으로만 맞고 양립할 수 없는 측면이 있더라도, 전체적으로 이 연속체는 변화를 창출하는 아이디어와 같은 것으로 이해될 수 있다. 공헌의 연속체와 변화의 창출 간의 주된 차이는 **관찰가능한 변화**가 일어나지 않거나 결과가 없는 영역에서 발생한다. 그러나 개인은 건설적이든 파괴적이든 상당한 정도로 공헌하는 노력을 하고 있을 것이다. 예를 들면, 건설적인 행동을 할 수 있는 적절한 기회를 기다리는 사려 깊은 사람은 그 순간에 아무런 변화를 만들지 않으나, 특히 이것이 목적에 이르는 가장 적절한 수단이라면 여전히 도움이 될 수 있다.

이와 같은 사례는 정치가의 행동에서 찾아볼 수 있다. 그의 업무 행동 중 행위가 없는 순간에 더 긍정적인 결과가 있을 수 있다. 사실 이것은 결국 최대의 이익을 얻어 내는 **침묵의 힘**이다. 그러나 노인이 넘어지는 것을 보고 누가 도움을 주러 오는지 보려고 기다리는 또 다른 사람을 생각해 보자. 그의 목적은 타인의 행동을 평가하는 것이다. 이는 어느 정도 건설적인 가치가 있어 보이지만, 무용한 무행동 유형으로 분류될 뿐이다. 도움이 필요한 곳에서 도움을 주지 않았기 때문에, 그는 자신 이외에는 누구에게도 도움이 되지 않는다. 그는 이 상황을 타인의 행동을 평가하는 데 이용하고 있으며 타인의 노력에 대해서 옳으니 그르니 하는 것이다.

공헌의 범위에서 중간점은 결과가 없거나 부족한 것이다. 이는 물리적인 무활동보다는 심리적인 무활동의 결과에서 더 자주 나타난다. 이는 현재의 상황에 만족하는 것과 지배적인 사회의 규범에 순응하는 것을 말한다. 행동이 이러한 중간점에 있는 사람은 전체 인류의 발전에 관심이 없다. 그리고 긍정적이든 부정적이든, 건설적이든 파괴적이든, 유용하든 무용하든 이를 위한 어떠한 일도 하지 않는다. 이들은 인생을 사과 속에 있는 벌레처럼 생각할 수 있으며, 오직 타인의 노력과 공헌을 이용하는 데만 관심을 갖는다.

결과의 평가에서 마지막 유형을 영원의 관점에서 생각해 볼 수 있다. 건설적인 것은 인류를 위한 가치 창출의 방향으로 움직이는 데서 나타나고, 우리를 더욱 완전한 삶의 방식에 더 가까이 가게 한다. 파괴적인 것은 결국 개선과 사회적 발달로부터 멀어져 가는 움직임이라는 것이 드러날 것이다.

○ 공동체 의식의 용기

사회적 관심은 일생을 통해 계속된다. 이는 분화되거나 제한되거나 확장된다. 그리고 좋은 사례들의 경우, 사회적 관심은 가족 구성원뿐만 아니라 더 큰 집단, 국가, 모든 인류에 이르기까지 확대된다. 동물, 식물, 무생물에 이르기까지 확장되어 더 나아갈 수도 있고, 마침내 우주까지 포함할 수도 있다(Adler, 1956, p. 138).

아들러가 사용한 용어인 공동체gemeinschaft는 사람들의 공동체로만 한정되지 않고 사람과 우주의 전체적인 관계를 말한다. 시야가 확장하기 시작하면서 관계는 점점 많은 삶을 포함하고, 급기야 사회, 자연, 우주 전체와의 연계감이 생긴다. 결과적으로 가족 구성원과의 결속 관계를 발달시켜야 할 뿐만 아니라 환경 전체와의 관계도 발달시켜야 한다.

이러한 마음과 태도는 사회적 관심보다 많은 것을 안겨다 준다. 전체 인류의 한 부분으로서 행동하기 때문이다. 현실 세계에 가능한 한 가까이 있는 만큼 세상에 대하여 편안함을 느끼기 때문이다. 용기와 상식, 사회적 기능들을 갖고 있기 때문이다. 이런 사람은 사회적 삶의 이점을 받아들일 준비가 되어 있다. 불리한 점이 자신의 길을 가로막으면 훌륭한 실패자가 된다. 그는 타인의 복지를 효과적으로 존중하면서 자신의 운명의 주인이고자 한다(Adler, 1956, p. 156).

인생의 모든 실패는 개인의 권력과 지위를 이용하여 중요성을 얻어 내려는 사람에게서 생겨난다. 이들은 사적인 의미를 가지고 인생에 다가가고, 사적 논리로 공동체에서의 자신의 위치를 생각한다. 이들은 자신의 사적 목적을 취하기 때문에 자신 이외에는 누구에게도 도움이 되지 않는다. 이들이 이룩한 어떠한 업적도 자신에게만 주로 관련된다. 이들은 매우 상처 입기 쉽고, 개인적인 이익이 있을 때만 협력하고 공헌할 것이다.

반면, 건강한 사람은 사회 또는 훨씬 넓은 의미의 공동체의 영향을 받고 또한 영향을 미친다. 이러한 사람들은 다양한 환경에 반응할 뿐만 아니라 실제 환경을 마음에 있는 환경으로 변화시키려는 태도를 취한다. 따라서 공동체를 위한 입장은 자발적으로 생성된 것이고, 소속감을 확인하거나 느끼는 정도는 자기 자신의 발달의 산물이다. 공동체 의식은 정신건강의 궁극적인 척도이며 그 사람의 안과 밖으로 확장된다.

인생에 대한 정신적으로 건강한 태도는 자기가치감과 소속감과 관련된다. 발달된 협력과 공헌 능력을 통하여 중요성을 성취할 수 있다. 이런 사람은 우주와의 조화감을 발달시키고 자신의 존재에 대한 세상의 요구들을 따라가면서 기능한다. 그는 세상을 편안하게 느끼고 환경과 함께 작업한다. 그는 타인에 대해 강하게 동일시하면서 자신의 가치를 알고 있다.

공공복지의 목적을 알고 있는 사람은 어려움이 자신에게서 비롯되었든 외부에서 생겼든 인생의 모든 어려움을 자신이 해결해야 할 과제로 생각한다. 말하자면, 그는 이러한 빈약한 지구 표면 위에서도 자신의

'아버지 집에 있는' 것처럼 편안함을 느낄 것이다. 따라서 자신과 타인의 인생에서 편안함뿐만 아니라 불편함도 내 것으로 받아들이고, 이를 해결하기 위해 협력할 것이다. 그는 다른 어떤 보상도 바라지 않는 용기 있는 동료일 것이다. 그러나 공공복지를 위한 작업과 공헌은 영원할 것이며 그 정신은 결코 사라지지 않을 것이다(Adler, 1979, p. 305).

○ 마무리 생각

사회적 관심은 사람이 소유하는 사물이나 특성이 아니다. 우리의 심리적 움직임에 목적과 방향을 주는 이상적인 것이다. 이는 우리 자신이 불완전하지만 우리 자신, 그리고 공동의 복지에 대한 관심을 추구하는 이상이다. 구인construct으로서 사회적 관심은 용기, 자신감, 협력, 공헌, 연민을 표출하는 우리의 선택과 행동에서 찾아볼 수 있다. 사회적 관심은 인본주의 심리학과 자기실현이라는 개념에 영향을 준 정신건강에 대한 아들러의 기준이었다.

사회적 관심에 대한 아들러의 관점은 당대의 목적들을 담고 있다. 개인의 최상의 정신건강은 협력하고 공헌하려는 용기로 표현된다. 이는 사회적 유용감을 갖게 하고 발전하게 한다. 공동체 의식(사회적 관심 또는 이상적인 정신건강 상태)에 대한 전체적인 관점을 갖기 위해, 우리는 제2부에서 일, 사랑, 우정의 기본적인 과제와 우리 자신과 조화롭게 지내고 인생의 의미를 찾아야 하는 실존적 과제들에 반응하는 방식에 따라 이상적인 공동체 의식을 어떻게 획득하는지 설명할 것이다.

CHAPTER
03
생애과제

진정한 힘은 타고난 재능에서만 나오지 않고, 어려움과 용기 있게 맞
서 싸울 때 나온다. 승리한 사람은 누구나 진정한 힘을 얻는다(Adler).

　정신적으로 건강하다는 것은 개인적으로, 그리고 공동으로 우리
가 추구하는 모든 것의 이상과 방향을 정립하는 사회적 관심을 따
르고 발달시키는 용기를 갖는 것이다. 사회적 삶의 용기는 우리가
어려움을 극복하려고 어떻게 노력하는가를 살펴보면 가장 잘 알 수
있다. 아들러는 처음에 삶의 전체를 포용하는 세 가지 주된 과제
(일, 성 그리고 사회)가 있다고 했다. 이는 각 개인이 존재하기 때문
에 각자에게 부과된 것들이다. 아들러의 추종자들은 훗날 초기의
과제에 두 가지 실존 과제를 추가했다. 첫 번째 과제는 우리 자신과

조화를 이루는 능력, 두 번째 과제는 우주와 조화를 이루는 능력이다. 우리는 이상적인 목표로서 사회적 관심을 가지고, 문제나 도전을 극복하려고 애쓰고, 공헌하고 협력함으로써 이러한 과제들을 수행하려고 노력한다. 이러한 과제들은 분리할 수 없으며 용기와 사회적 관심이 필요하다. 우리는 인류 전체 공동체에 결국 공헌하게 되기 때문에 스스로를 교육하고 타자에게 영향을 주기 위하여 용기와 사회적 관심이 있어야 한다.

일, 사랑, 사회적 관계: 기본 과제

> 인간의 모든 문제는 직업적인, 사회적인, 성적인 세 가지 주제로 묶일 수 있다. 이러한 세 가지 문제에 반응하는 중에, 사람들은 삶의 의미에 대한 자신의 개인적인 해석을 끊임없이 드러낸다(Adler in Brett, 1931/2003, pp. 18-19).

Dreikurs는 이 세 가지 기본적인 생애과제를 다음과 같이 정의했다. "다른 사람의 복지에 공헌하는 것을 의미하는 일work, 동료, 친척들과의 사회적 관계를 포괄하는 우정friendship, 가장 친밀한 연합이며 두 사람 사이에 존재할 수 있는 가장 강력하고 가장 가까운 정서적 관계를 대표하는 사랑love"(Dreikurs, 1989, p. 5)이다. 사랑의 과제는 친밀함 과제로 언급되기도 한다. 우정의 과제는 가족과 지역사회와의 관계를 포함한다. 이러한 생애과제들은 사람들과 그들이 속한 세상 간의 연결장치다. 아들러에 따르면, 이 세 가지 과제에 모두 충분히 협력하고 참여할 수 있는 용기 있는 사람들에게 삶이란 사람들에게 관심을 갖는 것, 전체의 부분이 되는 것, 인류의 복지에 공헌하는 것을 의미한다.

아들러는 삶에 대한 다른 모든 문제가 이러한 주요 과제의 수행에 비하면 이차적이라고 생각했다. 실제로 개인이 직면하는 이 세 가지 관심 사항으로 개인의 사회적 관심 정도를 지속적으로 확인했다. 우리는 개인의 협력 유형을 (용기가 있든 없든) 개인의 접근 방식을 통해서 알아차린다.

아들러는 삶의 세 가지 과제가 얽혀 있어서 따로 분리하여 해결할 수 없음을 지적했다. 이들은 같은 과제의 다른 측면들인 것이다. 한쪽 측면에서 과제를 성공적으로 해결하려면 다른 두 과제도 성공적으로 해결해야 하며, 한쪽 측면의 과제 해결이 다른 두 측면의 과제 해결에 기여하여야 한다. 아들러학파의 다른 저자들은 이 과제를 보다 유연하게 생각하여, 삶의 세 가지 과제를 처리하는 방식이 다양할 수 있으며, 각각의 생애과제에 대한 수행 수준이 다르다고 하여 개인의 기능이 심각하게 제한받지는 않을 것이라고 생각한다. 예를 들면, 우리는 이 세 가지 삶의 영역에 대처하는 데 똑같은 정도로 준비되어 있지 않다. 한쪽을 더 잘 대처할 수 있고 다른 쪽은 그렇지 않을 수 있다. 한 영역에서의 성공은 우리가 훈련하거나 발달시켜야 할 다른 영역을 보완하는 데 도움을 줄 것이다. 보통의 사람에게는 "한 방면에서의 특별한 성취가 다른 방면에서의 실패를 보상하는 데 이용되더라도, 최대의 만족은 이러한 세 가지 요구에 모두 대응함으로써 얻어진다(Way, 1962, pp. 206-207)."

이 책에서 우리는 아들러가 기본적인 생애과제로 상정한 처음 세 가지 과제인 일, 사랑(친밀), 그리고 사회적 관계(우정, 가족, 지역사회 관계를 포함)를 다룬다. 이들은 우리가 사회적 관심을 가지고 삶의 요구들을 충족하면서 수행해야 할 세 가지 과제다. 제2장에서 우리는 타고난 적성, 능력, 평가적인 태도로서 사회적 관심의 '주관적'인 단계를 제시했다. 세 가지 기본적인 생애과제를 훈련할 때, 개인들이 협력하고 공헌하는 능력들을 이용하여 '대상'과 외부 세계에 연결된다.

○ 존재와 소속: 실존 과제

아들러학파의 몇몇 저자는 세 가지 생애과제를 뛰어넘어 삶의 본질에 관한 다른 문제들을 살펴보았다. 인간의 삶의 요구를 더 적절하게 설명하기 위하여 두 가지 추가적인 과제가 제안되었다. Mosak과 Dreikurs는 네 번째 생애과제를 상정하였는데, 이는 "자기 자신과 잘 지내는 법, 자기 자신을 잘 다루는 법을 배워야" 하는 개인적인 필요다. 개인이 자기 자신과 함께 살기를 배우고, 자기 강점과 약점을 받아들이고, 잘못되는 것에 대한 두려움을 버리는 것을 배우는 것은 중요하다. 그렇게 함으로써 그는 자기 자신과 싸우기를 멈추고, 자신의 내적 자원에게 실현할 기회를 준다. 이 과제를 자기수용 또는 **자기돌봄**self-care이라고도 한다(Sonstegard & Bitter, 2004).

다섯 번째 생애과제는 자기 자신을 우주와의 관계 속에서 정립하는 문제다. 우리는 우리의 이해 범위를 벗어나서 지금까지 있었던 모든 전체 환경의 부분일 뿐이다. 따라서 이는 우리가 지구상에서 살아가는 데 필요한 당면 문제들을 해결하는 것을 넘어서는 새로운 문제들을 고려하면서 적응할 필요가 있음을 말한다. 이는 우주적 배태cosmic embeddedness의 형태를 요구한다. 우주적 배태는 우리가 실존적 또는 초월적 존재인 인류의 중요성을 알도록 해 준다. 다섯 번째 생애과제는 영성과제 또는 '영성' '실존' '의미 추구' '형이상학' '메타심리학' '존재론' 등 여러 가지로 불렸다(Mosak, 1977a, p. 108).

네 번째와 다섯 번째 생애과제는 본질적으로 실존적이다. 이 책에서 우리는 자기와 잘 지내는 능력을 '존재하기' 과제(자기와의 조화)라고 하고, 우주와 잘 지내는 능력을 '소속하기' 과제(우주와의 조화)라고 할 것이다. 소속하기 과제는 우리의 공동체에 소속하려는 심리적 요구뿐만 아니라 우리의 영성적 안녕도 포함한다. 우리는 자기 자신과 자신이 속해 있는 우주와 조화로울 수 있는 내적 성향 또는 적성이 있다. 존재하기와 소속하기 과제는 우리의 능력 개발이 필요한 세 가지 기본 과제를 초월하는 주관적이고 평가적인 태도다.

실존 과제는 안팎으로 샘솟는 우물처럼 작동하여 우리가 사랑하고, 일하고, 가족 · 친구 · 타인과 관계를 맺을 수 있도록 한다. 기본적인 생애과제를 수행하기 위한 우리의 노력은 우리에게 내재하는 조화로운 성향의 외적 표현이다. 우리는 기본적인 생애과제를 위하여 배우고 훈련하는 반면, 있는 것을 진심으로 존중하고 공동의 경험으로부터 확인함으로써 실존적 힘을 획득한다. 세 가지 기본적인 생애과제와 두 가지 실존 과제가 함께 우리의 특성적 태도와 삶에 대한 접근방식을 결정하는 움직임을 만들어 낸다.

Sonstegard와 Bitter와 같은 오늘날의 아들러 학파는 친족 보호의 과제(세대 간에 걸쳐 확대된 아동과 노인의 돌봄), 영성(넓은 세계와의 연계), 그리고 변화에 대처하는 과제를 인정했다. 이러한 생애과제 들에 성공적으로 대처했을 때만 우리는 소속감을 경험하고 표현할 수 있다(Sonstegard & Bitter, 2004 참조).

○ 규범적 이상

[그림 3-1] 생애과제도는 **규범적 이상**을 설명하기 위한 것이다. 규범적 이상은 사회적 관심으로 대표되는 이상적인 정신건강 상태 를 나타낸다. 개인을 둘러싸는 중심축이 같지 않은 원을 그려서, 개 인이 관련 있는 조직들과의 관계가 동일하지 않음을 설명할 수 있 다. 자기 밖으로 나오면, 지역사회의 더 큰 체제들이 더 작은 단위 인 가족과 또래와 함께 시작한다. 그리고 가장 큰 원이 우주에까지 나아간다. 사람과 다양한 원 사이의 거리에 어떠한 간격도 있을 수 있음을 가정하는 것이 맞는다 하더라도, 처음 세 개는 거리가 더 짧 다. 아동과 청소년 편에서 보면, 이러한 수준이 아동과 청소년에게 일차적으로 영향을 미치는 집단을 더 잘 표명하고 대표함을 강조하 는 경향이 있기 때문이다. 외부의 원은 매우 중요하다. 이는 아동과 청소년이 그 속에서 성장하게 되는 **공동체**의 수준을 대표하기 때문 이다. 사실상, 이러한 다양한 원을 개인이 나이 들어감에 따라 커져 가는 중요성의 발달 단계로 보는 것도 가능하다. 따라서 사람이 한 부분이 되고, 사회적 관심이 증명될 수 있는 다양한 체제가 계속 확

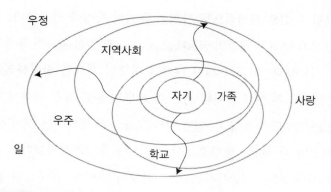

그림 3-1 생애과제도(Copyright 2008 by Julia Yang)

장한다는 생각을 우리에게 준다.

원들의 전체 체계는 크기가 다른 세 부분으로 나눌 수 있다. 각각
은 기본적인 생애과제 중 하나를 대표한다. 많은 사례에서뿐만 아
니라 가상적인 일반적 예에서도 이러한 과제들의 충족에서의 대차
대조표 계정이 개인의 특성과 성격에서의 대차대조표 계정과 비례
하기 때문에, 각 과제의 고유한 의미를 반영하는 이러한 분명한 비
동등성이 나타난다. 개인은 확장하는 원들의 기초로서 역할을 하기
때문에, 네 번째 생애과제(존재하기)는 그 모델의 통합적이고 중심
적인 지점이 된다. 이는 개인이 우주의 중심이라는 것이 아니라, 자
신과 잘 지내는 것을 배울 때 비로소 다른 과제들을 효과적으로 수
행할 수 있다는 것을 시사한다. 다섯 번째 생애과제(소속하기)도 우
주를 나타내는 바깥 원을 가리키는 화살들에 의해 모델에 포함된
다. 가장 큰 원을 연속선으로 그렸지만, 광대함과 최종적임에 관한
우리의 지식은 불완전하다. 우리의 지식을 뛰어넘어 존재하는 것을
아직도 배워야 하기 때문이다.

[그림 3-1]은 전체적으로 사회적 관심의 특성을 반영하며, 사회적 관심의 완전한 개념인 **공동체**gemeinschaft와 **감정**gefühl이 융합되었음을 나타낸다. 그리고 개인 내에서 이것이 최대한 발달하였는지 발달한 정도의 상태를 나타낸다. 이 모델의 좋은 점은 사회적 관심이 있는 것보다는 있을 수 있는 것의 모습을 묘사한다는 것이다. 이는 개인이 추구하는 방향으로서 규준이나 중앙치라기보다는 이상(理想)이다. 이는 적응이라는 개념 이상의 것이다. 왜냐하면 용기, 주도성, 그리고 창조성을 의미하고, 움직임과 개선, 소속과 협력의 역동적인 토대 위에 사람의 존재 전체를 두었기 때문이다. 이런 것은 이상적인 규범을 대표하기 때문에, 개인의 기능을 비교할 수 있는 표준으로 사용할 수 있다. 따라서 여기에 언급된 차이들은 개인의 정신건강 상태의 상대적 지표가 된다.

생애과제의 회피

[그림 3-1]의 곡선 화살표는 개인이 더 넓은 생활환경으로 나아가는 비선형적 발달을 나타낸다. 삶의 문제는 우리의 특성적 접근 방식과 우리가 살고 있는 세상 간의 상호작용과 관련된다. 사실 우리는 인간의 모든 문제가 이러한 생애과제들을 수행하는 데 무능력하기 때문에 생긴다고 믿는다. 우리가 지혜와 용기를 가지고 기본적인 생애과제를 직면할 수 있을 때 훌륭한 삶을 살 수 있기는 하지만, Wolfe는 삶의 도전들(즉, 사회적 관심과 관련한 주요 활동들)을 회피하는 우리의 경향을 설명하기 위하여 세 장면을 동시에 진행하는

서커스와 사이드 쇼(역자 주–서커스 등에서 손님을 끌기 위해 따로 보여 주는 소규모 공연으로 지엽적인 문제를 의미함)의 비유를 이용했다(Wolfe, 1932/1957). 사회적 관심이 충분하지 않다면, 삶에 대한 우리의 태도는 우리를 잘못 안내하여 주된 활동이나 사회적으로 유용한 활동을 하지 못하도록 하고 사이드 쇼에만 참여하게 한다. 또 다른 회피 방식은 한두 과제에만 초점을 맞추고 나머지는 소홀히 하는 것이다. 우리는 사람 전체를 다루기 때문에 생애과제는 분리될 수 없고, 이는 문제가 된다.

> 인간은 모든 면에서 똑같이 자신을 발달시킬 필요는 없으며, 다른 문제보다 어느 하나의 문제를 더 잘 해결하도록 준비된 자신을 발견할 수 있다. 일에는 성공했으나 사랑에는 성공하지 못할 수 있고, 사랑과 사회적 관계는 돈 버는 어려움에 비하면 쉬울 수 있다. 정신병은 일반적으로 동시에 제기된 세 가지 문제 앞에서 와해된 것이다. 일반적인 적응이 힘들 수도 있지만, 신경증의 경우 한두 가지에서만 와해되고 그 밖의 다른 것에서는 사회적 관심이 유지된다(Way, 1962, pp. 206-207).

한 가지 이상의 영역에서 삶의 책임들을 독창적으로 회피하는 사람들은 두려움에 의해 유발된 행동이나 지각의 양식을 보인다. 이들은 거부, 실패하기, 충분하지 않은 것, 갇혀 있는 것, 판단되는 것, 알 수 없는 것 혹은 모호한 것, 너무 많거나 너무 적은 선택 또는 책임들, 통제받거나 통제할 수 없는 것 등을 두려워한다. 이러한 목록들은 계속 열거할 수 있다. 이러한 사람들은 협력하고 공헌함으로써 삶에 참여하는 용기를 갖지 않고, 비교하고 경쟁하는 데 에너지를 집중한다. 이렇게 비교하고 경쟁함으로써 삶의 요구에 과잉 또는 과소 반응하는 것이 일반적이다. 이들은 자신의 두려움을 다루는 것을 회피하기 위하여 지배, 순응, 모방, 의존, 오만, 우유부단, 꾸물거림, 중독 및 일반적으로 무용하거나 나쁜 보상으로 보이는 다른 방법들과 같은 많은 습관에 기댄다(Wolfe, 1932/1957).

이러한 무용하거나 두려움에 기반한 생활태도에 기인하여 목표가 잘못된 사이드 쇼(주된 활동의 반대)를 끊임없이 하게 된다. 그리고 이러한 생활태도는 자신의 정상적인 기능을 방해하고, 사회와 가족 및 직장 관계에서 배타와 고립이라는 부정적인 결과를 낳는다. 사이드 쇼의 예로 과도한 가족 충성, 빈둥거리기, 부적절성, 게으름, 분주함, 우울 그리고 신경증 등을 들 수 있다. 생애과제와 요구들을 직면하지 않으려는 사람들은 좋은 삶을 살아가기 위하여 가져야 할 자주성 또는 책임감을 회피한다. 그리고 역설적이게도 두려움을 바탕으로 노력하면서 이들이 두려워하는 것들이 바로 현실이 된다.

용기는 생애과제 또는 나쁜 보상의 회피에서 비롯된 문제들에 대한 유일한 해결책임이 분명해졌다. '사이드 쇼 달인'의 공통분모가 매우 낙담했던 어렸을 적 생활이라는 것을 아들러학파는 알게 되었다. 이러한 사람들에게 최선의 치료는 주된 활동 무대가 사이드 쇼보다 실제로 더 안전함을 깨닫는 것이고, 이들이 어려움을 이겨 내고 같은 어려움이 있는 동료를 돕는 행동을 함으로써 사회적 관심에 대한 용기를 재충전하는 것이다. 일반적으로 용기는 낙관적이고, 창조적이고, 다른 사람들의 이익을 위해 협력하고 공헌할 준비가 되어 있는 사람들에게서 볼 수 있다. 한편, 용기와 사회적 감정의 결핍은 사회적 삶(즉, 일, 사랑 그리고 우정)에서의 모든 실패를 설명한다.

아들러는 용기란 적응의 무용한 면에서 유용한 면으로 옮겨 가고, 생애과제에 직면하고, 실수를 감당하고, 소속감을 느끼기 위한 실제적인 협력의 전제조건이라고 설명한다. 용기 있는 사람은 세상과의 더 나은 관계 속에서 더 나은 사회적 관심을 갖는다. 반면, 용기의 결핍은 열등감, 염세주의, 회피, 그리고 잘못된 행동을 기른다. 생애과제와 관련한 문제들의 해결책은 자신의 두려움을 새롭게 통찰하게 하고 자신의 보호경향성 또는 생애과제의 실제적인 회피를 알게 하는 것이다. 이는 두려움을 기반으로 하는 일반적으로 무용한 심리적인 사이드 쇼를 떠나 사회적 관심이 있는 주된 활동에 참여하는 용기를 개발할 수 있도록 하기 위함이다.

친밀하고 완전히 협력적인 사랑의 관계에 있는 사람을 생각해 보자. 그의 일은 유용한 성과를 낳고, 그에게는 많은 친구가 있으며, 사람들과의 접촉은 폭넓고 생산적이다. 그러한 사람은 삶을 창조적인 과제로 보고, 많은 기회를 제안하며, 돌이킬 수 없는 실패는 내놓지 않을 것이다. 인생의 모든 문제에 직면하는 그의 용기는 다음과 같다고 볼 수 있다. "인생은 사람들에게 관심을 가지는 것, 전체의 부분이 되는 것, 그리고 인류의 복지를 위해 나의 몫을 기부하는 것을 의미한다"(Adler, 1931/2003, pp. 18-19).

◯ 마무리 생각

제1부에서는 용기와 공동체 의식이 어떻게 우리 각자가 우리의 생애 목표를 향해 나아가기 위하여 상호작용하는 호혜적인 힘인지에 관하여 개념적으로 정의하고 이해하려고 했다. 이 장에서는 생애과제를 소개하고, 이들이 어떻게 정신건강의 이상적인 상태를 나타내는 가장 충실한 또는 매우 효과적인 기능을 규정하는 규범적 이상이 되는가를 소개하는 데 초점을 두었다. 우리는 용기, 공동체 의식, 생애과제의 개념적 기초를 개인심리학의 틀로 제시했다.

이제 우리는 문제에 대한 개인의 특성적 접근 방식과 사회적 삶의 이상에 관하여 보다 깊이 이해할 수 있게 하는 구체적인 생애과제를 다룰 준비가 되었다. 제2부에서는 공동체 의식이 어떻게 우리가 용기를 가지고 생애문제에 직면하고 우리 자신과 다른 이들에 대한 책임을 갖도록 고무하고 준비시킬 수 있는지를 설명한다. 특히 우리는 전체적인 생애문제의 해결을 위해 협력하고 공헌하는 용기에 대한 태도와 정도를 중심으로 각 생애과제를 다루고자 한다.

사회적 삶의 용기

THE PSYCHOLOGY OF
COURAGE

일의 용기

자주, 그리고 많이 웃는 것, 총명한 사람들의 존경을 받고 아이들의
사랑을 받는 것, 진정한 비평에 감사하고, 잘못한 친구의 배신을 견디
는 것, 아름다움을 알아보는 것, 다른 사람들에게서 최선의 것을 발견
하는 것, 건강한 아이를 낳든 한 뙈기의 정원을 가꾸든 사회환경을 개
선하든 세상을 조금 더 낫게 하는 것, 자신이 한때 이곳에 살았음으로
해서 단 한 사람의 인생이라도 행복해지는 것, 이것이 진정한 성공이
다(Ralph Waldo Emerson, 1803~1882, 미국의 시인 · 사상가).

Emerson의 인용문은 Burt의 장례식에서 낭독되었다. Burt는 평
소처럼 동료가 먼저 퇴근한 후 남은 일을 하다가 심장마비로 숨졌
다. Burt는 오랫동안 일했다. 그는 그의 일을 사랑했다. 그의 학생들

과 동료들은 자주 그에게 조언을 구했다. 당신이 Burt를 만나려 한다면 얼굴을 보기 전에 먼저 그의 웃음소리를 들었을 것이다. 그는 자신의 색다른 직업정신에 관한 사람들의 호기심에 대해 항상 다음과 같이 대답했다. "인생이란 살 만한 것이다." Burt에게 일은 자기가치, 타인 지향, 유익함, 그리고 기쁨을 의미했다. 이 장에서 보게 되겠지만, 일은 다양하고 많은 의미를 갖는다.

일이란?

일은 개인의 생존, 가족의 부양과 사회적 삶을 위한 가장 중요한 생애과제다. 생존을 위한 경제적인 수단일 뿐만 아니라, 많은 심리적이고 사회적인 의미를 지닌다. 우리는 자신을 위해서뿐만 아니라 타인을 돌보면서 애정을 가지고 일한다. 개인심리학에서 직업은 '공동체에 유용한 어떤 종류의 일'이라고 정의된다. 일은 놀이와 집안일, 아동의 학업을 포함하고, 우리의 전 생애를 통하여 생애 역할을 수행하면서 하는 유급 또는 무급의 직무를 포함한다. 영성적으로 일은 자기개념을 표현하고, 생애 목표를 달성하며, 상호의존을 통한 소속감을 이루어 내는 여행이다.

우리는 일할 때 혼자서 일하는 경우는 거의 없다. 일하는 용기는 타인과 협력할 것을 요구하며, 좀 더 나은 세상을 위하여 필요한 것을 수행하면서 공헌할 것을 요구한다. 사회적 관심의 맥락에서 볼 때 일은 무용감 또는 유용감을 형성하는 우리의 목적과 행동을 보여 준다. 용기는 자기감과 공동체 의식이 일하는 것을 방해할 것인지 또는 촉진할 것인지를 결정하게 한다.

일하는 것 또는 일하지 않는 것은 문제가 아니다. 유일한 문제는 과도하게 일하는가 아니면 과소하게 일하는가다. 우리는 일을 해야 한다. 그렇지 않으면 굶주리게 된다. "일이 없는 삶은 살아 있는 죽음이다"(Wolfe, 1932/1957, p. 203). 일하지 않는 사람들은 그들을 부양하는 다른 사람들의 노동에 의존한다. 이들은 사회적 관심은 낮으나 자기에 대한 관심은 높다. 개인심리학에서 일은 좋은 삶을 살기 위한 세 가지 기본 과제 중 하나다. 우리가 사회의 보호를 필요로 하듯, 우리는 사회 체제 내에서 협력하고 공헌하면서 일을 한다.

소크라테스식 대화 4-1

다음은 사람들이 일에 대하여 생각하는 몇 가지 공통적인 가정이다(S. Osipow, 1987년, 개인적인 의사소통에서). 가족, 친구, 동료들에게 이러한 가정들에 대한 생각을 물어보고, 여러분 자신의 생각과 비교해 보라. 차이점과 공통점은 무엇인가?

• 개인마다 가장 잘 맞는 하나의 직업이 있다.
• 일단 분야가 결정되면, 그 결정을 번복할 수 없다.
• 우리가 흥미를 느끼는 일은 그 일이 무엇이든 성공적으로 해낼 수 있다.
• 노력과 동기부여는 모든 어려움을 이겨 낼 수 있게 한다.
• 직업에 대한 내적인 만족이 외적인 만족보다 낫다.
• 대부분의 사람은 자신의 일을 싫어한다.
• 꼭 해야 할 필요가 없다면 대부분의 사람은 일을 하지 않을 것이다.
• 교육적 선택과 직업적 선택은 거의 일치한다.
• 미래에 사람들은 점점 적게 일할 것이다.
• 어릴수록 진로의 선택이 더 나을 것이다.

일이란 고립되어 행해지지 않는다. 열등감의 보상으로서 일을 한다 하더라도, 우리가 하는 일은 인류에게 공헌하는 것이다.

◯ 개인 열등감

오늘날 사회에서 일은 개인이 인정, 부, 권력, 지위, 명예를 얻는데 가장 괜찮은 방법이다. 많은 사람에게 일은 성공이나 우월감에 이르는 길이다. 우리 사회의 개인주의적이고 자본주의적인 가치들은 노동자들에게 생산하고, 수행하고, 경쟁할 것을 요구한다. 기대하는 생활 수준을 유지할 수 없을지도 모른다는 두려움 속에서 우리는 순응주의의 삶의 방식과 안전을 위하여 일한다. 결과적으로 대다수는 은퇴하기 위하여 단순히 일을 하고 있다. 직장생활에서 개인의 열등감을 일으키는 또 다른 원인은 우리가 안팎으로 두려움을 경험한다는 것이다. 이 두려움은 독재적이고 처벌적인 결정들에 의해 악화된다. 외적인 직무 요구에 대처하고 승진을 추구하면서 우리는 더 열심히 일하거나 또는 실수, 불인정, 실패의 두려움을 이겨 내려고 한다.

개인 수준에서 일의 문제는 대부분 실패로부터 자신을 보호하려는 요구에서 생긴다. 즉, 과도하게 일하거나 과소하게 일함으로써 가정, 학교, 직장의 책임감을 전체적으로 또는 부분적으로 회피하는 것이다. 필요한 교육을 마치면, 많은 사람은 일의 문제에 잘 준비되지 않은 채 노동인력이 된다. 응석받이로 과보호받으며 자란 젊은 성인들은 직업이 있든 없든 대학 졸업 후에 부모의 집으로 돌아간다. 경제적 변동과 실업률은 많은 사람에게 큰 어려움을 가져다주는데, 한편으로는 자신에게 맞는 직업을 찾을 수 없는 사람, 일하려는 동기가 없는 사람, 또 대인관계의 다양한 이유로 직업을 유지할 수 없는 사람들에게 핑곗거리를 주는 것으로 보인다.

나의 인생에서 중요한 일을 하고 있음을 확신하고 싶다. 내가 가정을 이룰 때가 되면, 일요일마다 교회에 가기 위해 일요일에 쉴 수 있는지 알아볼 것이다. 가족이 잘 살도록 돈을 많이 벌자. 무슨 일이 일어나든 모든 일이 잘 처리될 것이라고 믿자. 내가 돈이 많더라도 나의 아이들이 자신의 용돈과 물품을 위해 돈을 벌기를 바란다. 돈을 벌면서 많은 일이 일어나기 때문이다. 나의 고등학교는 우리 지역에서 사실 부자학교가 아닌데도 기본적으로는 더욱 부자학교와 같았다. 여기에는 부자 아이들이 다녔고 주로 동네의 백인들이 다녔다. 학교에 다니는 많은 아이는 오만하고 얼간이 같았다. 그들은 원하는 것을 무엇이든 가졌다. 나는 나의 아이들이 이렇게 되지 않기를 바란다. 나는 아이들이 일하기를 원한다(Jose).

AI은 열여덟 살인 Jose에게 향후 계획을 물었다. Jose는 그가 학교에서 본 불공평한 처사, 빈부 간 격차 같은 것들이 지긋지긋하다고 말했다. Jose는 대학을 중퇴하고 해군에 입대하기로 했다. 고등학교나 대학의 수업은 지나치게 어렵거나 지나치게 쉬웠다. 이 젊은이에게는 공정한 것이 중요하다. 그는 학교와 집에서 불공정을 경험해 왔다. 집에서 그는 계부와 몇 차례나 신체적으로 충돌했다. 그는 훗날 형사 사법 분야의 직업을 가지기로 계획했다.

열심히 일하면 부유해질 수 있다는 좋은 삶에 대한 Jose의 이상은 불행하게도 아주 다른 현실을 만나게 될 것이다. 좋은 교육을 받은 사람이 좋은 직업을 가지게 될 것이라는 우리의 신념은 모두에게 적용되지 않는 근거 없는 가정이다. 많은 청소년과 성인은 Jose처럼 축재, 소유, 사회계층과 안정성을 이루려는 꿈과 준비 부족이라는 아이러니를 경험한다.

소크라테스식 대화 4-2

Jose의 진로 목적은 현실적인가, 아니면 허구적인가? 대학을 중퇴하고 해군에 입대하려는 Jose에게서 어떤 강점을 찾아볼 수 있는가? 자신과 타인과 세상에 대한 Jose의 견해는 무엇인가? 삶에 대한 Jose의 일반적인 태도는 무엇인가? 이것들은 두려움을 기반으로 하는가, 아니면 용기를 기반으로 하는가? Jose는 자신의 진로에 대하여 생각하고 결정하는데, 어떻게 더 잘 준비하고 적응할 수 있는가?

일의 두려움을 다루는 것을 회피할 때, 부정적인 일의 태도가 발달한다. 낙담한 노동자는 용기를 가지고 일의 문제에 대처하지 않고 소심함, 꾸물거림, 게으름, 우유부단, 재정지원 수혜, 희생시킴, 동기부족의 부차적인 행동으로 나아간다. 근본적으로 이런 행동들은 지각된 실패의 위협을 피하기 위해 충분히 일하지 않는 사람의 부적절성을 나타낸다.

이런 부적절성에는 우리 자신의 야망, 완벽주의, 불충분한 시간과 자원에 대한 지각, 그리고 상충하는 다른 책임감들이 혼합되어 있다. 완전함은 주관적이고 실제로는 존재하지 않기 때문에, 우리의 목적을 결코 달성할 수 없다. 완전은 허구적인 신념의 일부분일 뿐이다. 나는 제어해야 한다, 나는 통제해야 한다, 또는 나는 받아야 한다와 같은 허구적 신념들로 우리에 대해, 그리고 직장생활의 문제에서 낙담하게 된다(Adler, 1979).

인정과 외적 보상을 받으려고 일하는 사람들에게 인정이나 외적 보상이 없으면 일은 무의미하게 된다. 부적합을 보상하기 위하여 과도하게 일을 하면, 우리는 알게 모르게 친밀함, 사회적 관계, 자기 돌보기, 그리고 일반적으로 일 또는 인생의 의미에 대해 더 심층적인 느낌에 대한 생각을 절충하거나 느슨하게 한다. 낙담한 노동자는 피로, 스트레스, 활기부족, 자기회의, 역할 과부하와 역할 갈등(집과 직장에서), 자기통제력의 부족과 같은 친숙한 불평들을 표현하게 된다.

◯ 집단 열등감

개인 및 기관의 열등감은 인식과 행위가 두려움에 기초한, 좌절된 직장의 특징이다. 사람들은 자신의 정체성이 불안전하다고 느끼면, 다른 사람들의 정체성도 허용하지 않는 상황을 만든다. 노동자들이 직장을 전쟁터라고 믿을 때, 하지 않으면 죽는다는 생각이 많은 사람에게 자성적 예언이 된다. 리더들이 부정적인 결과에 대한 두려움 때문에 잠재력을 억압하는 경우도 드물지 않다. 직장에서의 두려움은 경직된 규칙이나 절차에서 가장 잘 드러난다. 실패와 손실이 있을 때, 특정 개인들에게 쉽게 비난이 쏟아질 수 있다.

이러한 개인의 두려움은 직장에서 경쟁적인 분위기를 조장하는 집단적인 '보다 낫게' 또는 '보다 적게' 태도로 표면화된다. 그리고 이는 불평등과 차별을 합리화한다. 전형적인 예는 평등 교육과 직업 기회를 인정하는 것에 대한 논쟁이다(즉, 본질 대 할당).

백인들은 기회가 없다.

뒤섞인 감정들…… 불공정할 때, 분명히 불공정할 때, 이를 바로잡으려고 신중하게 노력하기도 한다. 그러나 내 생각에는 그들이 발판을 굳히고 그들이 하고 싶지 않았던 모든 일을 요구하여 우리가 결국 하게 되는 것은 밑바닥의 일들이다.

나는 백인들이 흑인들에게 역사적으로 어려움을 주어 왔음을 안다. 그러나 양보에도 한계가 있어야 한다.

흑인 학생들은 학문적으로 준비되지 않았을 수 있다. 나는 다른 어떤 것보다도 학생들의 수행력에 기초하여 모든 학생에 대한 태도를 가지려고 노력한다.

그건 헛소리다. 백인 미국인들은 늘 그들만의 방식이 있었다. …… 흑인들은 항상 인종차별을 받아 왔으며, 오늘날에는 백인들이 늘 했던 일에 종사한다.

이 진술들은 인종 차별에서 기인하는 사회 풍조에 대한 대규모 캠퍼스 연구에 참여한, 백인이 많은 작은 대학의 직원과 학생, 교수의 말이다. 그러나 히스패닉계 대학원생은 아주 색다른 의견을 제시했다.

백인들이 갖지 못한 것이 무엇인가? 그들은 차별철폐조처의 혜택을 받는 일생을 살아 왔다.

일과 관련된 문제들은 끊임없는 경제적 변화로 이미 도전을 받고 있는데, 제도적 · 사회적 · 문화적 수준에서 인권 문제로 심화되었다. 인류의 역사를 통하여 '외집단'으로 여겨지는 것을 배제하기 위하여 법과 정책이 제정되고 시행되어 왔다. 외집단은 현재의 상태를 유지하기 위하여 더 낮은 지위로 유지된다.

나는 항상 연기자였고, 내가 하는 무엇에서나 뛰어났다. 그중 일부는 다른 사람들의 동성애자에 대한 부정적인 편견을 극복해서, 나도 잘할 수 있음을 보여 주는 것이었다(남성 동성애자, Suprina & Lingle, 2008, p. 201).

이 남성 동성애자의 말은 여성이나 비(非)백인 노동자들에게도 적용된다. 성, 민족, 동성애에 따라 차별하는 권력은 직장의 입사, 유지, 보상, 승진에서의 불평등을 분명히 보여 준다. 낮은 지위나 소수집단 지위의 사람들은 그들의 진로에서 성공을 방해하는 장애물을 자주 만난다. 이들은 인내로 대처하며, 대처전략으로서 노동 강도를 높이기도 한다. 또한 사실상 억압적인 외적 가치를 내면화하기도 한다. 즉, 이들은 '충분히 훌륭하지 않음'을 느끼고, 자신을 일할 만한 사람으로 여기지 않게 될 것이다.

소크라테스식 대화 4-3

직장에서 평등하지 않다고 처음으로 생각하게 된 특정 사건을 떠올려 보라. 그 일은 당신이 일에 대하여 생각하고 느끼는 방식에 어떤 영향을 끼쳤는가? 그러한 인식 때문에 다른 방식으로 일하는가?

⟡ 새로운 공포: 변화무쌍한 진로

성공을 약속했던 제도적인 진로와 선형적인 진로발달의 시대는 지나갔다. 중산층 노동자를 위한 20세기 진로의 꿈은 많은 사람에게 실현되지 않았으며, 새 천년 시대에 Jose 같은 사람에게는 끝난 것이나 다름없다. Jose에게 최선의 선택은 첫 번째 직업 기회를 이용하고, 현재의 직업을 통해 사회적 관계를 형성하고, 새로운 기술과 고용가능성을 계속해서 발달시키는 것에 적응할 수 있게 되는 것이다.

21세기의 진로는 변화무쌍할 것이다. 즉, 안팎의 변화에 반응하면서 시시각각 만들어지고, 다시 만들어질 것이다. 전통적인 진로 개념은 제도, 승진, 낮은 이동성, 성공 기준으로서의 급여 인상, 그리고 조직 몰입에 초점을 맞추고 있다. 반면 지금은 노동자들의 성향이 변화무쌍하고, 이들에게 일하는 용기는 자율성, 자유와 성장의 핵심 가치, 높은 이동성, 심리적 성공, 만족, 전문적 몰입에 초점을 둔다.

프로테우스적 진로란 조직이 아니라 개인이 관리하는 과정이다. 이는 개인의 다양한 교육 경험, 훈련, 여러 조직에서의 일, 직업의 변화 등 모든 것을 포함한다. 프로테우스적인 사람의 개인적인 진로 선택과 자기충족의 추구는 자신의 삶 안에서 통합하는, 또는 완전하게 하는 요소들이다. 성공의 기준은 내적(심리적 성공)인 것이지 외적인 것이 아니다(Hall, 1976, p. 201).

일에 대한 전통적인 개념에서 프로테우스적 진로로 전환할 때, 우리는 새로운 염려와 두려움을 마주하게 된다. 프로테우스는 그리스 신화에 나오는 바다의 신인데, 변신이 가능하다고 알려져 있다. 그러나 붙잡아 묶어 두지 않으면, 형태를 이룰 수 없다. "프로테우스적 인간"의 딜레마는 계속 변화하는 세상을 반영하는 끊임없는 변화와 정체성 및 소속의 요구 간의 양면적인 가치를 가장 잘 묘사한다.

많은 요인이 노동자의 직업 획득과 만족, 유지에 영향을 미친다. 대부분의 노동자는 실직했을 때의 대안적인 계획을 가지고 있지 않다. 남자와 여자는 일과 가정의 경계 문제를 경험한다. 이는 자신의 성역할과 생애 역할을 재점검하도록 한다. 우리의 발달을 가로막는 장벽은 자주 맥락과 관련되어 있으며 이는 체제의 개입을 필요로 한다. '꼬마 기차little engine that could'(아동에게 낙관주의와 열심히 일하는 것의 가치를 가르치는 미국 아동도서의 고전 중 하나—역자 주)는 우리의 여정에 더 이상 분명한 길을 보여 주지 않는 거대한 변동사회가 주는 오르막 테스트뿐만 아니라 많은 샛길과 장애물을 만난다.

당신은 일하는 중에 생기는 문제를 어떻게 해결하는가? 당신과 노동자들은 변화를 환영하는가, 아니면 저항하는가? 당신의 진로와 직장생활에 대해 어떤 두려움이 있는가? 어떻게 하면 프로테우스적 진로를 위하여 자신을 더 잘 준비할 수 있는가? 우리 삶의 목표를 향해 나아가기 위하여 이러한 두려움을 어떻게 생산적으로 사용할 것인가?

프로테우스적 개념은 성쇠가 있는 유연하고 고유한 진로 과정, 좌우 방향전환, 직업의 이동 등을 포함한다. 어떤 이상적인 일반화된 진로 '경로'에 대하여 표면적으로 초점을 맞추기보다, 프로테우스적 진로는 일종의 진로지문처럼 각 개인에게 고유하다(Hall & Mirvis, 1996, p. 21).

흥미로운 프로테우스적 진로 개념 덕으로 우리는 알지 못하는 미래에 대해 더 큰 두려움이 있으면서도 활력과 자유로운 느낌을 가지고 직장생활의 외적 통제로부터 벗어난다. 개인심리학에서는 두려움이 사라질 것이라고 생각하지 않는다. 다만 두려움의 목적과 쓰임을 인식하는 것이다. 제1장에서 다루었듯이, 두려움이 문제보다 커지면 염려와 불안으로 변한다. 이는 우리의 낙담과 좌절하는 태도를 표현하고, 변화를 회피하고, 또는 상상한 실패로부터 보호하는 방법으로 이용될 수 있다. 프로테우스적 진로가 주는 새로운 도전에 대응하기 위하여, 우리 자신이 융통성이 있고 가능한 해결책을 생각하도록 훈련하면서 창조적인 힘과 용기를 가지고 두려움에 대응하여야 한다. 두려움을 경청하고, 과장하지 않으며, 변화를 촉진하기 위하여 사용할 수 있으면, 우리의 두려움은 선물이다.

○ 진로구성양식

개인심리학은 일을 개인의 독특한 생애태도를 전체론적으로 이해할 필요가 있는 생애과제로 여긴다는 점에서 프로테우스적 진로의 새로운 사고방식과 일치한다. 일의 의미는 자기, 타인, 세상에 대한 인식에 기초하여 형성된다. 일과 일의 선택을 이해하기 위한 전통적인 '검사와 해석', 최적 적합(특성과 요인), 선형 발달적 접근은 오늘날 덜 유용하게 되었다.

> 적합성은 Holland의 직업 분류에서 이용된 객관적인 직업 환경 기준에만 근거하지 않는다. 오히려 노동자의 생활양식과 맞는 직업 환경을 개인이 어떻게 알아차리는가가 중요하다(Stoltz, 2006).

개인의 생활양식(즉, 행동, 정서, 사고의 통합)을 이해하는 것은 개인이 새로운 프로테우스적 진로 환경에서 어떻게 기능하고, 적응하고, 번성할 것인지를 설명하는 데 도움이 된다. 우리는 자신의 진로 이야기에 기여하고 이를 구성한다. 많은 유형론적인 접근(예를 들면, Holland 유형 또는 MBTI)에서 기술한 우리의 특성들은 실제로는 직업 환경에 반응하는 데 자연스럽게 사용하는 대처 전략이나 '성공공식'이다. 또한 출생순위에 따른 품성 특성은 진로 선택과 성취 방식과 관련될 수 있다. 아동들은 어린 시절 집과 학교에서 하는 놀이와 공부를 통해 일에 대한 태도와 가치를 배운다. 가족 구도와 분위기는 개인의 생활양식에 영향을 주고, 나중에 일의 과제에서 그

것의 영향을 발견하게 될 것이다. 생물학적 및 심리적 출생순위는 모두 진로 전략으로서 실제로 기능하는 특정 품성 또는 성격 특성과 연계된다(제6장 참조).

개인의 생애주제, 생애태도로서의 성격 특성뿐만 아니라 진로 적응성을 강조하는 진로구성이론에는 개인심리학적인 틀이 분명하게 있다. 우리는 개인의 진로 이야기, 강점 또는 약점뿐만 아니라 요구 또는 문제를 해결할 기회나 제약으로 이끄는 개인의 안내 신념guiding beliefs에 접근할 수 있다.

● 소크라테스식 대화 4-5

• 3~6세 때의 기억 중 최초의 기억(이야기)은 무엇인가?

• 그 이야기들에 제목을 붙인다면?

• 자라는 동안 당신의 영웅은 누구였는가?

• 좋아하는 속담은 무엇인가?

• 좋아하는 잡지나 TV 프로그램은 무엇인가?

우리가 어린 시절의 기억을 회상하는(선택하는) 방식은 뇌리를 사로잡고 있는 생각(요구, 목적, 반드시 되어야 하는 것)을 보여 준다. 그리고 우리가 기억하는 영웅 또는 역할 모델의 특성은 문제를 해결하고 요구를 충족하기 위하여 동일시하거나 가지고 있는 강점을 드러낸다. 진로구성이론에서는 개인의 생각, 감정, 행동의 이해를 촉진하기 위하여 창의적인 방법들을 이용한다.

개인이 선호하는 활동에서 유용한 정보를 발견할 수 있다. 예를 들면, 자기조언을 찾을 수 있는 좋아하는 속담에서, 환경에 대한 관심을 알 수 있는 좋아하는 잡지에서, 좋아하는 TV 프로그램과 배우에서 사람과 힘든 일을 대하는 그 사람의 방식을 추측할 수 있다. 우리가 추구하는 것은 개인이 실제로 선호하는 것이 아니라 일 또는 삶에 대한 고유한 양식이나 통합적인 태도다.

Calvin은 40대 초반의 백인 남성으로 학교를 졸업한 후부터 지금까지 열심히 일했다. 그는 아주 흥미로운 노동 경력이 있다. 지붕 공사 기술자, 건축 도화, 설비기술자 및 고장 검사원(여기서 그는 판매담당 기술자와 지역 기술부장으로 승진함) 등의 경력이 그것이다. 그는 진로 상한에 이르면서 진로 위기를 겪었다. 생애 만족과 의미에 대하여 얼마간 명상한 후, Calvin은 다시 학교로 돌아가기로 했다. 그는 지금 대학 교수다. 그의 Holland 유형은 사회적, 심미적, 설득적이다. 그가 좋아하는 인용문은 미켈란젤로의 말이다. "나는 대리석에서 천사를 보았고, 그 천사가 자유롭게 풀려날 때까지 조각을 했다." 다음은 Calvin의 초기 기억 중 하나다.

우리 집은 낡았고 수리할 필요가 있었다. 어느 여름날 부모님이 일을 나가 있는 동안 나는 뒤쪽의 베란다를 지지하는 벽이 흔들리는 것을 고치기로 했다. 콘크리트를 섞어서 벽을 수리했다. 내 기억에 아버지와 어머니는 감동했다. 내가 열두 살 때 벽을 수리할 수 있었기 때문이다. 나는 벽을 고정하고 집이 더 나아 보이게 할 수 있었다는 것이 자랑스러웠다.

Calvin에게 있는 노동자로서의 특성(강점을 포함하여)은 무엇인가? Calvin의 생활양식 주제는 무엇인가? Calvin은 진로전환을 할 때 자신의 Holland 유형을 어떻게 이용하였는가? 그의 직업 발달을 이해하는 데 도움이 되는 다른 변인은 무엇인가? Calvin의 초기 기억은 성인 진로전환을 반영하는가? 생애에 대한 그의 태도는 어떠한가? 두려움? 용기?

격려된 노동자

나는 나의 일을 좋아한다. 이는 파티를 여는 것과 같다. 사람들이 오기 전에 준비하고, 나중에는 모두 즐거운 시간을 보냈으리라고 생각하며 청소한다. 나는 일을 통해 세상과 그렇게 많은 접촉이 일어날 줄 몰랐다. 이들은 탑승하기 바로 전에 방문하려던 사람이 병원에서 방금 사망했음을 알게 된 가족이었다. 우리는 Katrina(2005년 New Orleans를 강타해서 1만 7,000명의 사상자를 낸 허리케인-역자 주) 피난민과 함께 이동 중이었다. 어디에서 이들의 여정이 끝날 수 있는지 모른 채, 우리가 할 수 있는 모든 것은 이들의 고통과 상실에 대해 최선을 다해 작은 위로를 건네는 것뿐이었다. 동행자가 없는 아홉 살 어린이가 있었다. 그 아이는 비행공포증을 이겨 내려고 그의 자리에 꼭 앉아 있어야 했다. 그 아이는 화장실에 가고 싶었다. 도움을 얻어 화장실 문까지 갔지만, 혼자서 화장실 안에 들어가는 것이 너무 무서웠다. 나는 아이에게 말했다. "너는 이렇게 멀리 왔구나. 자, 이제 두려워하며 여기에서 있을 수도 있고, 아니면 바로 들어가 용변을 볼 수도 있단다." 그리고 그 아이는 해냈다(Christina, 비행승무원).

Christina의 일에 대한 태도는 진로 만족이 사회적 관심과 정적으로 관련됨을 보여 주는 모범적인 예다. 일하는 용기를 갖는 것은 우리가 하는 일이 공동체 의식에 기여하도록 하는 것이다. 즉, 일을 통하여 우리 자신뿐만 아니라 타인을 위하여 이 세상을 좀 더 나은 곳으로 만드는 것이다. 타인에 대한 관심을 가지고 일하는 용기를 갖는 것은 Christina와 같은 일상적인 노동자뿐만 아니라 사심 없는 행동으로 인류에게 공헌한 슈바이처와 나이팅게일처럼 잘 알려진 인물에게서도 볼 수 있다.

Losoncy에 의하면, 격려하는 직장은 인정, 권력, 복수, 철수와 같은 사적 목적을 불러들이지 않고, '상호 간에 최선을 다하는 기술을 구축함으로써 긍정적이고 생산적인 작업 분위기의 창출'에 초점을 둔다. 직장에서의 격려는 노동자가 선택되고, 존중받고, 의미 있다는 느낌뿐만 아니라 공동체 의식을 조성하는 행위들로 나타난다.

> 격려는 강점, 재능, 관심, 가능성, 그리고 자신의 팀, 회사의 비전, 세상에 대한 공헌에 집중함으로써 완전히 헌신하고, 내적으로 동기화되고, 목적 지향적인 사람을 만들기 위하여 사기를 북돋는 과정이다(Losoncy, 2004).

노동자와 지도부가 상호존중과 긍정적인 태도를 갖고 격려하는 직장을 만들기 위하여 개인심리학에 기반한 많은 기술과 전략을 쉽게 이용할 수 있다. 이는 외적 동기보다는 내적 동기를 강조하며, 벌보다는 자연적 및 논리적 결과를, 칭찬이나 보상보다는 격려를, 경쟁과 비교에 의한 성과보다는 공헌과 협력을 중요시하는 것이다. 그들의 일이 자신의 요구를 충족하고, 생활비를 벌고, 자신이 도움이 된다고 느끼게 하고, 세상에 영향을 미칠 때, 격려받은 노동자들은 긍정적인 태도로 반응한다. 어려움이 있어도 두려워하지 않고 감당할 수 있는 것처럼 행동한다.

직업의 장애물과 우연한 사건(우연)은 역설적이게도 직업 정체감의 한 부분이다. 우연은 더 이상 임의의 사건으로 여겨지지 않고, 성장의 기회로 간주된다. 우리가 선택하고, 환경을 부정적인 사건이라기보다는 기회로 여기면서 우리 자신에 대해 긍정적이고, 격려하고, 신뢰하기만 하면, 이러한 과정은 일어날 수 있다. 이와 같이 우연을 활용하도록 하는 과정은 개별적이며, 직업적 자기가 되는 과정으로 통합될 수 있다. 특히 이 과정이 영성적 자기로부터 영향을 받는다고 믿는 경우에는 더욱 그렇다. 그 결과, 우리의 삶으로 들어오는 우연한 사건과 자기를 신뢰하고 수용함에 따라 생업은 직업이 된다.

따라서 격려된 노동자들은 자기격려를 할 수 있으며, 자기격려적인 사람을 만든다. 낙담한 노동자들은 너무 일이 많고 자기의 삶이 없다고 불평하지만, 격려된 노동자들은 자신이 하고 있는 것이 생업이라고 한다.

다음 내용에 따라 당신이 격려된 노동자인지를 알아보라. 당신과 타인이 자기격려자가 되도록 조력하여 자신과 다른 사람들에게 용기를 주어라. 당신의 생업에서 격려되지 않는 영역이 있다면, 당신은 더 내적인 동기를 갖기 위하여 어떻게 하겠는가?

• 당신의 일을 통해 개인의 성장을 인식하기
• 당신의 기술과 과제 숙련도를 인식하기
• 당신의 승진과 가능성을 깊이 생각하기
• 당신의 일의 사회적 의미를 알아차리기
• 당신 팀의 도전과 성취를 나누기
• 당신 직장에 대한 당신의 공헌을 존중하기
• 당신의 일에서 고객의 주문을 잘 처리한 일을 찾아보기
• 당신의 생업에서 영감을 주는 의미를 경험하기

⊙ 일은 신성하다

일은 다른 생애과제처럼 자신, 타인, 그리고 우주와 연계되고자 바라고 노력하는 표현이다. 흥미로운 점은 우리가 자주 직장이 기능과 효율에 의해 지배되도록 내버려 둔다는 점이다. 공허함, 의미 없음, 멍한 우울감, 가치상실, 개인적 충족의 열망, 영성의 갈망과 같은 직장생활의 정서적 불평은 대부분 무시된다. 직장은 자주 세속적인 공간으로 여겨지지만, 사실은 삶, 재능, 소명에 이르는 영성적인 경로다. 일에서 우리는 "깊숙한 자기 내면과 외부의 위대함 간의 교감을 발견한다(Bloch & Richmond, 2007)."

진정한 진로 또는 소명을 발견하는 것은 노동직을 경시하고 노동직에 오만한 인생행로에 깨달음을 주고 성취감을 준다. 이는 종종 특히 영적이고 자기성찰적이며 고도로 개인적인 여정을 시작하는 것을 의미한다. 이는 생존을 넘어서서, 당신이 다른 사람의 꿈속에 나타나는 댄서가 아니라 자신의 삶의 연출가라고 새롭게 자각하는 것이다. 외적이고 양적인 보상에 관심을 두는 대신, 내적인 동기화로 무한한 것에서 의미를 만들어 낸다. 고용을 통하여 구체적으로 얻어야 하는 것을 외면적으로만 들여다보면, 진로를 영성적으로 평가하는 관점을 잃게 된다. 영성적으로 평가하는 관점에 의해, 사회가 나에게 진 빚으로부터 이익을 얻는 것보다는 오히려 우주, 그리고 더 큰 힘에 속하게 된다. 이는 우리가 세상에 관련하여 스스로 갖고 있는 외적인 렌즈를 취하고, 이를 영혼과 마음의 확장을 지향하며 내면으로 돌리는 것이다. 돈, 위신, 권력, 생활비용, 신분 상승, 특전, 주거지, 유연성, 복리후생제도, 다른 유형 자산과 같은 합리적이고 감각적인 것들이 끝이 없고 신성한 기회의 거대하고 불가지한 흐름 속에서는 오히려 더 제한적인 것으로 보인다.

우리는 습관의 창조자로서 두려움, 의심, 책임감, 안전의 요구에 의해 제한받기 때문에, 물질적 영역에서만 인생과 목적을 바라보는 값비싼 오류를 자주 범한다. 경험이 영적 굴뚝을 지나 다음 단계로 이동하려면 시간, 노력, 통찰이 필요하다. 이는 시간이 소모되고 외부의 잡음이 귀를 완전히 먹먹하게 할 수 있다. 왜 그럴까? 더 높은 소명이 우리의 목적이고, '우리는 무엇인가? 를 제쳐 놓고 논하려고 하기 때문이다 (Agenlian, 2005년 4월, 개인적인 소통에서).

일 문제의 암류는 의미와 영적 방향의 추구를 시사한다. 내가 될 수 있는 사람이 되기 위하여 나는 일하면서 어디로 나아가고 있는 가? 더 영적인 직장은 나에게 무엇을 의미하는가? 나에게 목적을 줄 직무에서 나는 무엇을 할 수 있는가? 나는 어디에서 왔고, 어디로 가고 있으며, 왜 여기에 있는가? 나의 일이 어떻게 세상을 더 좋은 곳으로 만들어 가는가? 우리의 직업 여정은 해답으로서 영성에 관한 것이 아니고, 질문으로서 영성에 관한 것이다. 이러한 질문을 하는 중에, 우리는 일에서 영적 경험이 깊어짐을 알아차린다.

44세인 Clint는 다음과 같은 관심사를 말하면서 진로상담을 시작했다. "여행을 많이 하라. 더 이상 제일 앞자리에 있으려고 하지 마라. 다른 사람의 삶에 영향을 줄 수 있는 재미있는 것을 하려고 해라." 그는 건강 관리 정보 시스템 판매를 8년 동안 해 왔다. 그는 하고 있는 일을 즐기지 못했다. 마치 '새로운 고객을 사냥하는' 것처럼 느꼈다. 이는 그의 '영혼을 초조하게 만들어' 갔다. 최근 상담면접 중 상담과정을 돌아보면서, 그가 충분히 성취할 수 있었는지 궁금해했으며, 그에 대한 답은 '아니오' 였음을 기억했다. 그는 지금 그 때를 다음의 문제와 씨름했던 때였다고 생각한다. 그는 무엇을 추구하였는가? 성공 또는 중요감?

Clint의 씨름은 직장에서의 이성적인 목표와 영적인 충족 간의 긴장이었다. Clint에게 직장은 일의 의미를 찾는 것 대신에, 공포와 탐욕으로 채워져 정신없이 바쁘게 돌아가는 곳이었다. Clint의 상담자는 그에게 일상으로부터 벗어나 에너지를 충전할 수 있는 공간을 찾아보도록 했다. Clint는 자신이 다른 사람들과의 관계 속에 있을 때 플러그가 꽂힌 것 같고 그의 램프에 불이 들어오는 것 같이 느꼈다는 것을 깨달았다. 그의 재능은 사람들 간의(예를 들면, 회사와 고객 사이) 촉진자 또는 연락담당자가 되는 것이었다. 결과적으로 그는 직업을 바꿀 것이 아니라 회사를 바꿀 필요가 있음을 깨달았다. 그의 새로운 직장 환경은 그에게 고객을 '사냥하는 것'으로부터 벗어나 고객을 친밀하게 대하고 관계를 발전시켜 갈 기회를 주었다. 그는 받기보다는 주는 위치에 더 많이 있음을 느꼈다. 역설적으로 결국 그는 이전 직장에서보다 많은 돈을 벌게 되었다.

Lucy는 스스로 부적격자라고 생각했다. 자신이 올바른 진로를 가고 있는지 아닌지에 대하여 매우 혼란스러워했다. 그녀는 재정적인 척도, 즉 큰 보험회사의 회계 책임자로서 그녀가 벌어들인 여섯 자리 숫자의 수입 대 2년 차 사업에서 아직 올리지 못한 수익으로 자신을 평가하고 있었다. 그러나 내부 어딘가에 재정적 성공과의 단절이 있었다. 회사를 떠나기 전 거의 6년 동안, 그녀는 '뭔가 변화를 바라는 기도'를 해 왔다. Lucy는 일중독자로 9년 동안 일주일에 60~80시간을 일했다. 그녀의 기도에 응답이 있었다. 그녀는 대장암으로 진단받았다. 신체적으로 치유하기 위해 많은 노력을 하였고, 영적 신념이 더 강화되었으며, 또한 새로운 진로 설계를 위한 훈련을 포함하여 더 충만한 생활양식을 발달시키기 위한 노력을 많이 했다.

Clint와 Lucy의 이야기에서 배울 것은 생업 문제는 생업 발달의 심오한 기회라는 점이다. 일은 우리의 주관적인 포부와 이의 객관적인 유효성을 중재하는 것을 돕는다. 외적인 요구와 내적인 의미 추구의 문제는 우리의 정체성과 우주적 연계를 발달시키려는 심오한 생업을 암시한다. 이러한 도전과 변화에 반응하기 위하여 용기가 필요하다. 용기가 있음으로써 우리는 긍정적이고 변형적인 변화를 실제로 일으키는 우연들을 통찰하게 된다. 이러한 생활 사건들은 Clint와 Lucy가 그들의 직업적 · 영성적 자신을 합쳐 삶 전체를 경험할 수 있도록 했다.

소크라테스식 대화 4-8

당신에게 와 닿는 질문에 답해 보거나, 당신 자신의 질문을 만들어 보라.

- 무언가에 대한 소명감을 느낀 적이 있는가? 어떻게 느껴졌는가?
- 무엇이 현재의 진로를 선택하게 했는가?
- 당신의 일이 어떤 질문에 대한 답을 주기를 바라는가?
- 아이일 때 당신은 세상을 위하여 무엇을 하기를 바랐는가?
- 임종 질문: 하지 못해 아쉬운 일이 무엇인가?
- 당신이 가장 자랑스럽게 이룩한 일은 무엇인가?
- 세상의 어떤 문제들이 당신을 고심하게 했는가?
- 어떤 종류의 활동을 할 때 시간 가는 줄 모르고 살았는가?
- 가장 좋은 때는 언제였는가?
- 어떤 인간 문제나 집단이 당신에게 가장 정서적인 감동을 주는가?

마무리 생각

일은 자기와 타인, 그리고 세상에 대한 이해가 깊어지게 한다. 일과 일의 맥락에 대한 우리의 가정은 진로의 복합성을 인식하도록 돕는다. 특히 빠르고 큰 변화가 특징인 시대에는 더욱 그렇다. 프로테우스적 진로의 뒤를 좇아, 우리는 지금 관심을 보이고 적응성을 발달시킬 용기를 가져야 한다.

일 과제에서, 우리는 개인적·집단적 열등감에 대처하면서 많은 두려움을 느낀다. 우리는 일 과제에서 실패할까 봐 두려워한다. 이는 우리의 신체적·사회적 존재 영역과 직결되어 있기 때문이다. 우리는 너무 많이 일하거나 너무 적게 일함으로써 두려움에 대응한다. 사회적 관심보다 개인적 관심이 더 클 때 일은 문제가 될 수 있다.

그러나 일은 생존하거나 열등감을 극복하는 것 이상의 의미가 있다. 우리는 일함으로써 사회 구조 내에서 협력하고, 세상을 모두에게 좀 더 나은 곳으로 만들어 가는 데 공헌한다.

일하는 용기는 자기와 직장의 다른 사람에게 용기를 주는 것이고, 또한 성장과 변화를 일으키는 우연한 일로 진로 장애물을 생각하는 것을 의미한다. 삶은 일보다 크다. 일은 삶의 의미를 구축하고 사회적·영성적 소속감을 추구하기 위하여 이용하는 것이다.

> 그러나 나는 당신에게 말한다. 당신이 일할 때
> 당신은 지구의 아득한 꿈의 한 부분을 수행한다,
> 그 꿈이 처음 생겼을 때부터 당신에게 배정되었던,
> 그리고 노동을 통해 삶을 사랑하는 것은
> 삶의 내밀한 비밀과 가까워지는 것이다……
> 그리고 당신이 사랑으로 일할 때 당신 자신을 당신 자신에게 결속시키고,
> 또 다른 사람과 신에게 결속한다(Gibran, 1923, p. 25).

CHAPTER
05

사랑의 용기

누군가에게 깊은 사랑을 받으면 힘이 생기고, 누군가를 깊이 사랑하면 용기가 생긴다(노자).

우리는 사랑하기 위하여, 그리고 사랑에 대해 창의적이도록 창조되었다. 관계는 두 성인 간의 친밀함을 기술하기 위하여 미국 문화에서 가장 흔하게 사용되는 단어다. 이 장에서는 사랑이라는 단어의 사용을 선호한다. 비영어권에서는 다양한 관계에서의 사랑을 가족의 사랑, 친구의 사랑, 친밀한 사랑, 부모의 사랑, 부부의 사랑 등과 같이 특징이 구별되는 접두사를 붙여 표현한다. 여기에서는 친밀한 관계, 성적인 관계, 부부의 관계의 맥락에서 사랑을 논의하려고 한다.

◌ 사랑이란?

사랑은 우리 자신과 타인의 접촉에 따라 다양한 층이 있다. 네 개의 그리스어 단어가 사랑 경험과 관련하여 가장 많이 사용된다. 즉, 애정의 **스토르게**storge, 우정의 **필리아**philia, 육체적 친밀함의 **에로스**eros, 신의 사랑인 **아가페**agape다. 애정은 친숙함을 통한 좋아함이며 사랑의 모든 유형에 내재해 있다. 부모, 자녀 간의 사랑이 애정의 가장 좋은 예다. 친구 간의 사랑은 공통 관심사나 가치관을 공유하는 사람들 사이의 유대감이다. 에로스는 육체적인 매력으로 '사랑에 빠졌다'는 의미이며, 아가페는 관용, 용서, 화해와 같은 것을 가능하게 하는 이웃을 향한 무조건적인 사랑이다.

처음 세 개(스토르게, 필리아, 에로스)는 자연적으로 타고나는 사랑이지만, 아가페는 신으로부터 오는 사랑이다. 이러한 모든 사랑 안에는 서로 관련된 사랑의 세 가지 요소, 즉 요구하는 사랑, 주는 사랑, 고마워하는 사랑이 있다. 우리는 자연과 그 안의 생명체에 대해 애정을 가지고 있다. 또한 가족, 직장, 사회 공동체 안의 타인들에게도 애정을 가진다. 이러한 타고난 사랑 중 몇 가지는 기본적인 욕구이며, 몇 가지는 우리가 주고받고 감사하는 조건 없는 선물이다. 대중문화 속에서는 일반적으로 요구하는 사랑을 필요로 하지만, 오히려 베푸는 사랑이 우리 마음의 갈망에 대한 답을 준다. 궁극적인 아가페의 사랑이 없다면, 모든 사랑은 불충분하고 상처받기 쉽다. 아가페는 사랑스러운 것과 본래 사랑스럽지 않은 것(예를 들면, 심각한 실수를 하거나 참을 수 없는 결과를 야기한 사람)을 모두 사랑하게 한다.

개인심리학에서의 아가페는 우리 자신과 인류에 대한 사랑으로 고군분투하는 공동체 의식이다. 친밀함/결혼, 우정/가족/공동체(6장과 7장), 영성적인 소속감(9장)의 논의에서, 우리는 에로스 사랑(두려움에 의해 동기화된)과 아가페 사랑(용기에 의해 동기화된)을 활용할 것이다. 이는 자기관심과 사회적 관심의 면에서 다른 관계임을 설명하려는 반대되는 개념들이다.

○ 성의 이용과 오용

사랑은 성에 국한되지 않는다. 본래 아들러는 사랑의 과제나 친밀함의 문제를 언급할 때 성을 사용하였고, 이는 성적 충동과 생활에서의 성 역할에 대한 태도를 말한다. 신체적 감각으로 시작하여 성 기능은 전 생애에 걸쳐 항상 다른 충동과 자극과 함께 천천히 발달한다. 이는 점차 자기 자신과의 관계로부터 파트너와의 관계로 발전하는데, 이러한 과정에는 소망적 사고뿐만 아니라 협력도 필요하다. 아들러는 자위에도 발달이 늦음을 짐작하게 하는 숨겨진 요소가 있다고 했다. 성 기능은 두 사람의 과제이기 때문이다.

> 성은 원인의 영역이 아니다. 성은 결과의 영역이다. 이는 우리 자신의 품성을 정확하고 완전하게 반영하는 거울이다. 그것은 현재의 우리다!(Beecher & Beecher, 1966, p. 91)

성은 그 사람의 품성의 표현이다. 친밀한 관계의 부차적인 성적 문제(즉, 도착, 전환: Wolfe, 1932/1957)를 성의 이용과 오용이라는 확대경으로 살펴볼 수 있다. 성은 사랑과 결혼 문제를 회피하는 사람들이 널리 이용하는 방식이다. 사랑과 결혼 이외의 맥락에서 이용되는 성은 성생활을 그릇된 사회적 목적이나 다른 목적으로 전환하는 사람들에게서 볼 수 있다. 다른 생애과제의 활동을 대신하는 성행위를 성의 전환conversion of sex이라고 한다. 이러한 성행위는 고립과 소심한 생활양식의 표현이며, 따라서 사회적 참여로부터 달아나려는 선택이다. 이는 더 우월하거나 권위적인 힘에 대한 두려움과 그 힘에 대한 저항을 드러낸다.

> 결혼은 세상을 위한 두 사람의 파트너십이어야 하며 세상에 반하는 두 사람의 부차적인 것이어서는 안 된다(Beecher & Beecher, 1966, p. 106).

사회적 관심과 관련하여 아들러는 이른 성 경험의 위험을 경고한다. 아들러학파는 사랑, 성생활, 결혼의 문제들을 진실하게 협력하는 사회적 문제라고 생각한다. 성관계는 두 사람 사이에 존재할 수 있는 가장 강력하고 가까운 정서적 관계다.

소크라테스식 대화 5-1

아들러는 혼전 또는 혼외 성관계에 대하여 어떻게 말하는가? 아들러는 사랑에 빠지고 사랑을 버리는 것에 관하여 어떻게 말하는가? 첫눈에 반해 사랑에 빠진다는 것은?

로맨스의 신화

나의 아버지는 내가 고등학교 때 암으로 돌아가셨다. 내가 남편을 결혼 상대자로 선택한 주된 이유는 아버지처럼 나를 보호하고 안정적인 사랑을 줄 수 있다는 생각이었다. 자녀들은 성장해서 독립했다. 우리는 중년의 위기를 겪고 있는 듯하다. 최근 나에게 이러한 아버지와 딸 같은 관계의 시련이 사라졌다. 남편이 바라는 것은 연인이다(Cathy).

Cathy는 초기 기억 집단상담에서 그녀의 결혼에 관한 생각을 나누었다. 그녀는 그녀 인생의 틈을 재빨리 메우기 위한 기회로 그녀가 만난 남자와 결혼하려고 했다. 그녀는 혼자 힘으로 발달하기에는 너무나 겁이 많았다. Cathy(그리고 그녀와 같은 많은 사람)에게 사랑과 결혼은 상상 속의 로맨스이거나 개인적인 문제의 탈출구, 치유 또는 성취될 수 없다고 인식된 목적을 위해 이용하는 손쉬운 방법이다.

사람들은 사랑과 결혼이 그들에게 가져다줄 수 있는 것에 대해 잘못된 기대를 한다. 이는 에로스 사랑에 따른 사적이고 충족되지 않은 욕구들에 근거한다. 몇 가지 공통된 예는 경제적 안정과 같은 외적 요인, 가시적인 명성, 타인에 대한 연민, 계획하지 않은 임신, 개인 문제의 해결책, 그리고 나이·성·문화적 가치관과 관련한 압력 같은 외적 요인 때문에 사랑하고 결혼하는 것이다.

실제 삶과 문학 및 대중 매체에는 문제가 많은 여러 유형의 사랑이 등장한다. 다음 대화 상자 안의 주제들은 토론하고 논의할 만한 가치가 있는데, 아들러학파의 원리에서 보면 낙담하게 된 사랑 관계와 사랑의 문제들은 자신과 상대방을 존중하는 능력을 제한하는 두려움에서 기인한다. 이러한 모든 문제는 관계 속에서 나 자신보다는 상대방을 돌볼 때 감당할 수 있게 된다.

● 소크라테스식 대화 5-2

사랑과 결혼은 당신에게 무엇을 의미하는가? 동시에 한 사람 이상의 사람과 사랑에 빠질 수 있는가? 이루어질 수 없는 사랑도 여전히 사랑인가? 연인은 관계가 끝났음을 어떻게 아는가? 그들은 어떻게 헤어지는가? 다른 대안들이 있을 때도 왜 사람들은 결혼하게 되는가? 결혼 없이 같이 산다는 것은? 일정 기간의 시험 결혼은? 결혼생활에서 사람들은 행복한가? 결혼해서 알게 되는 문제는 무엇인가? 사람들이 결혼을 결정하는 과정에서 바르거나 잘못된 근거들이 있는가? 높은 이혼율에 일조하는 것은 무엇인가?

남녀가 사회적 · 지적 · 직업적 관심의 깊은 융화, 아이와 공동체에 대한 책임감, 상호 조력에 따라 부부 관계를 계획하고, '마치' 사랑이 5년 또는 10년간 성공적으로 협력한 보상인 것처럼 행동한다면, 훨씬 행복할 것이다(Wolfe, 1932/1957, p. 324).

협력하거나 공헌할 준비가 되어 있지 않은 관계에 있는 의존적인 사람은 로맨스의 사사로운 만족, 개인적인 인정, 응석 부리려는 욕망만을 추구할 것이다. 에로스 사랑을 갈망하는 사람들은 어린아이 같은 태도를 유지하고, 인정을 구하고, 두려움을 기반으로 결정하고, 자유를 느끼지 못한다. 고독과 쓸쓸함 속에서 이들은 변화의 주도권을 잡지 못하고, 결국은 정서적으로 실업자가 된다. 십중팔구,

이러한 사람들은 이기심, 자기보호, 착취, 우월성의 문제들을 야기하는 두려움을 경험하게 될 에로스 사랑을 하는 사람이다. 한 파트너가 상대방을 지배하고 소유하면, 상대방은 굴복, 순응, 상호 비난 또는 적개심에 예속된다.

표 5-1	에로스 사랑 대 아가페 사랑의 효과
에로스 사랑(자기관심)	아가페 사랑(사회적 관심)
성	사랑
기대는(의존적인)	자급자족적
개인적 인정	내적 잠재력
구걸하는 태도	만족하는
정서적 빈곤	충만함
유치한 소유욕	자유
편파적	공정한
매력과 혐오	수용
비판적인, 평가적인	포용력
판단적, 숨겨진	비판단적
흠 찾기	격려하기
추구하는 자, 받는 자	주는 자, 행하는 자
과민한	무던한
소망적 사고	희망적인
의지력	창조적인, 쾌활한
결함 있는 사랑	충만
이중적인 마음	자유로운 마음

응석받이 아이가 협력적인 결혼생활을 하면서 행복해지는 것보다 낙타가 바늘구멍을 통과하는 것이 훨씬 쉽다(Wolfe, 1932/1957, p. 318).

이와 반대로 아가페에 의해 고무된 친밀한 사랑은 상호 존중하면서 자연적으로 만족한다. 무조건적인 수용과 존중을 하며, 각 배우자는 자신보다 상대방의 관심사를 더 중요하게 생각한다. 아가페 사랑을 하는 사람은 주면서 마음이 자유로운 독립적인 사람이다. 그들은 화합할 수 있으며 또한 서로 의존한다. 〈표 5-1〉은 에로스 사랑과 아가페 사랑의 차이점을 설명한다.

사랑과 결혼의 문제

일과 우정의 보상만을 택한다면, 친밀함의 과제를 완전히 회피할 수 있다. 그러나 사랑의 과제를 하며 산다는 것은 잘못된 기대, 협력, 성 평등의 문제에 대처할 용기를 갖는 것이다. 진정한 친밀함은 동료애, 헌신, 그리고 상호존중을 요구한다. 성생활, 사랑, 결혼은 두 명의 동등한 사람의 과제다. 사회적 관심을 충분히 훈련한 사람은 두 사람이 결속해 가는 과제를 올바르게 해결할 수 있다. 사랑은 연애 감정 그 이상의 것을 의미하고, 부부 기능이 주로 가족과 사회를 위한 기능에 맞추어진 결혼과도 아주 다르다.

행복한 결혼생활을 하고 있는 사람은 동등성, 자기 가치, 배우자와의 협력을 표현한다. 또한 그들은 삶의 여정에서 서로가 무엇으로도 대신할 수 없음을 알고 그저 서로 친구처럼 느낄 때, 결혼이 필요하고 좋다고 느낀다. 이런 친밀한 감정은 자기 자신에 대해 안정감을 갖고, 직업을 확신하며, 사회적 관계를 맺을 수 있는 남자와 여자들에게 가능하다.

이런 긍정적인 결혼과 반대로, Tim과 Christina의 32년 동안의 결혼 관계는 상당히 특이하게 보인다.

63세인 Tim과 57세인 Christina는 32년 동안 결혼생활을 해 왔다. 두 사람은 그들의 대가족과 지역사회에서 매우 존경받는 부부다. Tim은 45세 때 해군에서 은퇴하여 공무원으로 두 번째 직업을 삼았다. 그는 직업의 사회적인 면을 즐겼고 이를 성공적으로 해냈다. Christina는 최근 30년간 몸담은 교직에서 은퇴했다. 그들은 두 딸을 길렀다. 남편은 결혼 생활 동안 성적인 친밀함이 없었다는 것을 인정했다. 주로 부인의 불감증과 그의 발기부전을 이유로 20년이나 되는 오랜 시간 동안 그래 왔다. 부인은 남편이 집안을 티끌 하나 없이 청결한 상태로 유지하는 것에 너무 과민하다고 느꼈다. 그녀는 오랜 시간 남편의 불륜을 의심했다. 그들은 처음에 두 딸 모두 대학시절에 반항적인 행동을 시작한 것에 대해 상담하러 왔다.

Tim과 Christina 같은 부부는 겉으로는 좋은 모습을 보이지만, 부부 관계에서의 문제와 도전들을 감추는 경우가 자주 있다. 그들은 부부의 문제에 직면하는 대신, 자녀들의 문제 행동에 대한 관심만을 보인다. 많은 부부가 자녀의 정상적인 발달을 위해 부모가 둘 다 필요하다고 생각하면서 자녀들을 위하여 결혼을 유지한다. 아들러 학파의 관점에서 외도는 배우자를 처벌하는 데 이용하는 성적 경쟁의 한 형태이며, 동시에 성적인 우월성(남자)이나 그릇된 남성의 권위에 대한 반항(여성)의 표현이다.

우리 자신을, 우리의 관심 추구를 부정하면, 우리는 협력적이지 못하고 단지 순종하게 된다. 순종과 양보로는 좋은 관계를 만들 수 없다. 이런 방식으로는 존중받지 못하며, 상호존중 없이는 조화롭고 지속적인 균형도 가능하지 않다(Dreikurs, 1971, p. 123).

Tim과 Christina는 두려움과 타인의 눈에 바르고 선하게 보이려는 욕구로 살았다. 개인적으로, 그리고 부부로서 그들은 〈표 5-1〉에 표현된 내용을 바탕으로 그들 자신의 생활태도를 (전문가의 도움을 받든 그렇지 않든) 점검할 필요가 있다. 그다음에 이들은 새로운 기술을 개발하기를 원하는지를 결정할 수 있다. 새로운 기술은 에

표 5-2 결혼에서의 에로스와 아가페의 효과

에로스 결혼(자기관심)	아가페 결혼(사회적 관심)
노예로 만들기	자유롭게 해 주기
시기	감사
지배 또는 순종	평등주의
복종	존중
낭만적인 신화	주고받는 선물
두려움과 불신	신뢰
힘	생산성
상호비난	상호존중
요구가 많은 기대	동료애
세상에 반대함	세상을 위함
응석 받아 주기	긍정
어린애 같은 태도	독립적
분개	의견 불일치
해피엔딩으로 꾸민 이야기	작동하는 관계
사이가 멀어짐	발 맞추어 감
강압	헌신
한발 앞섬	파트너십

로스 결혼생활로부터 아가페 결혼생활로 옮겨 가도록 하는 것이고 (〈표 5-2〉), 이는 개인적 성장과 용기와 사회적 관심을 반영하는 성숙한 사랑을 위한 재훈련을 통하여 이루어진다. 아들러는 "만약 용기가 아니고 두려움으로 결혼을 약속한다면 이 또한 큰 잘못이다. 우리는 용기가 협력의 한 측면임을 안다. 그리고 만약 남자와 여자가 두려움으로 배우자를 선택한다면 이는 이들이 진정한 협력을 원하지 않음을 나타내는 신호임을 알 수 있다(Adler, 1931/2003, p. 231)."라고 말했다.

○ 동성애자와 성전환자의 사랑

아들러는 그의 시대와 문화를 반영하여 성행위의 사회적 기능을 출산을 위한 것으로 생각했다. 동성애에 대한 그의 편견은 동성애는 정상적인 발달의 일탈이며 동성애자는 (이성애자가 되는) 용기와 (협력하는 능력인) 사회적 관심이 부족하다는 것이었다. 이는 어린 시절의 준비가 적절하지 않아서 생기는 것으로 생각했다. 그는 동성애 성향이 있는 사람들을 당시에 유행한 대로 수감 조치하는 것보다 '치료'할 것을 제안했다.

개인심리학에서 동성애 성향을 탈병리화하려는 노력은 (여성과 아동을 옹호하기 위하여 노력해 온 것처럼) 아들러의 평등, 존중, 수용에 대한 신념을 바탕으로, 그리고 공동체 의식의 이상을 위한 협력이라는 주도적인 견해를 바탕으로 이루어졌다. 우리는 용기의 심리학으로서 개인심리학이 시대와 다양성의 테스트에서 더 포괄적이고 지속가능하도록 이를 "비평하고, 바로잡고, 확장하는"(Mansager, 2008) 역량이 있다고 확신한다.

Maria는 두 살 아들과 네 살 딸의 엄마인데, 가족상담자에게 어떤 변화를 겪어 왔는지 밝히기로 했다. Maria의 남편인 Joe는 성전환자였고 여성이 되는 수술을 받기로 결정했다. 그는 그녀에게 새로운 이름인 Joyce로 불러 달라고 했다. Maria는 처음 만나서 사랑에 빠졌을 때 Joe의 성정체성 문제에 대해 알고 있었다. 이 부부는 1년 이상 이 문제를 함께 의논했고, 최근에 가족, 친구, 동료들에게 다가올 변화를 말하기 시작했다. 그들은 아이들이 Maria의 의료보험 혜택을 받을 수 있도록 조만간 이혼하기로 했다. Maria는 다른 사람들의 반응은 잘 다룰 수 있을 것이라고 느꼈지만, 이미 한밤중에 깨어나 아빠가 여자 옷을 입고 있는 것에 혼란스러워하는 아이들 때문에 두려웠다. 이에 더하여, Maria는 "난 Joe를 사랑해요. 내가 사랑하는 것은 사람이지 그의 성이 아니에요. 그가 여자가 된 것으로 내가 어떻게 될지는 잘 모르겠어요. 내가 레즈비언이 될 것이라고는 결코 생각하지 않아요."라고 말했다.

소크라테스식 대화 5-3

동성애자, 양성애자, 성전환자들이 친밀함 또는 관계 맺음에 관하여 갖는 두려움은 무엇인가? 동성애 성향의 사람들이 이러한 두려움에 반응할 때 격려하는 효과적인 보상 또는 대처 전략은 무엇인가? 도움이 안 되는 보상 전략은 무엇인가?

사랑의 과제와 관련하여 게이, 레즈비언, 양성애자, 성전환자의 열등감을 편견이 있고 억압적인 이성애자 규준에 대한 반응으로 이해할 필요가 있다. 이들의 사랑 과제의 문제와 대비를 일, 우정, 자기수용, 영성의 다른 생애과제를 다루는 전체 생활양식의 한 부분으로 다룰 필요가 있다.

다른 성적 지향이 있는 사람들이 직면하는 사랑 과제의 문제를 더 깊이 이해하기 위하여, 우리는 결혼과 가족 상담을 전공한 동료에게 〈소크라테스식 대화 5-3〉의 질문에 대한 답을 찾도록 도움을 요청했다.

성소수자(GLBT: gay, lesbian, bisexual, transgender)와 성전환자들이 갖는 문제들은 어떤 것은 비슷하고 어떤 것은 매우 다르다. 성별gender의 지향과 성적sexual(정감적인) 지향 간에 차이가 있다. 게이, 레즈비언 또는 양성애자들은 그들의 신체에 대해 편안한 느낌을 갖고 있다. 그러나 이들은 동성의 사람들에게 끌리고, 그 끌림으로 더 큰 사회에서 소외되는 경향이 있다. 성전환자들은 그들이 잘못된 신체로 태어난 것처럼 느낀다. 이들의 내적인 성별gender 감각은 생물학적인 성과 일치하지 않는다. 성전환자들은 성전환을 했다는 낙인과 소외를 짊어지며, 또한 심리적, 의료적 문제를 다루어야 한다.

어떤 소수집단(다수보다 힘이 약하고, 그들의 집단 정체성이 자주 비난받는다)은 억압, 소외, 내재화된 억압을 다루기 위하여 다양한 관계전략과 생애 대처 전략을 갖는다. 성소수자들은 그들 자신에 대해 듣는 많은 부정적인 메시지를 내면화한다. 어떤 사람은 사랑하는 파트너와의 관계가 '부자연스러울까 봐' 두려워한다. 또는 그들의 관계가 이성애자들의 관계보다 가치가 없거나 동성 관계는 건강하지 않거나 지속될 수 없다는 고정관념을 내면화한다. 일반적으로 관계에 어려움이 있지만, 그 결합에 대한 사회적 압력이 더해지고 가족들의 지지를 받지 못하면 이러한 관계에 대해 추가적인 스트레스가 더해질 수 있다. 게다가 관계에 대하여 (결혼과 같은) 사회적 인정을 거의 받지 못하는 것도 그들의 관계가 이성애자 간의 관계만큼 가치가 있지 않다는 느낌을 줄 수 있다.

동성 관계는 소외되기 때문에 이성 관계에서만큼 대중적으로 공개된 건강한 관계의 예가 많지 않다. 어떤 사람은 동성 관계가 어떻게 되어 갈지 모르는 것을 염려할 수 있다. 역할 모델이 거의 없고 모방할 성 역할이 없기 때문이다. 또한 반대 성 역할을 하는 커플에게 돌보아 주고 다정한 성적 파트너가 되는 방법에 관한 공개적인 토론이 거의 없다. 그리고 성장하면서 GLBT 사회와 연계되기 전까지는 GLBT를 위한 이러한 유형의 토론 기회는 더 없다.

억압받는 많은 집단에서처럼, 낙인된 정체성을 다루기 위한 건강한, 그리고 건강하지 않은 대처 기제들이 있다. 몇 가지 건강한 대처 기제는 선택가족families-of-choice을 만드는 것이다. 다른 유형의 소수자들의 경우(예를 들면, 민족적, 인종적, 종교적), 그들은 그러한 정체성을 모두는 아니더라도 대부분의 가족이 공유한다는 것을 아는 것에서 편안함을 느낀다. 사람이 많은 데서 위안이 되고 공유하는 경험이 있다. 대부분의 GLBT는 같은 성적(정감적) 정체성 또는 성정체성을 가족과 공유하지 않기 때문에, 비슷한 사람들의 공동체와 관련을 맺고 그들을 자신의 가족으로 만들어 간다. '밖'으로 나가 사람을 수용하는 사회적 네트워크에 연결한 사람들은 자신의 정체성을 유지할 수 있는 사회적 맥락이 없는 사람들보다 건강한 경향이 있다. 억압받는 집단에서 결국 알코올 남용, 마약 남용, 우울증, 높은 자살률로 치닫는 건강하지 못한 대처 양식을 볼 수 있다.

자신을 수용하고 사랑하고 자랑하려면 용기가 필요하다. 특이하고, 수용할 수 없고, 부자연스럽다는 메시지에 둘러싸이게 되면 자신을 수용하고, 사랑하고, 자랑하기 위해 훨씬 많은 용기가 필요하다. 이는 성소수자가 자신의 정체성을 받아들이는 용기를 갖는 것을 더 어렵게 하는 GLBT의 정체성을 가지고 있는 사람들 때문이 아니다. 이는 사회가 주류와 다른 사람들을 사랑하고 수용하고 격려하는 용기가 부족하기 때문이다(S. Dermer, 2008년 9월, 개인적인 의사소통에서).

소크라테스식 대화 5-4

개인심리학에서 친밀함의 개념은 동성애자나 성전환 성향의 사람들에게 어떤 방식으로 도움이 될 수 있는가? 성과 결혼, 사랑의 과제 훈련, 아가페 사랑에 관한 우리의 논의를 게이와 레즈비언에게 적용할 수 있는가?

한 쌍의 한쪽으로서 똑같은 이상적인 사랑 관계를 함께 나누더라도, 동성애 관계는 더 많은 사회적 낙담과 다양한 보상 전략을 만들어 내는 특별한 문제에 부딪힌다. 게이와 레즈비언들이 다른 사람들과 관계를 맺고 수용되며 가족에게 지지받고, 결혼과 육아에서 법적으로 평등해지기는 더 어렵다. 낙담한 게이와 레즈비언의 보상 전략은 다양하다. 자주 도피(예: 알코올 남용), 부정(예: 이성의 배우자와의 결혼), 회피(예: 결혼한 파트너와 함께하기), 그리고 방탕(예: 사랑을 구하면서 피하는 이중성) 등이 있다.

게이, 레즈비언, 성전환 성향이 있는 사람들이 이성애자의 사회 체제에서 만나는 장애는 너무나 강력하다. 공동체로서 우리가 사회적 관심의 진실한 신념에 기초하여 행동하고, 더 나아가 다음과 같은 것을 촉진하기 위하여 준비할 수 있도록 우리 자신을 교육할 때가 되었다. 게이와 레즈비언이 사회적 거부에 대한 자신의 두려움을 알아차리기, 자기수용을 증진하기, 사회적 낙담을 거부하기, 자기 자신과 타인, 그리고 더 큰 힘과 통합적이고 건강한 관계를 발전시키기가 그것이다.

사랑의 과제를 위한 훈련

행복처럼 사랑도 각각의 파트너가 자신의 짝에 대한 가치뿐만 아니라 전체 인간에 대한 가치를 굳게 믿는 데서, 그리고 이와 비슷하게 그의 짝이 그에게뿐만 아니라 인류에게도 잘 적응하고 도움이 된다고 생각하는 데서 얻어진다(Wolfe, 1932/1957, p. 324).

사랑과 결혼을 준비하려면 훈련이 필요하다. 친밀함은 개발될 수 있는 과제다. 친밀함에 대한 젊은이의 조기 관심을 좌절시키고 일단 성인이 되면 성숙하고 친밀한 파트너가 되는 방법을 저절로 알게 될 것이라고 기대하는 많은 문화에서는 이러한 훈련을 찾아볼 수 없다. 대신에 사랑의 용기는 부모의 결혼(예를 들면, 조화의 유무)으로부터 배우거나 원가족의 생활에 적응함으로써 미래 파트너의 적합한 자질을 알아차리도록 준비할 수 있다는 믿음과 함께 시작한다. 때로는 어렵게, 자기중심적이며 응석받이인 성인 아이들이 친밀함을 위한 최악의 후보자가 된다는 것을 알게 될 것이다.

미성숙한 사랑은 다음의 원리를 따른다.
"나는 사랑받기 때문에 사랑한다."
성숙한 사랑은 다음의 원리를 따른다.
"나는 사랑하기 때문에 사랑받는다." (Fromm, 1956/2006)

우리는 상호존중과 평등의 기술을 모르는 사람들을 피해야 한다. 관계에 좌절감을 주고 방해하는 사람들의 행동의 예로 지각, 비난, 잔소리, 무관심, 지배, 무신경, 참을 수 없음, 그리고 위협이 있다. 열등감이 너무 심한 사람 또한 교제 초기에 취약함의 신호를 보인다. 그들은 장기적이고 헌신하는 관계에 대한 준비가 부족하다. 이런 사람들의 행동 특성은 우유부단하고, 비관적이며, 열등감에 지나치게 민감하고, 직업 선택을 늦추는 것이다.

소크라테스식 대화 5-5

친밀한 사랑의 과제를 준비하는 데 우정과 일의 중요성은 무엇인가? 개인이 자라 온 가정의 분위기가 어떻게 그의 결혼 적합성을 알도록 해 주는가? 그다지 성공적이지 못한 결혼으로부터 문제의 조기 확인에 관하여 배울 수 있는 것은 무엇이며, 결혼 전 최선의 행동 방침은 무엇인가? 파트너들은 결혼 준비를 어떻게 해야 하는가? 구애에 대해 알아야 할 것은 무엇인가? 선택의 기준은 무엇인가? 응석받이 아이이고, 사회적 관심보다는 자기관심이 더 많고, 방치된 아이인 배우자를 선택하지 말라는 아들러학파의 충고 이유는 무엇이라고 생각하는가?

일단 사랑과 결혼에 대한 낭만적인 신화를 놓아 버리고 개인 및 관계의 사회적 유용성의 이로운 점을 인정할 수 있다면, 우리는 우정을 유지하는 능력, 파트너의 일에 관심을 갖는 능력, 궁극적으로 우리 자신보다 돌보는 것들에 관심을 갖는 능력을 개발함으로써 미래의 배우자를 선택하도록 우리 자신을 준비할 수 있다.

완전한 사랑: 아가페

> 그러나 온전한 사랑이 두려움을 내어 쫓나니 두려움에는 형벌이 있음이
> 라. 두려워하는 자는 사랑 안에서 온전히 이루지 못하였느니라(요한의
> 첫째 편지 4:18).

많은 문화에서 결혼은 영적 통합과 두 가족과 그들의 공동체의 결합을 의미한다. 따라서 친밀함은 개인의 선택일 뿐만 아니라 영적인 선물이다(Butler, 2000). 이 선물은 아가페의 반영이다. 아가페는 타인의 안녕을 위한 신성하고 이타적이며 평등주의의 선물과 같은 사랑이다. 아가페는 "네 이웃을 사랑하라." 또는 "너 자신을 사랑하듯 남을 사랑하라."와 같은 영적인 가르침 속에 있는 사랑을 가능하게 한다. 아가페 사랑은 우리의 일상적인 생활 속에 있다. 우리는 우리의 연인, 친구, 친족들로부터 아가페 사랑을 받을 뿐 아니라 우리로부터 보상이나 인정을 찾지 않는 낯선 사람들과 알려지지 않은 영웅들의 아가페 사랑으로부터도 덕을 본다.

아가페 사랑을 할 수 있는 독립적인 사람에게서는 혐오감이 보이

지 않을 것이다. 아가페 사랑을 하는 사람은 통제에 의존하지 않을 것이다. 그는 자급자족할 수 있으며, 그의 파트너에게 선택권, 존경, 자유를 준다. 아가페 사랑을 하는 사람은 일, 사랑, 우정의 생애 과제를 해결하는 유용한 방법을 선택한다. 그는 이타주의, 용기, 희망, 공감의 특징을 보인다. 그는 의미를 추구하는 용기가 있으며, 삶에서 자주 나타나는 양가감정을 견뎌 낸다. 아가페 사랑은 어떤 보답도 요구하지 않는 선물과 같은 사랑이다. 아가페의 선물과 같은 사랑은 우리가 타고날 때부터 가지고 있는 요구적 사랑을 충족시켜 줄 뿐만 아니라 자연스럽게 사랑할 수 없는 사람들조차 사랑할 수 있게 한다. 아들러 심리학의 관점에서 사회적 관심이나 공동체 의식은 아가페 사랑에 가장 근접한 사랑이다.

관계의 안팎에서 사랑을 경험할 수 있다. 사랑받고, 사랑하고, 사랑할 수 있는 것은 똑같이 중요하다. 에로스 사랑과 아가페 사랑이 성적 행동, 우정, 가족 유대, 직장 관계에 영향을 주는 방식에는 차이가 있다. 우리가 만약 에로스 사랑에만 초점을 둔다면, 우리의 욕망은 우리에게 고통, 집착, 욕심, 정신적 빈곤, 의존, 실망을 안겨 줄 것이다. 의존적인 사람은 상호 이용하고 통제하는 밀접한 애착을 추구한다. 에로스 사랑은 점차 상처받은 느낌, 오해, 지루함, 우둔함, 긴장, 불안, 증오, 파트너를 소유하고 지배하고 이용하려는 투쟁으로 끝날 것이다. 이와는 반대로 아가페 사랑은 자급자족, 충만, 가능성, 자신감, 강점의 자질을 개발할 수 있도록 북돋아 준다.

사랑과 증오는 다른 사람에게 의존하는 두 가지 다른 방식이다. 사랑(에로스)은 만족한 의존이다. 증오는 의존이 되지 않을 때의 분노다.

반대가 없으며 어떤 호의나 보답도 구하지 않는 사랑(아가페)이 있다. 이는 우리가 우리의 관심에 전적으로 공명정대하고 공존하며 서로 자기 방식대로 살아가려고 할 때 존재한다. 그러한 사랑은 요구가 없고 이익을 추구하지 않는다. 이는 어떤 식으로든 변화시키려는 욕망 없이 상황 또는 사람을 수용하는 것에서 비롯되기 때문이다. 우리는 현실과 삶을 긍정 또는 수용하고 있으며, 적어도 그 순간에는 지금-여기에 있다(Wolfe, 1932/1957, p. 198).

○ 마무리 생각

사랑과 결혼의 목적은 두 사람의 관계, 그들의 직계가족, 지역사회를 넘어선다. 친밀한 사랑과 결혼의 문제는 준비와 협력의 부족으로부터 생긴다. 우리는 완전하려고 노력하면서, 사랑의 시작과 진행이 애정, 우정, 그리고 에로스 사랑과 같은 자연발생적인 사랑에서 나올 뿐만 아니라 아가페 사랑에서도 나온다는 것을 알게 된다.

사회적 관심은 아가페의 영적인 의미의 심리적 표현이다. 충만한 사랑과 결혼, 공동체 의식, 영적인 소속을 향한 우리의 노력은 우리의 공헌과 협력으로 완수된다. 사회적 관심이 개인의 정신건강의 궁극적인 척도인 것처럼, 아가페 사랑은 견고한 사랑과 결혼의 최선의 지표다. 세계를 규합하는 아가페는 삶에 친밀한 관계를 가져다주는 아가페다.

CHAPTER
06

우정과 가족의 용기

만약 그가 친구를 사귄다면, 그는 이미 그의 가족을 자신을 둘러싼 더 넓은 사회의 일부분으로 만들고 있는 중이다(Adler, 1931/2003, p. 117).

이 장은 우정과 가족의 주제를 함께 다룬다. 이들은 분리하기 어렵고, 개인심리학에서 자주 사회적 관계의 과제로 함께 분류하기 때문이다. 가족이 아이에게 우정을 준비시키면, 우정은 이 아이에게 다른 모든 사회적 관계를 준비시킨다. 이러한 관계에는 협력하고 공헌하는 태도와 기술들이 필요하다. 우정과 가족에 대한 용기를 갖는다는 것은 사회적 관심, 평등, 민주주의로 특징 지어지는 사회적 태도에 필요한 훈련을 받는 것이다.

우정을 이해하기

우정의 의미는 그리스어 philia에 기원을 두고 있다. 심리학에서 우정의 주제는 드문드문 다루어진다. 생물학적 생존을 위해 우정은 거의 필요하지 않기 때문에 자주 무시된다. 우리가 이성과 친밀한 관계를 형성하고 이후에 아이를 양육하게 되면, 우정은 우선순위에서 밀려난다. 성과 평가가 있는 직장에서의 우정은 다른 사람들의 눈으로 계속 주시받아야 한다. 불행하게도 대중문화는 우정에 대해 많은 편견이 있는데, 종종 동성의 우정을 동성애로, 이성의 우정을 성적인 의미로 색안경을 끼고 바라보기도 한다.

우정은 일, 사랑 또는 가족 관계와 비교할 때 우리의 생존 적응에 가장 적게 필요하다. 그럼에도 우리는 사회적 존재이기 때문에, 우리가 삶의 요구에 부응할 때 우정은 오히려 중요한 역할을 한다. 우정은 단순히 아는 사이 이상의 관계다. 공통된 관심이나 가치뿐만 아니라 삶의 방향을 공유하는 사람들에게 주어지는 자연스러운 사랑이다. 아들러와 그의 동료들은 우정의 과제를 동료애, 대인관계, 사회적 관계, 사회적 접촉과 같은 용어와 동일하게 다루었다.

> 진정한 친구는 서로 자기 방식대로 살아가는 것을 기반으로 기꺼이 함께하려는 사람이다. 우정의 수는 친구가 되는 능력에 의해서만 제한된다(Beecher & Beecher, 1966, p. 210).

우정 과제를 분별력 없이 다루면, 우정 과제에 부정적인 면이 생긴다. 모든 가까운 친구는 서로를 따라 나쁜 선택에 빠져들 위험을 공유하며, (가까운 가족 관계처럼) 가까운 친구는 우리의 집단 또는 공동체에 다른 사람을 받아들이지 않을 수 있으며, 따라서 사회적·문화적 포용성을 저해할 수 있다(Lewis, 1960/1988). 경쟁에 가치를 두고, 실패의 두려움을 다루는 방법으로 불신을 택하는 사회에 있는 많은 사람은 진정한 친구를 갖는 것이 불가능하다. 타인을 판단하는 태도에서, 또는 상호이익만을 중요시하는 관계에서 우정 과제는 기피되는 것으로 보인다.

건설적인 태도를 지닌 사람들이 성공적인 우정을 만든다. 건설적인 태도는 사회적 관심, 신뢰, 평등, 용기와 같은 협력의 기초가 된다. 협력이 없으면 적대감, 불신과 의심, 열등감, 두려움과 같은 태도가 생긴다. Dreikurs는 다음과 같이 말했다.

좋은 동료의 또 다른 특성은 그가 하는 것보다 덜 요구하는 것이다. 오늘날 대도시에서 성장한 대부분의 사람은 자신의 행복과 만족을 그들이 받은 것으로만 평가하는 응석받이 아이다. 이는 크나큰 잘못이다. 이의 대가로 많은 사람이 불행과 고통 속에 있게 된다. …… 전체의 부분으로서 자신의 행복을 추구하는 사람, 말하자면 공공의 복지를 위해 공헌하는 사람만이 자기 자신과 자신의 삶에 만족할 수 있다. 따라서 사회적 관심은 보상을 바라지 않고 기꺼이 공헌함으로써 나타난다(Dreikurs, 1971, p. 65; 1989, p. 6).

건설적인 태도는 상호존중, 의사결정의 공유, 상호영향, 초대, 자유로 특징 지어지는 사회적 상호작용에서 평등한 관계를 촉진한다.

반면, 적대적이고 부정적인 태도(적대감, 불신과 의심, 열등감, 두려움)를 지닌 사람은 외적 기준, 경쟁, 무관심, 통제, 혼란, 처벌, 협박, 유혹에 초점을 둔 우정을 보인다.

친구 사귀기

AI: 당신이 자랄 때, 친구들이 누구였나요?

Rachel: 저는 친구가 많이 없었어요. 자라면서…… 대략 열다섯 살 때까지는.

AI: 지금 그때를 생각해 보면, 당신은 어땠나요?

Rachel: 외로움, 외로움을 느꼈어요. 다른 아이들처럼 되고 싶었어요.

AI: 그게 어떤 것인데요? 다른 아이들처럼 되는 것.

Rachel: 저는 다른 아이들이 가족과 함께 수영하러 가는 것을 지켜봤어요. 그들이 노는 것도 지켜봤어요. 그러나 저는 단지 지켜보기만 했어요. 저도 같이 하고 싶었지만, 결코 참여하지 않았어요.

AI: 지금 당신은 어떤가요?

Rachel: 지금은 제 삶이 달라졌다고 생각해요. 여전히 친구가 많지는 않아도 평생을 함께할 친구들이 있어요.

AI: 그것이 당신의 진로, 가족, 관계에 어떻게 영향을 미치나요?

Rachel: 저는 이혼이나 직장 문제, 싱글맘 상태와 같은 힘든 시기에서 저를 지켜 줄 사회적 관계망을 충분히 가지고 있어요. 어렸을 때보다는 더 쉽게 새로운 우정을 만들 수 있을 것 같아요.

AI: 그런 변화가 어떻게 일어났지요?

Rachel: 가족이 저에게 필요한 도움을 줄 수 없게 되자, 문득 제가 제 미래를 돌보아야 한다는 현실을 깨달았어요. 그때 마음이 맞는 친구가 가족과는 매우 다른 세상으로 저를 연결시킬 수 있다는 것을 알게 되었어요. 학교에서 활동에 참여하면서 다른 사람을 수용하기로 진지하게 선택한 기억이 떠오르네요.

AI: 그래서 당신은 지켜보는 사람에서 행동하는 사람 이상이 되었군요?

참여함으로써 친구를 만드는 것이 Rachel에게 자연스럽게 찾아오지는 않았다. 그것은 선택이었다. Rachel은 형제자매 중 중간 아이였다. 그녀는 가난한 가정에서 자랐다. 그녀의 부모는 가족의 생계에 너무 얽매여서 그녀와 그녀의 형제자매들과 심리적으로 함께 있을 수 없었다. 그녀는 항상 조용했고 협력적이었으며, 학교 친구들의 부모님이 하는 것처럼 부모가 그녀에게 더 많은 관심을 주기를 남몰래 기원했다. 그녀의 삶의 영역이 확장되면서, 부모의 인정에 기대는 태도에서 새로운 우정의 가치를 알아보는 것으로 그녀의 태도가 바뀌었다. 사실 나중에 우정은 Rachel이 이혼한 후 적응하는 데 큰 도움이 되었다.

우정은 호기심, 비판단적 경청, 격려, 상호감탄으로 시작한다. 좋은 우정의 기초는 자신과 타인을 위하는 건강한 태도에서 기인한다. 우정은 세상의 앞과 우리 간의 거리를 기술적으로 측정하는 것이고, 아들러의 협력 개념과 직접 관련되며, 궁극적으로 가장 좋은 사회적 관심의 척도다.

일반적으로 친구를 사귀는 방식은 사회에 대한 우리의 태도를 드러내 보인다. 사실상, 우리의 자연발생적인 애정, 감사, 선물로서의 사랑은 가정, 학교, 직장의 인간관계에서 우정을 나누게 한다. 두 사람 사이의 우정은 친밀한 (에로스) 사랑으로 전환될 수도 있다. 또한 가족을 넘어서서 타인에 대한 관심은 공동체 의식을 갖게 하고, 더 수준 높은 세계관으로 삶을 살도록 준비시킨다. 친밀한 관계처

표 6-1 우정에 대한 에로스 사랑과 아가페 사랑의 효과

에로스 우정(자기관심)	아가페 우정(사회적 관심)
상호순응	공동체의 생명선
두려움	안전, 위험 감수
경쟁	협력
탐욕	요구
착취	평등
상호 아이 돌보기	무조건적
꾸며 낸 분주함	자유로움
가식적인 호의	진정성
무책임	기꺼이 참여함
상호이익	상호풍요

소크라테스식 대화 6-1

당신이 성장할 때, 타인과의 우정은 어땠는가? 누가 가장 친한 친구였는가? 가족 중에서 누구와 가장 잘 지냈는가? 당신은 부모님 중에 한 분 또는 두 분 모두와 친했는가? 누가 당신의 가장 훌륭한 선생님이었는가? 〈표 6-1〉의 설명을 이용하여 이러한 관계들을 기술해 보라.

럼, 이상적인 우정은 아가페 사랑에 의해 고무된다. 우리는 항상 사회적 관계에서 인간으로서의 결함을 가지고 있기 때문에, 궁극적인 아가페 사랑을 얻을 수 없을지도 모른다.

🌀 출생순위와 가족 구도

가족에서의 사랑을 나타내는 그리스 말은 *storge*로, '자연발생적'을 의미한다. 가족은 가족 구성원 간에 자연발생적인 애정을 표현하는 곳이지만, 자주 장애에 부딪힌다. 체제적인 관점에서 보면, 가족 역동은 개별 구성원이 상호작용하는 행동들, 그들의 특유한 목적들, 그리고 생활양식으로 표출된다.

> 각 아동의 생활 패턴에는 가족 내에서의 아동의 위치와 관련한 흔적이 있으며, 아동의 많은 생애태도는 이러한 요인에 의존한다. …… 가족 구도로부터 아동은 처음으로 인생에 대한, 그리고 다른 사람과 비교되는 자기 자신만의 가치에 대한 결론을 도출하고, 자신의 위치에 대한 해석을 끌어낸다(Grunwald & McAbee, 1985, p. 69).

아들러는 가족 내의 자연적이고 심리적인 출생순위에 따른 개인의 성격 특성을 논의한 첫 번째 사람이다. 일반적으로 이러한 성격 발달은 열등감을 극복하려는 아동의 창조적인 노력과, 가족과 형제뿐만 아니라 아동의 초기 삶의 결정과 행동에 중요한 의미가 있는 타인에 대한 반응에 기초한다. 예를 들면, 새로운 형제는 독자나 가장 어린 막내에게 '폐위되는' 감정을 불러일으키고, 그 아동은 좋은 아이가 됨으로써 지각된 '우월한' 위치를 다시 찾으려 하거나 이를 포기하고 '가장 나쁜 아이'가 될 수도 있다.

첫째 아이는 과도하게 책임감이 있고, 부모의 가치와 기대를 내면화하며, 완벽주의자가 되고, 학교생활 중 우정을 덜 중요하게 여기며, 공부를 잘하고, 지시적이며, 지배적이라고 여겨진다. 중간 아이는 학교, 집, 우정에서 첫째 아이와 정반대의 경향이 있다. 이들은 자신이 인정을 받으려면 더 열심히 노력할 필요가 있다고 느낀다. 이들은 자신의 능력에 대해 확신하지 못하고, 반항적이며, 사회적 네트워크 형성에 능숙하고, 공감적이다. 막내는 전형적으로 응석을 부리고, 버릇이 없으며, 상냥하지만, 쉽게 좌절한다. 막내의 성공을 별로 기대하지 않지만, 가족 중에서 가장 성공한 사람이 되는 경우도 자주 있다. 독자는 독특하고, 자기중심적이며, 외롭고, 관심의 중심이 되는 데 익숙하며, 어른들과 함께 있을 때 편안함을 느낀다. 그들은 성인 수준의 역량에 도달하기 위해 더 열심히 노력하며, 훌륭하다고 느끼지 못하면 비행을 저지를 수도 있다.

가족 규모, 아동의 능력 또는 무능력을 통해 표현되는 개인적·문화적 차이, 건강 문제, 형제간의 나이 차, 가정 내의 비극·질병·유산, 형제간의 경쟁 또는 대립, 부모의 태도(예를 들면, 호의 또는 무시)와 아동에 대한 반응 등과 같은 요인들을 고려하면, 출생순위에 따른 유형의 전형적인 특성이 달라질 수 있음을 알아야 한다. 심리적 출생순위가 신체적 출생순위보다 개인의 자아개념과 사고와 감정의 패턴을 더 잘 설명할 때도 자주 있다.

스물일곱 살의 Dave는 네 아이 중 막내다. 그에게는 두 명의 형과 한 명의 누나가 있다. 그와 첫째 형은 일곱 살 차이다. 그는 가족 중에서 첫 번째 석사학위를 받은 자녀다. 처음에 Dave는 오랫동안 관계를 맺을 여자친구를 고르는 데 '까다롭다'고 했다. 그의 형들에게 아들이 없고 딸만 있는 것이 문제였다. Dave는 아들을 원하는데, 이유는 집안의 대를 잇기 위해 적어도 아들이 한 명은 있어야 한다는 것이었다. 아이를 갖는 것이 결혼의 조건이기 때문에, 만약 여자친구가 아이를 원하지 않는 것을 알게 되면 더 이상 데이트를 지속하지 않을 것이다.

Dave는 오랜 관계를 유지하는 것에 대하여 두려움이 많았다. 생물학적으로 그는 막내아들이지만, 심리적으로 독자의 위치에 있다. 그는 가계를 이을 유일한 사람이라는 첫째 아이의 사회적 책임감을 가지고 있다. 그는 결혼에 실패하고 아들을 가질 수 없을 것을 두려워했다. 이러한 두려움은 오랜 관계를 갖는 것에 대해 우유부단하고 회피적인 태도를 갖게 했다. 반면, 그 누구도 결혼이 '잘한' 선택인지 확실히 알지 못하므로, Dave에게는 이러한 사회적 압력을 직면하여 헤쳐 나갈 용기와 확신이 필요하다.

가족 구도는 개인이 자라는 동안의 가족 집단 소시오그램이다. 이러한 조사는 초기 경험의 분야, 개인의 사고방식과 편견을 발달시킨 환경, 자기와 타인에 대한 개인적인 개념과 신념, 근본적인 태도, 인생에 대한 접근 방식을 드러낸다. 이러한 것들은 개인의 품성과 성격의 기초가 된다(Mosak, 1977a, p. 198).

가족 구도의 역동적인 구성을 이해하는 가장 좋은 방법은 형제간의 경쟁, 부모의 반응과 선호, 가족 분위기에 기여하는 결정적인 가족 변화들에 대한 생각을 수집하는 것이다. 이는 각 구성원이 소속감과 중요성을 느끼려고 자신만의 방식으로 노력하는 모습이다. [그림 6-1]과 같은 가족 출생순위 그림은 개인의 생물학적 출생순위를 처음 확인하고자 할 때 출발점이 된다. 그리고 개인의 심리적 위치와 가족 구도에 관한 더 많은 정보는 소크라테스식 대화(제10장의 도구 3 참조)를 통해 얻을 수 있을 것이다.

　출생순위와 가족 구도는 사람들이 자신의 인생관과 관련하여 자기 자신을 어떻게 보고 있는지에 관한 가시적인 정보를 제공한다. 모든 아이는 창조적이고 고유한 방식으로 열등감에 대처한다. 어떤

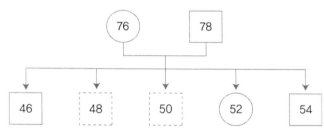

그림 6-1　Rachel의 가족 구도

소크라테스식 대화 6-2

　[그림 6-1]에서 보듯, Rachel은 세 명의 자녀 중에서 유일한 여자아이다. Rachel의 엄마는 두 번 유산(남자 태아)을 했고, Rachel은 남동생이 태어나기 전에는 막내였다. Rachel은 어떤 적응을 해야 했을까? 유산과 태아의 성별은 가족과 Rachel에게 어떤 의미가 있을까?

아이는 사회적 승인을 얻고, 어떤 아이는 질책을 받는다. 초기 삶의 요구에 대처하기 위하여 아이들이 사용하는 특징적인 전략들을 놀이, 학교생활, 집안일, 그리고 형제·부모·친구와의 관계에서 가장 잘 관찰할 수 있다.

아동의 목적 추구 행동 이용하기

Timmy의 부모는 Timmy가 태어나기 1년 전에 중국에서 미국으로 왔다. 그에게는 다섯 살 많은 누나가 있다. Timmy는 두 살 때부터 매일 아침 일을 나가는 엄마에 대한 분리불안을 보이기 시작했다. 어느 날 나는 Timmy를 돌보아 주겠다고 제안했다. 다음은 내가 관찰한 것이다. 엄마가 "안녕"이라고 말하고 가방을 들고 문 앞으로 걸어가자 Timmy는 징징거리고 울기 시작했다. 그의 엄마는 항상 그랬던 것처럼 그를 안심시키는 눈길을 주지 않고 사라졌다. Timmy는 더 크게 울고, 콧물로 숨이 막히고, 기침을 하기 시작했다. 그의 엄마는 돌아와 그를 살펴보고 나서 다시 떠났다. 엄마가 가자마자, Timmy는 일어나 소파로 걸어갔다. 거기서 그는 발을 헛디디고 마치 다친 것처럼 소리를 질렀다. 나는 엄마가 다시 돌아오지 않을 것이라고 말했다. 2분 정도 울더니, Timmy는 마치 아무 일도 없었다는 듯이 장난감을 가지고 놀기 시작했다.

개인심리학은 모든 인간 행동은 목적 지향적이며, 아동기 초기에 획득한 생애태도를 드러낸다고 믿는다. 아동의 열등감은 전형적으로 불승인, 패배, 가족에 소속할 입지가 없다는 두려움에서 생긴다.

무엇이 Timmy를 이렇게 하도록 했을까? 출생순위, 성별, Timmy와 누나의 나이 차, 부모의 반응, 사회적·문화적 배경과 같은 요인들이 가족 내에서 그에게 어떻게 작동하였는지 생각해 보라. 가족에서 막내라는 것뿐만 아니라, Timmy의 심리적 출생순위는 어떻다고 생각하는가? (부모는 남아를 선호하는 문화에서 왔다는 점을 고려하라.) 그의 행동 목적은 무엇인가?

이러한 두려움은 신체적인 약점이 있는 아이들에게서 심해진다. 과잉보호하거나 적대적이거나 사랑과 온정이 없는 가정에서 자란 아이들은 생애과제에 부응하는 데 어려움이 있다(Adler, 2006a, p. 37). 이러한 아이들의 궁극적인 목적이 소속감과 중요성을 얻는 것이라 하더라도, 이들은 돌보는 사람이 자신의 즉각적인 요구를 충족해 주도록 하기 위해 비협력적인 행동을 창의적으로 이용할 때가 자주 있다.

열 살 이하의 낙담한 아이들에 대해 Dreikurs는 이들의 잘못된 행동에는 관심 추구, 힘겨루기, 복수심, 가장된 무능력(〈표 6-2〉)의 네 가지 목적이 있다고 상정했다. 관심 추구의 목적은 아이가 꾸지람을 듣고도 잘못된 행동이 계속될 때 드러난다. 힘겨루기 목적에서, 아이는 인식한 우월성에 도전하는 기회로 모든 상호관계를 이용할 것이다. 복수심이나 앙갚음의 목적이 있는 아이에게는 상처를 받아 왔고 상처를 되돌려 주는 것으로 얼마간 힘을 얻을 수 있다는 왜곡된 신념이 있다. 외부 세계에 참여하는 것을 철회한 아이들은 자신의 열등감을 보호하는 수단으로 실제 또는 가상의 결함을

표 6-2	아동의 목적과 잘못된 행동들
목적	행동
관심 추구	(나는 주목받거나 서비스 받을 때만 소속감을 느낀다.) 적극적-건설적(모범적인 아이, 과도한 양심, 똑똑한 말) 적극적-파괴적(으스대기, 나대기, 변덕 부리기) 소극적-건설적(지나치게 의존하기, 자만심) 소극적-파괴적(수줍음, 의존하고 단정하지 못함, 집중력과 체력 부족, 방종과 까불기, 불안과 공포, 섭식 문제, 언어장애)
힘겨루기	(내가 통제하거나 보스일 때, 누구도 나를 이길 수 없음을 보여 줄 때만 소속감을 느낀다.) 불순종, 고집스러움, 짜증, 나쁜 습관, 수음, 불성실, 꾸물거림
복수심	(내가 상처받은 만큼 다른 사람에게 상처를 줄 때만 소속감을 느낀다. 나는 사랑받을 수 없다.) 훔치기, 폭력과 잔인성, 야뇨증
가장된 무능력	(다른 사람이 나에게서 어떤 것도 기대하지 못하도록 할 때만 소속감을 느낀다. 나는 어찌 할 수 없다.) 게으름, 어리석음, 폭력적, 수동적

사용한다.

아들러에 의하면, 아동은 자신의 사적 논리와 삶의 목적에 따라 유목적적으로 자신의 증상을 선택한다. 증상과 문제들은 '예술 작품처럼 창조물'로 여겨진다(Adler, 2006a, p. 37). 아동의 목적 추구 행동은 아동이 보기에 환경에 대한 반응인 창조적인 힘을 열등감이 어떻게 불러일으키는지를 보여 주는 예들이다. 창조적인 힘은 아동이 자기보존의 목적을 지향하며 나아가는 행동 전략을 택할 수 있게 한다. 이러한 과정에서 정서, 사고, 행동은 아동의 사적 논리뿐만 아니라 그의 생애계획과도 일치한다.

아동이 어떤 잘못된 목적을 사용하는지 알아내기 위해서는 먼저 아동들이 잘못했을 때 우리의 교정에 대해 어떻게 반응하는지를 관찰해야 한다(〈표 6-2〉). 또한 우리의 꾸짖음이나 교정에 대한 아동의 반응에 대하여 우리가 어떤 느낌을 갖는지 인식하는 것도 아동의 목적을 이해하는 데 도움이 된다. 관심을 추구하는 행동에서 아이의 목적은 우리를 바쁘게 하는 것이고, 우리의 반응은 **성가심**이다. 아이의 목적이 그가 보스임을 보여 주는 것이면, 우리의 반응은 대부분 **화**일 것이다. 아이의 목적이 타인의 감정을 상하게 하거나 실제로 신체적 상해를 줌으로써 앙갚음하는 것이면, 우리의 반응은 **상처**다. 마지막으로 아이의 목적이 홀로 남겨지는 것이라면, 우리의 반응은 **무력감**을 느끼며 포기하는 것이다.

잘못된 행동을 하는 아동과 관계를 매력적이고 좋게 만들려는 어른 사이에는 흥미롭고 평행한 정서적 · 행동적 반응이 있다. 전형적으로 아동이 과도한 관심을 요구할 때, 어른은 아동의 더 나쁜 반응을 피하고자 아동이 원하는 것을 줌으로써 굴복한다. 아동이 힘을 원할 때, 어른은 아이를 능가하는 힘을 보여 준다. 아동이 어른의 감정에 상처를 입혔을 때, 어른은 처벌함으로써 상처를 되돌려 준다. 아동이 무능력을 보일 때, 어른은 아동의 책임감을 떠맡거나 아동에 대한 자신의 기대를 낮춘다.

만약 어른이 아동의 잘못된 행동의 목적을 정확하게 관찰하고 이를 말한다면, 아동은 "보통 미소, 활짝 웃기, 당황한 웃음, 눈 깜빡임"과 같은 인지반사를 보일 것이라고 개인심리학에서는 말한다(Johansen, 2006, p. 239). 아동의 잘못된 행동의 목적이 자신의 창조적인 힘에 뿌리를 두고 있음을 전제하면, 어른은 창조적으로 아동이 자신의 목적을 노출하고 통찰을 얻도록 할 수 있다. 그러나 우리는 아동의 목적에 꼬리표를 붙이지 않고, 아동의 전체적인 삶의 움직임에 대한 통찰을 잃지 않도록 유의해야 한다. 아동이 목적을 이루기 위하여 선택한 행동을 찾기 전에, 우리의 질책과 우리 자신의 감정에 대해 아동이 어떻게 반응하는지를 관찰할 수 있어야만 한다 (목적 노출을 촉진하는 활동을 위하여 제3부, 도구 8, 9, 12 참조).

부모와 교사는 아동의 잘못된 행동의 목적을 성공적으로 확인하고 의사소통한 후, 교정적인 조치를 할 수 있다. 전체적으로 부모는 민주적인 가족 분위기를 조성하기 위해 (칭찬이나 보상 대신에) 격려

표 6-3 부모의 효율적 및 잘못된 훈련 방법

효율적 방법	
질서 유지	가족 분위기, 가정 내의 권리와 의무, 일관성, 단호함, 자연적 결과
갈등 피하기	자제, 유연성, 관심 불러일으키기, 아동의 자신감 북돋우기, 철회하는 상황 줄이기
격려하기	칭찬, 안내와 지도, 상호신뢰, '해야 한다' 대신 '해도 된다', 노력, 개방, 가족회의
흔한 잘못	
양육태만	사랑이 없음
과도한 애정	애정의 철회
불안	아이를 겁먹게 하기
과도하게 엄함	굴욕
체벌	엄격한 감독
지나치게 말하기	무시
설득	약속 받아내기
보복	맹종 강요
잔소리	흠잡기
비하	조소

출처: Dreikurs & Soltz (1964).

기법을 사용하는 것을 배울 수 있다. 아동이 부적절한 행동으로 관심을 끌지 않을 때, 부모는 아동에게 관심을 준다. 아동이 힘겨루기를 할 때, 부모는 항복하지 않는다. 부모는 명확하게 진술된 자연적 결과 또는 논리적 결과를 가지고 선택권을 줌으로써 그렇게 할 수 있다. 아동이 부모의 감정을 상하게 했을 때, 부모는 상처를 되갚지 않는다. 부모는 아동이 어떻게 자신이나 타인에 의해 낙담하는지를 예민하게 알아차려야 한다. 부모는 아동의 잘못된 행동 이면에 있는 관계 문제를 인식해야 한다. 마지막으로 아동이 자기 자신을 포기하려고 해도 부모는 아동을 결코 포기하지 않는다. 부모는 무조건적인 긍정적 관심을 보이고, 아동이 작은 성공을 경험할 수 있는 기회를 찾는다(〈표 6-3〉 참조).

> Victoria가 새벽 2시경에 악몽을 꾸어 방에 혼자 있는 것이 무섭다며 부모의 침대에 오기 시작한 것이 3학년 때다. 2주 동안 부모는 자기 방으로 돌아가도록 아이를 구슬렸다. 이것이 효과가 없자 부모는 아이가 계속해서 그들과 함께 자도록 허락했고, 약간의 잠을 잘 수 있었다. Victoria는 부모의 침대로 온 후에는 부모를 깨우기 시작했다. 아버지는 좌절했고, Victoria를 때리곤 했다. Victoria에게 자기 방으로 돌아갈 것을 강력히 요구했는데, 어머니가 아버지에게 간청하여 결국 그 방에 있는 것이 허락되었다. 나중에 부부는 Victoria가 성적이 떨어지고, 학급 규칙을 잘 지키지 않는다는 교사의 말을 듣고, 전문가의 조언을 찾아 나섰다.

십대와 성인의 목적 추구 생활양식

까다로운 청소년에 대한 우리의 견해와 반응은 우리 자신의 전문적 훈련에 따라 달라진다. 대부분의 접근법은 일탈적인, 악마 같은, 병적인, 정신질환이 있는, 무질서한, 비행을 저지르는, 빈곤한, 역기능적인, 반항하는, 장애가 있는 등의 청소년의 일탈에 초점을 둔다. 각각은 매우 다양한 일련의 중재 전략을 암시한다. 개인심리학에서는 난감한 청소년을 가정, 학교, 지역사회에서 부적절한 아동기를 보냈다는 맥락에서만이 아니라 그들의 생활양식에서 목적을 추구하는 행동이라는 맥락에서 바라본다.

아동의 잘못된 목적이 가정과 학교에서 교정되지 않으면, 아동의 사적 논리(사적 인식)는 공통적으로 수용될 수 있는 것(상식)과 동떨어지게 발달할 것이다. 사적 논리란 열등감이나 소속감 문제를 극복하기 위하여 해야 하는 것을 말한다. 타인에 대한 접근에 무관심하게 되거나 적대적이 되면, 자기관심이 증가한다. 자신을 타인보다 열등하다고 지각하는 아동과 십대는 소외, 비행의 조기 노출 또는 경험, 학업 실패, 조기 임신 및 부모가 됨, 약물 남용의 위험에

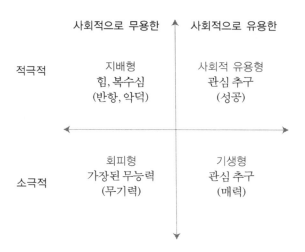

	사회적으로 무용한	사회적으로 유용한
적극적	지배형 힘, 복수심 (반항, 악덕)	사회적 유용형 관심 추구 (성공)
소극적	회피형 가장된 무능력 (무기력)	기생형 관심 추구 (매력)

그림 6-2 적극적, 소극적, 사회적으로 무용한, 사회적으로 유용한 목적과 행동들

자신을 놓아두는 등의 대안적 해결 방안을 추구할 수 있다. 부적절한 참조집단에서 소속감을 얻으려는 아동과 십대들은 규칙과 법에 대항하는 반사회적 또는 적대적 일탈을 할 수 있다. 이러한 아동과 십대들은 잘못된 신념을 성인기로 가져가 자기패배적 또는 반사회적 행동을 이어 간다.

　열 살 이하 아동의 네 가지 목적(관심 추구, 힘겨루기, 복수심, 가장된 무능력)에 더하여, Dinkmeyer와 Carlson은 십대들이 어른들에게 신경과민, 걱정, 부적절감을 주는 재미, 또래 수용, 그리고 우월성이라는 목적을 추구할 수도 있다고 했다. 아동의 목적 추구 행동에 있는 것들은 십대와 성인의 생활양식 목적 추구 패턴에도 들어 있을 수 있다. [그림 6-2]는 Dreikurs-Adler의 두 가지 차원을 통합한 것이다. 즉, 네 가지 목적과 사회적 관심 행동 또는 기질의 네 가지 유형, 즉 **사회적 유용형, 지배형, 기생형, 회피형**을 연결한 것이다

(Adler, 1956). 적극적-소극적, 그리고 사회적 유용-사회적 무용의 차원을 교차하여 사분면을 만들었다. 이로써 우리는 아동의 목적과 행동을 사분면에 정치(定置)하고 아동의 목적과 행동을 인식한다 (Ansbacher, 2006). 아동이 지속적으로 이러한 네 가지 잘못된 행동의 목적에 의지한다면, 우리는 이들이 나중에 네 가지 유형의 기질로 표현된 성인 행동양식을 채택할 것이라고 짐작할 수 있다.

소크라테스식 대화 6-5

Rosie의 선생님은 열다섯 살 Rosie가 따지기 좋아하고 부정적이라고 그녀의 어머니에게 호소했다. Rosie는 금지된 행동, 급작스러운 화, 그리고 많은 나쁜 행동을 계속했다. 당신은 〈표 6-2〉와 [그림 6-2]를 이용하여 Rosie의 잘못된 행동의 목적을 어머니가 개념화하도록 어떻게 돕겠는가? 당신은 불성실, 꾸물거림, 게으름, 반항, 고집스러움, 망각과 같은 문제가 있는 십대와 함께하는 부모나 교사를 어떻게 도울 수 있는가?

양육에 대한 생각들

처벌의 사용에 대하여, 그리고 성경이 아이의 체벌을 옹호하는가에 대하여, 상반되는 견해가 있다. '회초리를 아끼는' 것은 '아이를 망치는' 결과를 초래한다는 생각이 있다. 성서 시대에 회초리는 양을 안내하고, 약탈자로부터 양들을 지키는 데 사용되었다. 그것은 양을 물리적으로 때리거나 상처를 주는 데 사용되지 않았다. 성경에서 회초리는 안내하고 훈육하는 것에 대한 은유적 표현이다. 처벌은 아동들에게 두려움을 불러일으킨다. 부모는 아이들에게 사랑을 불어넣어 주길 원한다. 처벌은 격려하는 사랑과 일치하지 않는다. 예루살렘 새번역 성경(개역개정판) 요한의 첫째 편지 4장 18절에 이렇게 제시되어 있다. "사랑 안에 두려움이 없고, 온전한 사랑이 두려움을 내쫓나니 두려움에는 형벌이 있음이라. 두려워하는 자는 사랑 안에서 온전히 이루지 못하였느니라." 성경 말씀은 이야기한다. 처벌과 두려움은 협력을 고취시킬 수 없다. 지식, 특히 자연적 및 논리적 결과에서 도출된 지식은 가족의 목적에 부합하는 협력을 불러일으킨다. 실수는 아이를 가르치고 그들에게 지식을 전하는 황금 같은 기회다. 부모는 아동이 지혜로운 선택을 할 수 있도록 이들에게 자율권을 줄 필요가 있다. 처벌은 아동을 낙담시키고 자신감을 빼앗는다. 처벌은 아동의 자아존중감을 낮춘다. 처벌은 역효과를 낸다. 어떤 사람도 완전할 수 없다. 부모도 실수를 한다. 부모는 자신의 실수의 결과를 다루어야만 하는데, 실수로부터 배우고 그러한 실수의 반복을 예방하는 것으로 충분하다. '황금률(남에게 대접받고자 하는 대로 남을 대접하라는 그리스도교 윤리의 근본원리-역자 주)'의 정신으로 아이들에게도 동일한 기회를 제공해야 하지 않겠는가?(Georgia, 2007년 12월, G. Smith, 개인적인 의사소통에서)

이는 교회에서 부모교육 집단을 운영한 후에 기독교 가정에서의 체벌 사용에 관한 논쟁에서 부모 교육자가 한 자기성찰이다. 육아는 개인적이고 사회적인 양육과 밀접하게 관련될 뿐만 아니라 우리의 문화적 · 종교적 신념과도 밀접하게 관련되어 있다. 가부장적인 사회와 어떤 종교 집단에서는 아동을 훈육하는 데 아버지에게 절대적인 권위를 부여한다. 이는 자주 체벌을 수반한다. 부모가 되는 용기는 아이를 양육하는 데서 문화적 관행을 인식하고, 이를 사용하는 적절한 시점을 알아차리는 것이다. 부모와 교사는 훈육과 처벌을 혼돈하지 않아야 한다.

훈련되지 않았다면, 부모(교사)는 자신의 부모와 교사가 전수해 준 것들의 가치와 태도를 복제하는 사람이 된다. 이러한 복제는 의도하지 않더라도 부모와 자녀의 현재 관계에 부정적으로 영향을 준다. 양육의 딜레마는 위험하고 경쟁적인 세상으로 들어가도록 아이들을 준비시키는 과정에서 대부분의 부모들이 갖는 목적과 관련된다. 우리 자신의 부적절감은 높은 기대 또는 두려움이라는 형태로 표현된다. 그 두려움은 다른 사람보다 '더 낫도록' 준비시키지 못하면 우리 아이가 고통받게 될 것이라는 데서 온다. 우리는 아이들에게 지나치게 요구하거나 지나치게 허용하거나, 또는 더 나쁘게 그 두 가지를 다 함으로써 아이를 과잉보호한다. 두려움에 의해 움직이는 사회적·문화적 압력의 영향을 받으면 아동의 잘못된 행동에 대한 가정과 학교에서의 반응은 부지불식간에 독재적인 방법에 의존한다.

대부분의 부모는 아이들을 돌보고 훈육할 때 자신이 양육된 방식을 따르거나 아동기 때의 유감을 보상하는 반대 방식을 취한다. 효율적인 부모 훈련을 찾거나 받는 부모는 거의 없다. 우리가 지금 가정에서 더 민주적인 사고와 민주적인 관계가 허용되는 사회 분위기에서 살고 있다 하더라도, 우리는 여전히 과거 전제의 영향을 받으며 살고 있다. 이는 아이를 양육하는 방법이라고 합리화하면서 우리의 힘을 이용하려는 생각과 행동에 영향을 미친다.

개인적 위대함의 동경, '고유성'과 '다름'의 고양은 가족 경쟁에서 생긴 열등감으로부터 유발된다(Wolfe, 1932/1957, p. 231).

가족은 아동이 세상을 바라보는 것을 배우고 자신의 생애 전략을 발달시키는 첫 번째 장소다. 훈련되지 않은 부모들은 과잉보호, 응석 받아 주기, 양육태만, 아동에게 과다하게 요구하기와 같은 실수를 저지른다. 이러한 부모 행동의 동기 요인은 아동이 성공하지 못할 것에 대한 두려움이다. 부모는 아동이 직접 세상을 발견하려는 용기와 공개적으로 경쟁하려는 마음을 충분히 준비하지 못하게 한다. 이러한 아동들은 부모의 중재(또는 개입) 없이는 세상에 직면할 수 없다.

많은 사람은 삶의 도전들을 처리하지 못한다. 사회적으로 유용한 방법에 대한 이해와 훈련이 부족하고, 대신에 삶을 더 복잡하게 하는 비효과적인 태도를 가지기 때문이다. 생애과제에 반응할 때 성인들이 보여 주는 많은 사회적이고 부차적인 문제는 직접적으로 가족생활의 영향에서 나온다. 많은 성인은 재교육 없이 결혼하고 가정을 이루거나, 주로 자라면서 겪은 가족 문제 때문에 결혼하거나 아이를 기르는 것을 두려워한다.

가족의 일차적 목적은 자녀에게 직업적 · 사회적 · 애정적 관계를 준비시키는 것이다. 가족은 사회의식의 실험장이며, 아동에게 사회적 협력의 기회를 제공한다. 가족 사랑의 용기는 아가페 우정과 아가페 가족의 특성(〈표 6-4〉)을 유사하게 하는 사회적 관심에 대한 가족 구성원의 태도에 내재한다.

개인심리학에서, 가족 분위기는 주로 부모의 부부 관계와 자녀와

표 6-4	가족에 대한 에로스와 아가페의 영향들
에로스 가족(자기관심)	아가페 가족(사회적 관심)
영원히 함께하는 것	홀로서기 한 개인들
전제적	민주적
통제적	신뢰
조종	자기 방식대로 살기
비밀	개방
칭찬	격려
처벌	선택과 결과

의 관계에 의해 결정된다. 가족 분위기가 민주적인지 또는 전제적인지는 자기, 타인, 일상생활에 대한 아동들의 특성적인 사고, 감정, 행동으로 추측할 수 있다. 이러한 특성은 〈표 6-5〉에 요약되어 있다. 전제적인 가족이나 교육체제에서 체벌이 두려움을 유발하기 위한 훈육으로 이용되는 것은 하나의 좋은 예다. 민주적인 가족에서는 두려움 대신에 결과가 선택과 학습을 격려하기 위해 사용된다.

○마무리 생각

우리는 어린 시절 동안 우정과 가족을 통하여 기본적인 사회적 관계 훈련을 받는다. 친구를 사귀는 능력은 배우자를 선택하고 가족을 이루는 것을 준비시킨다. 출생순위와 가족 구도는 개인을 이해하기 위한 역동적인 정보를 제공한다. 행동이 목적 지향적이라고 이해하는 것과 아동, 십대, 성인은 자신의 지각과 태도에 따라 행동한다는 점을 아는 것은 아동을 이해하고 함께하는 데서 새로운 접

근 방식을 알아차리고 창출하게 한다. 우리는 문화적 · 종교적 실제
와 무관한 태도로 우정, 가족 과제에 접근한다. 개인심리학은 칭찬
과 처벌 대신에 훈육 방법으로서 격려와 결과를 사용해야 한다고
믿는다. 민주적인 양육 방법들이 적용되는 민주적인 가족 분위기에
서 가장 좋은 양육이 이루어진다.

표 6-5 전제적 및 민주적 양육 방법

아동의 특성	전제적인 양육 방법
순종하는	임의적임
의존적인	선택권을 거의 주지 않음
복종하는	처벌
두려운	위협하기
추종자	겁주기
수동적	보상을 줌
자신보다 아랫사람을 지배함	지시하기
자신보다 윗사람에게 복종함	아이가 할 수 있어도 대신 해 주기
자기존중 결여	
독창적이거나 창의적이지 못함	아이의 실수에 대해 말하기
우유부단한	아이 대신 의사결정하기
책임감이 없는	다른 사람 앞에서 비평하기
자신이 원하는 것에 가치를 두려는 동기가 없음	필요한 것을 말함
감독관에 따라 옳고 그름을 판단함	상처받지 않도록 싸움을 중단시킴
죄의식을 느낌	비난하고 타인과 비교하기
아동의 특성	민주적인 양육 방법
창조적	아이들이 의사결정을 하도록 함
평등함	아이들의 결정에 대해 책임을 지도록 함
상황의 요구에 대한 책임감	할 수 있는 것을 대신 해 주지 않기
융통성	격려하기
'왜'라고 질문하기	수용됨을 알게 함

자신이 한 실수를 이해하는 시간을 가짐	잘못을 고치도록 도와줌
자신과 타인 존중	아이들을 존중하기
격려된	수용되고 있음을 알게 함
자기훈육	친절하면서 동시에 엄격함
높은 자아존중감	얼마나 많은 것을 할 수 있는지 알도록 돕기
타인에게 영향을 미치는 능력을 가짐	당신을 돕도록 함
실수를 두려워하지 않음	결과를 사용함
합의를 촉진하는 능력	이해함
리더나 추종자가 될 수 있음	비난하거나 비교하지 않음
정직한	이중잣대를 사용하지 않음

소속의 용기

생애과제들을 성공적으로 처리할 때, 우리는 본질적인 소속감을 표현
한다. 소속감은 동료들과 함께 있다는 느낌인데, 공포, 외로움, 자포자
기 경험을 완화시킨다. 우리가 개인적 · 집단적 생애목표를 추구할 때,
소속감은 우리에게 용기와 함께 많은 경우 자신감을 준다(Sonstegard
& Bitter, 2004, p. 79).

소속감은 일, 사랑, 우정과 가족의 기본 생애과제를 용기와 자신
감을 가지고 다룰 수 있을 때만 얻을 수 있다. 특히 자신, 다른 사
람, 세상과의 관계를 통해서 우리는 소속할 곳을 획득한다. 소속감
은 심리적이며 영적이다. 우리의 공동체 생활에는 심리적인 소속감
을 촉진하거나 저해하는 맥락적 · 문화적 요인들이 있다. 사회적 평

등은 소속감 문제의 해결방안이다. 탈시대적이고 초문화적인 개념인 사회적 관심은 이상적인 소속과 조화 상태를 추구하도록 돕는다. 공동체 의식은 고통 중에도 수용과 상호조력의 용기를 고취하는 연대감이 있는 곳에서 가장 잘 작용한다.

○ 소속의 문제들

우리는 전체의 일부분이고, 소속의 욕구는 우리가 얻고자 노력하는 자연스러운 목적이다. 그럼에도 소속감은 많은 사람에게 쉽게 다가오지 않는다. 브라질 사람인 Zeig는 서로 문화가 다른 미국인 심리학자와의 결혼생활을 되돌아보았다. 언어적인 문제보다, 그녀는 입국심사 과정에서 관료주의적 아이러니와 사회적 · 정치적 난관에 부딪혔다. 또한 그녀는 원가족과 사회적 관계망을 박탈당한 것 같았다. Zeig는 그녀 내부의 갈등으로 정신신체증상을 경험했고, 이러한 갈등은 그녀의 결혼생활에도 문제들을 일으켰다.

> 내가 생각하는 가장 큰 어려움은 내가 겪고 있었던 것을 남편이 이해하지 못한다는 사실이다. 물고기에게 물에 대해 설명하는 것은 매우 어렵다. 문화는 우리 모두가 빠져 있는 무엇, 인류학자 Edward Hall이 그의 저서에서 매우 잘 기술하고 있는 '무언의 언어'다. 물고기는 물 밖에 나와서야 물이 없음을 안다. 나의 남편은 물 밖에 있지 않고, 나는 물 밖에 있다(Zeig, 2009).

25년간 미국에 살고 있는 중국계 미국인 Rachel은 사회적 또는 직업적 상황에서 어디에서 왔느냐와 언제 고향으로 돌아갈 것이냐는 질문에 매우 싫증이 났다. 중국계 미국인들을 위한 Iris Chang의 말은 전 세계에서 온 이민 노동자의 많은 세대의 목소리를 대변한다. 그녀는 묻는다. 우리가 '진짜' 미국인으로 여겨지기 위해서는 얼마나 많은 장애물을 뛰어넘어야 하는가?(Chang, 2004; Yang, 1991)

아프리카계 미국인 Rodney는 세 아들에게 안전하게 운전하는 법을 가르쳤다. 첫 번째 가르침은 총에 맞는 치명적인 사고를 피하기 위해서 "경찰이 차를 멈추라고 했을 때는 운전대에서 손을 떼라."라는 것이었다. 경찰의 총에 맞는 이런 종류의 비극은 흑인 남성에게 너무 자주 일어난다. 한 백인 교수는 대학 캠퍼스의 인종 갈등에 대해 양면적으로 말했다. 인종 폭력은 그가 속하지 않았던 과거 문제의 결과라는 것이다.

> 나는 민감성이 커지고 있다고 생각한다. 특히 경쟁적인 게임에 빠져 있고, 마구 몰아세우는 젊은 사람들에게서 그렇다. 나는 많은 것이 경제와 관련이 있어야 한다고 생각한다. 흑인들이 탄압받아 왔다는 것은 의심할 여지가 없다. 우리는 정당화할 수 없다. 그러나 우리가 20~100년 전의 문제를 감당해야 하는지는 모르겠다……. 나는 아무것도 하지 않았다…….

많은 사람에게 소속감에 이르는 길은 어려움으로 가득 차 있다. 사회적 낙담에 대한 연구에 참여한 동성애 성향이 있는 10명의 사람 중 5명이 자살을 시도했다고 했다. Harry는 그중 한 명이다(Suprina

& Lingle, 2008). "사실 나는 그해에 나의 성적 성향과 중독 등 모든 문제를 다루어야 했고, 그 결과 자살을 시도했다."

웃기진 않았지만 어쨌든 우리는 웃었다. 60대 후반의 아프리카계 미국인 Roger와 30세의 중국 이민자 첫 세대인 나는 커피와 간장 사용에 대해 공통점을 찾았다. 어렸을 때 가족과 친구들은 커피를 마시는 것과 간장을 너무 많이 뿌려 먹는 것을 못하게 했다. 이는 우리를 더 까맣게 보이게 할 것이라고 두려워했기 때문이다(Claudia).

'보다 나은' 또는 '보다 못한'의 집단적 태도는 편견, 차별, 억압 문제들의 근본 원인이다. 개인의 신념으로서 인종차별, 성차별과 다른 편견들은, 그 자체로는 억압적이지 않더라도 만약 권위 또는 힘의 불공정한 행사에 의해 행해지거나 제도화되면 억압적일 수 있다. 차별과 억압에 대처하는 방법은 직면, 자기통제, 자기방어로부터 자기부정과 체념에 이르기까지 다양하다. 집단적 열등감의 가장 부정적인 결과는 내면화된 억압이다. 이는 소외된 집단이 억압하는 사람들의 방법을 자신에게 적용할 때 생긴다.
전 세계의 원주민들에게 일어난 식민지화, 집단 학살, 문화적 · 영적 박탈의 결과들을 조사해 보면 우리가 기술해 온 소속의 문제는 엄청나다. Jack Lawson에게 인종차별의 결과는 원주민들의 전통과 공동체와 정체감의 상실이다. 간단히 말해서, 이것들은 고정관념이 되었다.

원주민들의 100%는 직접적 또는 간접적으로 알코올 중독의 영향을 받는다. 알코올 중독의 기저에는 문화와 정체성의 상실, 가족 단위의 붕괴, 집단 학살과 억압의 긴 역사에 따른 모든 증상과 관련된 수많은 복합적인 문제들이 있다. 또한 많은 분노와 분노 관련 문제들, 우울과 절망, 건강 문제들이 있으며, 특히 젊은 사람들에게서 자살률과 살인율이 매우 높다. 또한 우리 지역은 정맥으로 투여하는 약물 사용과 관련하여 에이즈 발생이 심각하게 증가하고 있으며, 체포된 원주민의 대부분은 알코올과 약물이 주요 원인이다.

소크라테스식 대화 7-1
우리는 평등하게 태어났는가? 평등한 기회에 대해 어떻게 생각하는가?

개인적으로 문제 있는 태도는 문제 있는 사회적 역동을 분명하게 보여 주며, 그 결과 소속의 문제에 영향을 미친다. 이러한 태도들은 다른 사람들보다 열등하다는 두려움에서 생겨난다. 이러한 두려움이 자신, 성별, 가족, 직장에서의 전쟁을 촉발하고, 또한 국가 내 및 국가 간 전쟁을 촉발시킨다. 우리는 집, 학교, 지역사회에서 전제적인 훈련을 받거나, 또는 사회적 약자에게 상처 주지 않으려고 과도하게 조심함으로써 두려워하는 것에 길들여진다. 우리는 처벌, 실패, 거절을 두려워한다.

사회적 평등에 대한 장애물은 세상일이 평등하지 않다는 두려움과 열등감, 그 결과에 따른 무관심, 그리고 자신감의 상실이다. 우리는 불평등에 맞서는 대신, 성취와 성공을 위해 자기 자신과 다른 사람들과 경쟁해야 하는 곳에서 얼렁뚱땅 넘어가려는 순응주의자가 된다.

- 우리는 다른 사람들을 평등하게 보지 않는다.
- 존중과 내적 자유를 바라는 우리의 요구는 남자, 부모, 권위 있는 인물에게 더 우월한 지위를 주는 위계적인 체제와 상충한다.
- 계층, 명성, 권력은 우리에게 깊숙이, 그러나 다르게 영향을 미친다.
- 이런 문화적 규범에 따라 우리는 바르고 착해야 할 필요가 있는 것으로 잘못 생각하고 있다.
- 우리는 행동 문제가 갈등 관계의 원인이 아니라 결과임을 알지 못한다.

사회적 평등의 용기

개인에게 사회를 떠맡기는 것이 아니다. 사회는 개인들로 구성된다. 우리는 이것을 잊는 경향이 있다. 우리 자신의 사회적 중요성을 과소평가하기 때문이다. 우리가 삶에 대하여 그런 것처럼 우리는 사회에 대하여 똑같은 잘못된 태도를 가지고 있다. 우리는 삶과 사회가 우리 밖에 있는 것처럼 생각하지만, 사실은 삶과 사회 둘 다 우리 안에 내재한다. 우리는 삶이고 사회다(Dreikurs, 1971, p. 177).

소속의 문제에 대한 답은 사회적 평등을 바탕으로 상호 이해와 협력이 있는 공동체의 용기에 있다. 사회적 평등에 대한 용기는 평등한 지위를 부정하려고 하는 우월한 다른 사람들이 있는 적대적인 환경에 직면하여 자기긍정의 용기에서 시작한다.

소속감을 가지려면 우리는 먼저 자기 자신과 다른 사람을 신뢰하여야 한다. 신뢰란 능력, 책임, 소속을 믿는 용기를 갖는 것이다.

공통된 기반이 없거나 추구의 목적이 현재 상태를 지키는 것이라면, 우리는 우리의 관계나 사회에 충분히 참여할 수 없다. 그러나 우리 자신이 그 속에 있지 않으면 우리를 위하여 기능하는 사회를 기대할 수 없다. 우리가 일, 사랑, 사회적 관계에서 만나는 똑같은 문제들이 사회와 우주와 관련된 문제들에서도 나타난다. 사회적 또는 집단적 열등감으로부터 자유로워지기 위하여 우리의 강점과 한계를 알고, 습관적인 편견을 떠나보내고, 자신과 다른 사람의 존재를 신뢰하여 우리는 충분히 괜찮고 평등하다고 믿으며, 비교와 경쟁의 충동을 피하려는 용기를 가져야 한다.

대부분의 관계에서 갈등은 평등의 부재에서 생겨나며, 평등의 부재는 경쟁과 비교, 지배와 통제, 우월과 차별의 위험을 초래한다. 결핍을 극복하고 완전을 추구하려고 힘들게 노력하는 대신에, 불완전할 용기를 발달시키고, 자기 자신과 다른 사람들에게 최선이라고 생각하는 것을 기꺼이 감행할 수 있다. 그러므로 사회적 평등에 대한 용기는 자기 자신과 다른 사람을 평등하게 보고, 우월하다는 허구적인 믿음에 사로잡히지 않고, 참여하고 협력하는 용기다. 일단 우리의 사회적 태도들을 수정할 수 있으면, 우리는 공익에 초점을 두는 삶을 살기 위하여 평등한 기회라는 개념을 가져올 수 있다.

사람은 민주적인 시대에만 평등한 사람 중 한 명의 평등한 사람으로서 기능할 수 있다. 그를 노예로 만들고, 그의 강점을 깨닫지 못하게 하고, 내면의 자유와 평화와 고요함을 그에게서 박탈하는 개인적인 열등감으로부터 자신을 해방시킬 수 있을 때만 그렇게 할 수 있다.

평등은 민주주의의 기반이자 목적이다. 여기서 우리의 권리가 존중되고 우리의 정체성이 발달된다. 우리는 조기 훈련과 교육이 필요함을 알고 있다. 우리의 가족, 친구, 그리고 학교 또는 직장에서의 관계는 상호존중, 신뢰, 협력을 위한 좋은 훈련장이다([그림 7-1] 참조).

우리는 경청하는 것을 배울 수 있고, 다른 사람들의 사적 논리, 두려움, 불안정, 그리고 결과적인 비행에 대해 민감할 수 있다. 지난 세대가 적대적인 정서로 가득 찬 처벌을 사용하던 것을 반복하지 않고, 우리는 자연적 · 논리적 결과들을 신중히 사용한다. 이른바 역기능적인 관계 속에서도, 우리는 학습의 기회들을 발견할 수 있다. 예를 들면, 우리가 해서는 안 되는 것을 삼가고 자기격려를 실행할 수 있다.

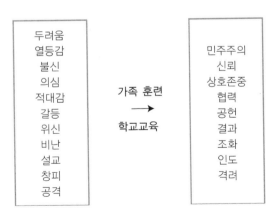

그림 7-1 사회적 평등 훈련

자기 자신, 다른 사람들, 세상에 대하여 의사결정을 할 때, 사회와 문화는 어떤 역할을 하는가? 인종, 성별, 능력 또는 장애, 나이, 동성애, 계층의 요인들은 불평등감을 촉진하는 데 어떻게 상호작용하는가?

Cindy는 아메리카 원주민에 대한 그녀의 경험을 되돌아보면서, 이들이 평등하지 않은 상황에 있었음을 알게 되었다. 그녀는 자신의 문화적·영적 유산에서 공동체 의식의 강점들을 끌어내어 억압으로 인한 부정적인 결과들에서 벗어나도록 다른 사람들을 도왔다.

어렸을 때(약 열네 살), 나는 아메리카 원주민의 문화와 역사를 배우기 시작했다. 나는 억압에 대하여, 그리고 어떻게 원주민들이 보호구역에 살게 되었고 백인 학교에 가야 했는지를 배웠다. 또한 그들이 얼마나 가난하게 살았는지를 직접 보았다. 나는 아메리카 원주민들이 많은 어려움으로 고통받아 왔고, 그런 이유로 백인에 대한 적대적인 많은 편견을 갖고 있다는 것을 배웠다. 나 또한 많은 돈이 없이 자랐으며, 가난의 문화를 이해한다.

나는 가능한 한 사람들에게 힘을 북돋아 그들이 자신이 생각하는 것보다 훨씬 가치 있음을 알도록 도움으로써 잘못들을 바로잡는 것에 관심이 있다. 나는 우리 모두가 이렇게 하리라고 생각한다. 그러나 어떤 유색인종에게는 이렇게 하는 것이 그들 자신을 하찮게 여기게 했다는 점에서 큰 비극이 되었다. 이러한 비극은 본질적으로 억압의 결과다. 나는 억압을 다른 사람에게서 인간으로서의 정당성을 어떻게 해서든 없애

버리는 것이라고 생각한다. 직장에서, 비(非)백인 노동자들이 '충분히 훌륭하지 않다'고 느낄 뿐만 아니라 고용주들도 그들을 충분히 훌륭하지 않은 존재로 다룬다. 그들은 일하는 사람일 뿐이다. 잘 알려 주지 않으면 결코 자신을 그들의 일에서 중요한 사람으로 여기지 않을 것이다. 나의 문화 전통에서 보면, 모든 살아 있는 것은 하나의 근원으로부터 나오고 모든 사람은 하나다. 나는 그 누구도 내 위에 올려놓거나 내 아래에 두지 않기 위하여 나의 삶에서 이런 생각을 한다. 억압은 사람들이 집단 또는 사회의 다른 사람들로부터 차단되기 때문에 생성되는 두려움이라고 생각한다. '커다란 신비'라고 부르는 것과의 연계를 잃고, 그들은 두려움, 분노, 의심, 억압과 같은 다른 모든 것으로 채워진 공간에 남겨진다.

억압에서 벗어나려면, 사람들은 그들이 어디서 왔는지 이해할 필요가 있으며, 그들이 모두 같은 생명의 원천으로부터 나왔고 그들이 정말 두려워하는 것을 이해하려고 애쓰는 것이 자신의 마음을 편안하게 하는 데 도움이 된다는 것을 이해할 필요가 있다. 우리는 모두 하나이기 때문에, 억압하는 사람들 또한 실제로는 정서적으로, 영성적으로 자신을 억압하고 있는 것이다.

소크라테스식 대화 7-3

우리는 전제적인 신념과 실제가 여전한 우리의 집, 학교, 직장에서 느끼는 두려움에 맞서야 하므로, 민주주의에 대한 우리의 열망에는 양가감정이 있다. 이상적인 민주주의와 평등을 위해 노력할 때 우리는 어떻게 불평등과 소속의 문제들을 극복해야 하는가?

조화: 최선, 그리고 이상적인 인간 사회

> 각 구성원이 다른 모든 사람과 동등하게 안전한 자리를 갖지 않으면,
> 공동체의 조화와 안정은 있을 수 없다.

평등과 민주주의의 뒤에 있는 철학은 무엇인가? 우리는 소속의
문제에 직면하여 어떻게 최선을 다하고 있는가? Cindy의 이야기는
전체의 삶과 조화를 이루는 것의 가치를 가르치고, 자신과 타인을
넘어서서 우주를 포함하는 우주적인 공동체 의식을 가르쳐 준다.
이러한 전체의 용기는 각 개인이 자신을 위해 기능할 뿐만 아니라
전체의 건강을 위해 기능할 때만 획득된다. 우리의 강점은 다른 사
람들에게 유용할 때만 유용하다. 아들러에 따르면, 불합리해지고,
우월성의 목적과 개인의 균형 잃은 정보로 동기화된 사람은 상식적
인 한계를 벗어난다. 상식을 잃고 사적 감각을 과잉 발달시키는 것
은 사회적 삶의 문제들의 근본적인 원인이 된다.

공동체 의식과 조화의 용기는 사회적 불평등에 대한 개인심리학
의 응답이다. 이는 물질주의, 개인주의, 인권의 정치적 측면에 기반
을 두고 나타난 현대의 사회 정의의 접근법과는 다르다. 이상국가
로서 사회적 조화는 세계 인권, 상호연계, 동반자 관계, 연민에 초
점을 두고 있으며, 세계 문화와 영적 전통과 함께하는 사회적 이상
이다. 세계 인류의 가치는 개인심리학에서 가장 잘 나타나는데, 이
는 시대를 거쳐 살아남은 세계관과 일치한다.

제1장에서 지적한 것처럼, 아들러와 그의 사상은 동양의 공자,

서양의 소크라테스와 비교된다(Way, 1962). 그들의 유사점들은 사회적 관심과 인(仁, '두 사람')의 개념에서 두드러진다. 사회적 관심과 인(仁)은 둘 다 개인의 타고난 성격 특성일 뿐만 아니라 자신의 행동들을 인도하는 덕목이다. 사회적 관심과 인(仁)은 자기수양, 가족 가치, 조기 교육에 똑같이 관심이 있다. 가장 중요한 점으로, 이들은 둘 다 자기관심을 지양하고, 모두에 대한 사랑인 아가페를 받아들인다. 사람과 사회의 문제들과 관련하여, 아들러는 적절한 사회적 관계의 지혜를 공자와 똑같이 공유했다. 적절한 사회적 관계는 최고의 선에 머무르고, 대중을 사랑하고, 자신의 가족과 조화를 이루고, 궁극적으로 자신의 품성을 도야하는 능력에 우선하여 내재한다. 사람은 자기와 타인을 조화시키는 결합력을 추구한다.

아들러에 따르면, 용기와 사회적 관심을 가지고 다섯 가지 생애 과제(일, 사랑, 우정/가족/공동체, 자신, 우주)를 충족할 수 있을 때 행복 또는 삶의 의미가 있다. 공자에 따르면, 인(仁)은 '인간의 최상', 사회와 맺는 관계의 다섯 가지 원리에서 실현되는 진짜 자기다(예를 들면, 통치자 대 피통치자, 아버지 대 아들, 형 대 동생, 남편 대 아내, 친구 대 친구). 다른 많은 품성 특성이 사회적 관심과 인(仁)에 내재하는데, 이는 공동체의 이상적인 상태를 향하여 노력할 수 있는 경로다. 인(仁)은 사랑, 지혜, 분별력, 공정, 정의, 공감, 효도, 용기의 다면적인 특성들을 갖춘 최상의 인간을 표현한다.

공자에 따르면, 조화를 이루는 것은 우리 경험의 중심성과 불변성(중용)을 따르고 받아들이는 것이다. 합리적이고 완벽히 균형을 이룬 이상적인 사회에서 용기는 사회적 조화의 이상을 믿고, 부와 명성, 권력, 성공의 경쟁적인 신념들에 반대하는 운동을 지지하는 보통 사람들의 상식이다.

완벽한 질서가 널리 퍼지면, 세상은 모든 사람이 공유하는 집과 같다. 고결하고 훌륭한 사람은 공직자로 선출된다. 능력 있는 사람은 사회에서 급료를 받는 일자리를 갖는다. 모든 사람에게 평화와 신뢰는 인생의 좌우명이다. 모든 사람은 자신의 부모와 아이를 사랑하고 존중할 뿐만 아니라 다른 사람의 부모와 아이도 사랑하고 존중한다. 노인에게 돌봄이 있고, 성인에게 일자리가 있고, 아이들에게 영양과 교육이 있으며, 과부와 홀아비를 지원하는 수단이 있고, 세상에서 자기 혼자뿐이라고 생각하는 모든 사람을, 그리고 장애인을 지원하는 수단이 있다. 모든 남자와 여자는 가족과 사회에서 수행할 적절한 역할이 있다. 공유감은 이기주의와 물질주의의 영향을 쫓아낸다. 공공의 의무에 전념하여 나태할 여유가 없다. 음모와 밀수업자가 없다. 모든 집의 문은 낮이나 밤이나 잠그거나 빗장을 지를 필요가 전혀 없다. 이러한 것들이 이상적인 세상, 평범한 부국의 특성이다(Confucius, *The Record of Rites*, Book 9).

유교에 도교가 깊숙이 내재해 있기 때문에, 개인심리학에는 도교의 평등과 조화 사상에 대응하는 표현이 있다. 도교 전통에서 평등은 실존적이고 자연주의적이며, 수용, 허용, 따름의 개념과 강하게 연결되어 있다. 도교의 원리 중 하나는 상보적인 반대 관점이다(음과 양). 조화를 이루는 것은 삶을 실현하는 방향으로 인도하는 자연법칙에 완전히 순종하고 조화하는 용기를 갖는 것이다. 개인은 반대되는 것을 조정하는 사람이다. 이상적인 사회적 삶은 무위를 통하여 반대되는 것들과 조화를 이루며 살면서, 한쪽 극단이나 다른 쪽 극단에 빠지지 않는 것이다(Cleary, 1989; Yang & Milliren, 2004).

> 인류가 과거에는 천국을 가졌을지 모르지만, 지금은 천국을 잃었다.
> 삶은 항상 갈등과 어려움, 곤경들로 가득 차 있다. 그러나 용기 있는
> 사람은 이런 삶에 속해 있음을 느끼고, 그 안에 있는 자신의 자리에 확
> 신을 가지며, 이를 하나의 방편으로 바라볼 수 있다. 이 방편 안에서
> 살아가고 행위하며 생산하고 참여하고 창조한다. …… 이러한 세상은
> 세상의 필수적인 한 부분으로서 자신을 받아들이는 사람의 일부를 이
> 룬다. 살아 있는 동안, 우리는 살아 있다(Dreikurs, 1971, p. 35).

아들러에 의하면, 균형 잡힌 주고받음, 공헌과 협력에는 사회적
삶의 균형과 조화가 내재한다. 공동체 및 집단은 조화를 이루기 위
하여 완전한 전체로서 기능하고, 그 안에서 각 개인은 자신을 위해
서가 아니라 공공의 복지를 위하여 기능한다. 그러나 사회적 조화
를 위해 필요한 경계 안에서 자신의 일을 하는 것은 또한 개인의 행
복을 만들어 준다.

소속감과 중요성의 욕구는 우리가 혼자서는 살 수 없다는 것을
깨닫는 데서 비롯된다. 우리는 전체의 부분으로서 기능한다. 그리
고 우리의 생존을 위한 최상의 보호와 준비는 경쟁 또는 비교에 있
지 않고, 불평등하더라도 협력하고 공헌하는 데 있다. 개인심리학
에 따르면, 우리가 타인, 사회, 자연, 우주와 연관될 때 평등한 사람
인 것처럼 행동하게 된다. 소속의 문제는 일반적으로 삶을 살아가
는 방식에서 드러나는 태도다. 소속의 용기는 집단적 열등감과 사
회적 불평등에 직면하여 궁극적인 사회적 평등과 사회적 조화를 향

하여 노력하는 것이다.

우리는 소속을 방해하는 장애물을 극복하기 위한 자연적인 욕구를 부여받았다. 아들러는 이렇게 말했다. "사회적 관심은…… 영원의 관점에서 전체적으로 느끼는 것을 의미한다. 이것은 공동체의 한 형태를 추구함을 의미한다. …… 인류가 완전의 목적에 도달했더라면 생각될 수 있었을 공동체와 같은(Adler in Stein & Edwards, 1998, p. 285)." 사회적 관심과 이와 관련한 품성의 개념에는 아가페와 비슷한 영성적 가치, 생명의 힘이 있다. 이는 어려운 시기에 우리가 앞으로 나아가도록 창조적인 힘을 발휘하게 한다(제1장, 제5장, 제9장의 창조적인 힘에 대한 논의 참조).

> 한편으로, 기도는 거대한 삶의 공동체로 들어가는 우리의 능력이다. 삶의 공동체에는 자신과 타인, 인간과 비인간, 보이는 것과 보이지 않는 것들이 복잡하게 뒤얽힌다. 감각이 분별하고 마음은 분석하는 반면, 기도는 통합적인 삶을 인식하고 되살린다. 기도하는 중에 더 이상 나 자신을 다른 사람과 세상으로부터 떼어 놓지 않으며, 나의 요구에 맞도록 그들을 조종하지 않는다. 대신에 모든 것이 연결되어 있는 초월적인 중심부를 앎으로써 나는 관계를 맺고자 하고, 상호관계와 책무성에 매력을 느끼며, 공동체에서 나의 자리를 갖는다. 다른 한편, 기도는 내가 연결하는 중심부에 도달함에 따라 그 중심부도 손을 뻗어 나를 잡으려고 한다는 사실에 나 자신을 개방하는 것을 의미한다(Palmer in Miller, 1999).

영적 요구들이 초기 기독교와 불교 신앙으로부터 인간의 평등성을 어떻게 발전시켜 왔는지를 관찰하면서, Dreikurs는 용기가 가장 본질적인 필수요건 중의 하나인 **민주주의의 종교**가 필요하다고 생각했다. 자유를 갖는 것은 불확실성을 직면하고 창조성을 인식할 용기를 갖는 것이다. 그의 신념에 따른 이러한 새로운 종교에서 요구되는 상호의존은 "공익에 공헌하도록 자극하여, 인류의 가장 소중하고 아주 오래된 꿈인 오랫동안 미루어 온 형제애를 실현하면서 서로를 기꺼이 공감하도록 고무하고, 서로 함께 살고 서로에게 소속하게 할 것이다(Dreikurs, 1971, p. 222)."라는 것이었다.

다음으로, 어려움에 처한 개인들을 위한 전 세계적인 공동체 계획을 통하여 이러한 형제애의 꿈이 어떻게 실현되어 왔는지를 설명하고자 한다(Blagen, 2008).

◌ 직장에서의 공동체 의식: 회복의 용기

우리는 보통 때는 잘 어울리지 않는 사람들이다. 그러나 우리에게는 유대감, 우정, 말할 수 없이 훌륭한 이해심이 있다. 우리는 난파선에서 구조된 후 동료애, 즐거움, 민주주의가 3등 선실부터 선장실까지 가득 차 있는 순간의 여객선에 있는 승객과 같다. 그러나 그 배의 승객들의 감정과는 다르게 우리는 우리의 독자적인 길을 가기 때문에, 재앙으로부터 탈출한 우리의 기쁨은 계속된다. 공동의 위험에서 함께한 감정은 우리를 강력하게 결속하는 요소다. 그러나 그 자체로는 결코 우리를 지금처럼 단결시키지는 못할 것이다. …… 첫 번째 필수 조건은 자기고집으로 사는 인생은 성공적이라고 할 수 없다는 것을 확신하는 것이다(Alcohol Anonymuos, 1976, pp. 17, 60).

중독의 원인은 복잡하고 이 책의 주제를 벗어난다. 그러나 중독은 사회적 관계에 참여할 용기가 부족한 사람들이 생애과제를 피하는 효과적인 방법이라는 개인심리학적 관점에서 이를 논의한다. 이런 회피 과정에서, 중독된 사람은 엄청나게 자기중심적이 되고 삶의 모든 측면을 다루는 데 중독을 이용한다. 이런 부적응적인 접근법은 정상적인 발달을 상당히 느리게 하거나 지연시키고, 개인을 자기(자신의 핵심 가치)와 사회로부터 멀어지게 한다. 중독된 사람은 소속감 또는 중요성 없이 단순히 생존하고 있다.

6개월만에 성공적으로 회복한 한 알코올 중독자는 수많은 알코올 중독자의 예후를 극적으로 향상시키는 의사결정을 자신이 하였음을 깨달았다. 이러한 의사결정은 영적 깨달음에서 시작되었다. 다른 알코올 중독자를 도움으로써 자신을 구제할 수 있다고 확신하게 되었을 때, 영적 깨달음이 있었다. 그러나 그는 낯선 도시에서 삶의 환경들로 인해 다시 한 번 중독에 빠지고 말았다. 단지 여섯 잔의 기분 좋은 음주가 알코올 중독으로 다시 빠져들게 한 것이다. 그러나 이 순간 그는 또한 또 다른 선택이 있음을 알았다. 그 선택은 자신이 아직 술을 절제하고 있다는 점과 이전의 자신처럼 희망 없는 알코올 중독자와의 '동료애'였다.

뉴욕 출신의 William R. Wilson(Bill W.로 알려져 있음)은 역사를 바꿀 만한 의사결정을 했다. 그는 매우 잘 알고 있는 알코올의 잘못된 유혹에 손을 뻗는 대신, 희망을 잃은 알코올 중독자 동료인 Dr. Robert Holbrook(Dr. Bob로 알려져 있음)을 찾았다. 그는 지역의 의학박사였다. 이번 만남에서 Bill W.와 Dr. Bob은 하나가 되어 생기를 띠고 활동하게 되었다. Bill W.는 회복에 대한 그의 개념(실험)을

Dr. Bob에게 소개했다. 1935년 여름, Bill W.와 Dr. Bob은 4년의 짧은 시간 동안 익명의 알코올 중독자 모임(A.A.)으로 알려지게 될 프로그램의 밑그림을 그리기 시작했다. Bill W.가 만든 12단계의 프로그램은 전 세계의 다른 중독들과 다른 사람의 중독에 영향을 받는 사람을 위한 성공적인 프로그램이 되었다. Aldous Huxley는 그를 "현 세기의 가장 위대한 사회 설계자"라고 칭했다. Bill W.는 2000년 『타임(Time)』지에서 지난 세기 동안 용기, 자기본위, 풍부, 초인적 능력, 그리고 놀라운 은총의 전형적인 예가 되는 20명의 영웅으로 거명되었다.

왜 A.A.가 운영되는가? 이 질문의 답변이 될 만한 많은 요인이 있지만, 한마디로 A.A.는 희망을 잃은 사람들에게 희망을 주기 때문이다. A.A.는 이들에게 다른 것보다 이해하고 지지하고 판단하지 않는 동료애과 공동체를 제공한다. 일단 이들이 A.A. 단체를 접하게 되면, 알코올 중독자들은 고통받고 있다는 동료의식으로 확실한 자기파괴를 매일 유예하게 된다(한 번에 하루). 비록 자신의 중독에 갇혀 있고 제약을 받지만, 공동체의 지지와 다른 사람을 돕고자 하는 소명이 이들을 다른 사람들과 연결시킨다. 이렇게 회복의 용기는 시작된다.

12단계와 12개의 전통이 있는 A.A.의 공동체적 접근 방식은 아들러의 사회적 관심 원리와 매우 유사하다(A.A., 1976). 이는 A.A.의 다음과 같은 표어를 보면 알 수 있다. "성공할 때까지 성공한 척하라."('~처럼 살아라.' 또는 '마치 ~처럼 행동하라.'의 다른 표현) "완벽하려고 하지 마라." "차선을 행하라." "노력하면 효과가 있다." A.A. 교재와 Bill W.의 많은 편지에는 다른 예도 많이 있다. A.A.의 변형적인 힘의 기원은 개인심리학의 핵심 요소에 기반을 두고 있다.

Bill W.가 아들러 사상에 대한 지식을 가지고 있었다는 분명한 증거가 있는가? 그렇다(Cheever, 2004). Bill W.는 그의 생애 내내, 어머니와 매우 친밀하고 특별한 관계를 가졌다. 아들러 이론의 주요 개념들을 그의 어머니로부터 배웠을 가능성이 매우 크다. Emily Griffith Wilson(Bill W.의 어머니)은 "프로이트의 동료였던 Alfred Adler와 함께 빈에서 공부했다. 그리고 …… 샌디에이고에서 아들러학파의 분석가로 활동했다(Cheever, 2004, p. 172)."

○ 마무리 생각

모든 삶의 문제는 개인적인 문제와 사회적인 문제다. 소속의 문제에 대한 아들러의 해결책은 일, 사랑, 사회적 관계를 통하여 공동체 의식을 추구하는 그의 개념과 직접 관련된다. 공동체 의식의 차원은 자신과 타인을 넘어 우주 또는 '생명 전체'를 포함하는 우주적인 사회적 관심으로 확장될 수 있다.

소속감에 이르는 경로는 심리적이고 영적이다. 자기신뢰와 수용, 타인에 대한 두려움 인정, 자신과 타인을 평등하게 대하는 능력은 소속의 문제에 대한 심리적인 해결책이다. 동양과 서양의 철학적 가르침에 따르면, 사회의 조화는 개인의 열등감을 극복하면서 공공의 복지를 위해 일할 때 얻어질 수 있다. 사회적 삶의 보편적인 법칙으로서 사회적 관심은 모두를 위한 공공복지의 목적으로 향하도록 우리를 인도한다. 공동체로의 복귀는 소속의 문제에 대한 답이다. 특히 집단 우월성과 관련된 사회적 질병으로 억압받는 많은 사람과 문화 집단에 대해 공동체 의식은 잃어버린 자기를 편안한 느낌으로 중재하고 조정한다.

A.A.는 회복의 용기를 주는 공동체적 노력의 성공 사례다. A.A.의 역사와 발달을 깊이 연구하면, 개인심리학의 영향은 분명해진다. 소속에 대한 핵심 신념들은 A.A.의 개념화와 발달에 영향을 미쳐 온 것으로 보인다. 그리고 소속의 용기를 통하여 서로를 위한 가치와 노동을 배울 수 있고, 개인적·사회적 부적절성의 변화를 경험하게 하는 공동체를 형성하기 위한 우리의 행동이 도출된다.

존재의 용기

옛날에 나, 장자는 나비가 되어 여기저기 날아다니는, 사실상 나비인 꿈을 꾸었다. 나는 나비로서의 상상만을 좇고 있음을 의식했고, 사람으로서 나의 특성을 의식하지 않았다. 갑자기 나는 깨어났다. 나는 자리에 그대로 누워 있었다. 그때 나는 나비인 꿈을 꾸고 있던 사람이었는지, 아니면 사람인 꿈을 꾸고 있던 나비였는지 모르겠다(장자, in Yang, 1998).

실존적인 존재의 과제(자신과 잘 지내는 것)와 소속의 과제(우주와 잘 지내는 것)는 일, 사랑, 사회적 관계의 문제를 해결하는 데 영향을 주는 두 가지 분리할 수 없는 초월적인 힘이다. 7장에서 다루었듯이, 소속의 용기를 갖는 것은 먼저 우리의 두려움과 내적·외적 추구 목적을 알아차리고 자기수용을 증진하는 것이다. 그러나 우리 자신이고자 하는 바람과 우리 사회의 부분이고자 하는 바람의 양가감정을 경험하면, 자기와의 조화 또는 자기수용의 과제는 쉽지 않다.

◌ No 태도

우리가 직면하는 개인적 열등감 및/또는 집단적 열등감에 반응하면서, 많은 사람은 자기고양의 사회적 규준에 합류한다. '보다 낫지' 않으면, 우리는 실패자다. 우리는 소속되기를 바라면서, 최선의 의도를 가지고 있다 하더라도 소속되고 싶은 집단에서 위치를 잃고 실패할까 봐 두려워하여 삶에 대해 No 태도를 더 많이 취한다. 그러나 이렇게 되면 우리는 우유부단, 자기인식 부족, 과잉염려, 그리고 진정성을 앗아가는 많은 선입견의 영향을 받으며 살게 된다. 부지불식간에 우리는 학교와 직장에서 성공하라는 가족 및 사회의 압력을 받아들이는데, 결국에는 피로와 내적 공허와 무의미만을 느낄 뿐이다. 완전의 목적을 얻기 위하여 더 열심히 일할 때, 실제로는 열등감이 증가한다.

우리의 열등감이 반복되고 삶의 모든 측면에 퍼져 있는 것은 보편적인 현상이다. 우리가 뒤처지지 않고, 앞서려고 경쟁하고 있음을 확인하기 위하여 우리 자신을 다른 사람과 비교한다. 그러나 우리가 만나는 문제들을 인식하는 방식뿐만 아니라 가족, 학교, 지역사회가 우리에게 미치는 영향을 받아들이는 방식, 그리고 생애 도전들에 대한 감정, 태도, 행동적으로 반응하는 방식은 각기 다르다. 일, 우정, 사랑의 생애 문제에 반응하려고 애쓰는 과정에서 우리의 성격 특성이 표현된다.

> 자신을 타인과 비교하는 경향은 자연스러운 인간적 과정이다. 이러한 반성적 비교를 하면서 하는 우리의 해석이 우리가 자신과 잘 지낼 수 있는지 아닌지를 결정한다. 자기비판적이고, 비관적이고, 불안해하고, 완벽주의이고, 죄책감에 시달리거나 또는 자신의 불완전과 약함을 과도하게 의식하는 사람들은 자신과 잘 지내는 과제에서 도피하는 경향이 있다(Sonstegard & Bitter, 2004, p. 8).

생애 목적을 향한 움직임의 특성은 우리가 누구인지, 그리고 무엇이 될 것인지에 대하여 많은 것을 알려 준다. 일반적으로 우리는 대립하는 태도나 어려움에 대처하는 방식을 통하여 개인들의 차이를 관찰할 수 있다. 예를 들어, 낙관주의자와 비관주의자가 있다. 어떤 사람은 똑바로 가고 어떤 사람은 우회한다. 어떤 사람은 공격적이고 어떤 사람은 방어적이다. 제2장의 [그림 2-1]을 다시 참조하여 협력하고 공헌하는 능력에 비추어 보면, 개인이 사회적 관심을 향하는 방향으로 움직이는지, 아니면 피하는 방향으로 움직이는지를 가늠할 수 있다. 따라서 우리는 개인의 능력과 사회적 책임감 사이의 거리와 균형도 추정할 수 있다.

생애과제를 회피한 결과는 낙담이다. 아들러는 이러한 성격 특성을 사회적 삶의 관점(도덕적 판단이 아니라)에서 바라보아야 한다고 했다. 아들러는 사회적 삶을 우리가 살고 있는 사회와의 관계의 특성에 대한 평가라고 했다(Adler, 1927/1992, p. 156). 사회와 관계를 맺으면서 우리는 자기가치감과 소속감을 확립한다.

80세인 Martha는 혼자 살았고, 어떤 다른 주거형태도 거부했다. 이는 그녀가 실제로 다른 사람과 잘 지낼 수 없음을 나타낸다. 자녀들을 포함해서도 그렇다. 그녀는 자녀들을 키우느라 거의 20년 동안 매우 불행한 결혼생활을 하였고, 40대 초에 이혼했다. 많은 관계가 있었지만, 그녀는 재혼을 생각하지 않았다. 건강을 유지하고 아름답게 보이고 독립하는 것이 Martha에게는 중요하다. 그녀의 옷차림과 처신을 보면, 그녀가 문맹인 것을 아무도 알 수 없었다. 그녀는 글 읽기를 배우는 데 얼마간 관심을 보였지만, 배움으로 이어지지는 않았다. Martha는 블루칼라 노동자로 일했는데, 이를 자랑스러워하지 않았다. 자녀들이 성장해서 그녀를 부양할 수 있을 때가 되자 그녀는 곧 일을 그만두었다. 그녀는 지역 교회에서 자원봉사자 역할을 매우 성실하게 했다. 여기서 그녀는 따뜻하고 도움이 된다고 많은 존경을 받았다. Martha는 최근에 교회가 너무 정치적이 되었다고 느끼기 시작했다.

Martha가 이야기했듯이 그녀의 삶은 많은 점에서 상당히 양면적이었다. 그녀는 사랑의 가치를 알았지만, 남자의 의도에 대해 의심하며 오랜 관계를 유지하지 않은 것으로 보였다. 그녀는 봉사활동을 할 수는 있었지만, 자신은 하류층 직업에 맞지 않는다고 핑계를 대면서 일의 과제를 회피한 것으로 보였다. 그녀는 자신의 아름다움을 유지하고 사회적 체면을 살리기 위하여 매우 열심히 일했고, 그래서 다른 사람들은 그녀의 문맹과 어려운 재정을 알지 못한 것 같다. 그녀는 나이에 비해 적극적으로 사회생활을 한 것 같다. 그녀는 함께 일하는 사람들의 신뢰성을 의심하였지만, 사회생활에서 많은 인정을 받았다.

이런 종류의 모든 신경증적 징후는 신경과민한 사람이 해결해야 할 문제들을 두려워하는 시점에서 시작된다. 이러한 문제들은 실제로는 일상에서 더 이상 불가피한 의무와 책임이 아닌 것들이다(Wolfe, 1932/1957, p. 198).

Martha의 문제는 거리의 문제, 즉 자기관심과 진정한 사회의식 간의 차이의 문제였다. 'Yes, yes but, no.'라는 응답은 생애과제에 대처할 때 용기 또는 부적절함, 그리고 사회적 관심 또는 자기관심으로의 철수를 드러내는 지표다(Sonstegard & Bitter, 2004, pp. 80, 100). 전반적으로 Martha는 두려움과 낙담 때문에 대부분의 생애과제에 대해 "No."라고 말해 온 것 같다. Martha의 인생관은 '플러스 제스처'의 인상을 주었다. 열등감을 더 많이 느낄수록 우리는 더 크고, 더 부유하고, 더 훌륭하게 보이도록 제스처를 더 많이 사용한다. 이러한 사람들은 보통 고립되었을 때 이러한 겉치장을 유지하려고 노력한다. 실제적인 힘과 만족을 성취하기보다 힘을 꾸며 내는 것이 훨씬 쉽기 때문이다. Martha가 다른 사람들과 잘 지내지 못한다고 생각하는 것은 실제로는 자기 자신과 잘 지내 오지 못한 문제에서 기인한다. 따라서 세 가지 기본 과제의 처리 모두에서 협력 능력의 부재를 볼 수 있다.

아들러에 의하면, 이러한 No 생활태도는 공격적 · 비공격적 성격 특성을 확실하게 보여 준다(Alder, 1927, 1992). 공격적 성격 특성은 자만심, 야망, 신처럼 행동하기, 질투, 시샘, 탐욕이다. 이 모든 것은 적대감, 태만, 지배하려는 욕구, 올바르거나 보다 나은 사람이고자 하는 욕구와 관련된다. 비공격적인 특성에는 철회, 불안, 소심, 사교적 예의 부재, 우회 증후군(게으름, 잦은 이직, 경범죄 등) 등이 있다. 이들은 모두 인생에 대해 "No."라고 말하는 사람들이 주의를 다른 데로 돌리기 위해 사용하는 것들이다.

자기수용의 문제는 우리 사회에서 열등한 지위에 있는 사람만이 아니라 우월한 지위에 있는 사람에게도 있다. 소수집단의 몇몇 사람이 보이는 Yes 태도는 사회적 거부를 거부하고, 먼저 자기수용을 발달시킴으로써 사회적 수용을 확대해 감을 의미한다(Suprina & Lingle, 2008). 그 결과, 이러한 사람들은 자기탐색과 자기인식을 하지 않는 주류사회의 사람들보다 나은 자아감을 발달시킨다. 예를 들면, "백인이라는 것이 무엇을 의미하나요?"라고 묻는다면, 백인들은 놀라고 당혹스러워하며, 조심스럽게 대답을 찾는다. "맙소사!" "한 번도 생각해 본 적이 없군요!" 또는 "유리한 점이 더 많고, 귀찮은 일이 없는 삶을 의미할 것 같군요." 백인들에게 '백인'은 인종이나 색깔이 아니며, 그들이 생각하지 못하는 그 어떤 것도 아니다. 인종을 차별하지 않는 관점은 자신의 인종적·문화적 정체성에 대한 통찰 부족과 다양성에 대응하는 준비성 부족을 생각나게 한다(Yang, 1992).

◌ Yes 태도의 특징

우리는 엄청난 내적 자원을 가지고 있다. 우리가 이것을 믿고, 그로 인한 현재의 우리를 믿기만 한다면 말이다. '우리 자신을 통제'하려는 것을 멈추더라도, 우리의 행동들이 결코 달라지지 않는다는 것을 알게 될 것이다. 어쨌든 우리는 항상 행동하기로 한 대로 행동하기 때문이다. 이를 알았다면, 결정 바꾸기라는 다음 단계를 준비하여야 한다. 그러면 우리는 자신과 타인에게 도움이 되는 것을 더 잘 결정하게 되고 더 잘 결정할 수 있다. 또한 우리가 하게 되는 잘못들을 덜 두려워하게 될 것이다(Mosak, 1977c, pp. 105-106).

우리 중 그 누구도 전적으로 완전할 수는 없다. 그럼에도 우리의 능력 범위에서 우리는 잘못된 개인적 목적과 비효과적인 생활양식이 되지 않도록 조정하려고 노력한다. 우리가 자주 경험하는 갈등이나 의심은 극복 또는 보상, 우월성, 안전, 힘에 대한 추구의 표현이다. 갈등은 우리의 생활양식과 깊은 관련이 있다. 다음 대화는 자신에게 많은 두려움을 안겨 준 가정과 지역사회의 환경을 변화시키는 방향으로 작업했을 때의 Eva의 Yes 태도를 보여 준다. 그녀는 자신이 되고자 하는 대로 되기 위하여 노력하려는 마음을 항상 가지고 있었다. Eva는 40대 중반의 아프리카계 미국인이며, 자신의 딸이 대학에 들어갔을 때 학교로 돌아갔다.

AI: 당신의 이웃들은 어때요?

Eva: 제가 살았던 곳의 이웃은 흑인이었어요. 완전한 흑인이었는데, 그곳에선 드물지 않았지요. 집에 아빠가 있는 친구들은 거의 없었어요. 우리 어머니도 혼자서 저를 키우셨어요. 우리는 학교에 갔고, 저는 제가 가난하다는 것을 몰랐어요. 아무 생각이 없었어요. 저는 차별이 있음을 알게 되었지요. 인종차별에 대해 알게 되었어요. 그것을 뭐라고 부르는지는 모르지만, 이는 세상의 방식이라고 바로 믿었죠. 세상일들이 굴러가는 방식이요. 이것이 TV에서 본 것을 제외하고 제가 볼 수 있었던 전부예요. TV는 실제가 아니라고 생각되었고, 이웃들도 그렇게 생각했어요. 우리는 학교에 다녔을 뿐이에요. 저는 세 명의 형제 중에서 맏이예요. 두 살 어린 여동생과 여섯 살 어린 남동생이 있죠. 여성의 관점에서 말하면, 남동생이 두 누나보다 얼마나 우대되었는지, 그 차이를 알지 못했어요. 불공평하다고 생각했음을 기억해요. 싱글맘인 어머니는 매우 힘 있고 강한 여성이었어요. 어머니는 매우 두려웠을 텐데, 저는 엄마가 두려워했다는 것을 전혀 상상할 수 없어요.

AI: 그 두려움이 무엇에 관한 것이었는지 기억납니까?

Eva: 제 생각에 삶과 존재에 대한 기본적인 두려움, 그리고 어머니가 성장하면서 함께한 것들이었던 것 같아요. 어머니는 남부에서 자라셨죠. 어머니는 검은 피부였고, 저희 가족은 모두 검어요. 그래도 나는 피부가 좀 더 밝은 편이죠. 나는 형제들과 아버지가 달라요. 그것이 어머니에게는 정말 힘들었고…… 이해도 많이 부족했지요. 물론 지금까지 잘 살고 있지만.

AI: [변화들이] 매우 빠르게 일어났군요. 어머니의 경험이 당신의 경험으로 발전해 온 매우 극적인 변화의 시기를 보면 말이죠.

Eva: 어머니의 그런 변화들이 자녀들에게는 더 좋았을 거예요.

AI: 세상이 안전하지 않다는 생각을 하면서 자랐다고 생각하나요? 생존이 정말 중요할까요?

Eva: 생존은 정말 중요해요. 상자 안에 있는 게나 바닷가재의 이야기가 생각나요. 꼭대기로 기어오르려고 얼마나 애쓰는지, 그리고 서로 얼마나 끌어내리려고 하는지요. 저는 그 격언에 대해 꼭 그런 방식인 것은 아니라고 생각했어요. 외부에서는 그런 방식으로 여겨지고 어느 정도 그렇게 느껴질 거예요. 그러나 잠시 돌이켜 보면, 이는 두려움이 아니었다고 볼 수 있어요. 실제로는 보호기제였지요. 앞서려고 하지 않거나 무언가 대단한 사람이 되고자 하지 않는다면, 그렇게 할 때만큼 상처받지 않기 때문이지요.

AI: 그런 것이 당신에게 어떤 영향을 주었는지 알고 있습니까? 당신은 여기서 석사과정 중에 있잖아요. 당신은 상자, 그 우리에서 벗어났어요. 당신은 다른 곳에 있어요.

Eva: 하느님께 감사해요. 저도 도움이 되었다고 생각해요. 도움이 된 다른 일들이 있었어요. 목적을 믿는 이유는 몰라요. 이 모든 것은 목적이 있었다고 믿어요.

Eva와 Martha는 '보다 작은'의 지위에 있는 사람이다. 인종, 성, 이혼뿐만 아니라 재정 문제들에서 그렇다. Martha의 방식은 비난하기이고, Eva는 노력하는 태도의 형성을 택했다. Martha와 달리 Eva는 앞으로 나아가는 Yes 태도를 가지고 있었고, 바닷가재가 상자 안으로 떨어지는 것을 허용하지 않았다. Eva는 두려움을 가지고 문화적 기대(기대의 결여)에 순응하여야 하는지, 아니면 그녀의 이상을 계속 추구하여야 하는지를 선택해야 했다. Eva의 노력에는 자기존중과 목적의식뿐만 아니라 협력도 함께 있었다.

아들러에게 삶의 성공을 측정하는 단일 준거는 정신건강의 이상

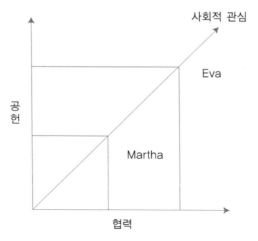

그림 8-1   협력과 공헌의 정도에 따라 사회적 관심을 측정하기

소크라테스식 대화 8-1

'Yes' 'No' 'Yes, but' 태도와 협력하고 공헌하는 능력을 고려하면, [그림 8-1]에 예시된 것처럼 사회적 관심–정신건강의 대각선 모델상에 Martha 와 Eva의 위치를 어디에 두겠는가?(2장 [그림 2–1]에 대한 논의도 참조)

적인 상태인 사회적 관심을 가지고 있는 정도에, 또는 오늘날 **품성** character이라고 일컫는 것에 있다. 사회적 관심 또는 품성은 의식적으로 발달되어야 한다. 사회적 관심의 발달에 뒤이어 협력과 공헌의 능력이 발달한다. 협력과 공헌은 품성의 기본적인 요소다. 게다가 품성은 "결점이 있고 불완전하더라도 나는 가치 있는 인간이라는 느낌"인 자기존중이라는 아들러의 개념과 관련된다(Dreikurs in Messer, 2001). 따라서 자기 자신이 되는 용기는 곧 불완전할 수 있는 용기이며, 품성 발달의 열쇠다. 자기존중(또는 품성)은 주관적이며

외부의 평가에 의존하지 않는다. 〈표 8-1〉에는 Yes 태도를 확인하
는 데 도움이 되는 36개의 '품성' 특성과 요소가 나열되어 있다. 이
들은 타인의 사회적 관심 또는 품성을 끌어내고 발달시키는 기회를
날마다 우리에게 주는 특성 또는 자질이다(제10장 도구 4 참조).

표 8-1 Yes 태도의 특성들

품성의 요소	
즐겁지 않은 현실의 수용	사랑스러움
성취	성숙함
접근하기 쉬움	긍정적인 배려
적절한 화	힘과 통제
적절한 책임감	선택권
소속	안도
자신	죄의식의 완화
(힘들 때) 좋은 일들을 회상하기	두려움과 불안의 완화
용기	안전
성공하려는 용기	협력을 얻어 냄
평등	자기수용
정체성	자기존중
현실감각	평온
독립심	성공
지적인 자기존중	고통 또는 실망을 견디어 냄
유혹에 덜 취약함	신뢰
해방	자신의 판단을 신뢰
현재에 살기	이기적이지 않음

⚙ 정서의 사용

아들러에 의하면, 생애과제에 대한 품성적 접근 방식은 행동이나 사고(예를 들면, Martha의 불운 또는 운명)뿐 아니라 기분이나 기질에서도 나타난다. "정서emotion의 어원은 두 개의 라틴어 단어다. 하나는 '밖으로'를 뜻하는 ex 또는 e이고, 다른 하나는 '움직이다'를 뜻하는 movere이다. 따라서 정서는 생활양식과 당면 목적에 일치하는 방식으로 상황의 '밖으로 움직이도록' 돕는다"(Milliren, Evans, & Newbauer, 2006, p. 109).

정서는 우리의 행위에 힘, 기운, 말하자면 추진력을 제공한다. 이런 것이 없으면 우리는 무력해진다. 우리가 무엇인가를 힘차게 하려고 할 때는 언제나 정서가 작동하기 시작한다. 정서는 우리의 결정을 수행할 수 있게 한다. 정서는 우리가 태도를 정하고, 확고한 태도를 발달시키고, 확신을 갖도록 한다. 정서는 다른 사람과 끈끈한 개인적 관계를 맺고, 관심을 발달시키고, 다른 사람과 관심을 연합하는 데 유일한 근간이 된다. 정서는 우리가 진가를 인정하고 평가를 절하하며, 수용하고 거부하게 한다. 정서는 즐기고 싫어하게 한다. 간단히 말하면, 정서는 우리가 기계가 아닌 사람이 되도록 한다(Dreikurs, 1971, p. 52).

예를 들면, 무시와 차별을 적절하게 인식하지 못하면 질투라는 파괴적인 특성을 영원히 가질 수 있다. 반면, 절망감은 부러움과 관련될 수 있다. 분노, 슬픔, 혐오, 두려움은 사회적 감정을 외면하는 이접disjunctive 또는 파괴적인 감정으로 간주된다. 이접 정서는 타인을 반대하고 자신을 존중하지 않는 감정이다. 결속conjunctive 감정으로는 즐거움, 연민, 겸손이 있다. 이는 난관을 극복하는 중요한 사회적 감정들이다.

비교와 경쟁은 두려움 때문에 일어난다. 경쟁하는 사람들은 일반적으로 자신이 한 일에 대해 칭찬받고 싶어 한다. 이들은 인정과 보상을 얻으려고 애쓴다. 이들은 실패 또는 완벽하지 않은 결과에 대해 자신 또는 타인을 처벌한다. 경쟁은 구걸하거나 어린아이 같은 태도가 두드러지는 사람으로 만든다. 성패의 외적 기준 또는 자신의 가공적 완벽주의에 순응하면 위험을 감수하지는 않지만 분개와 적대감을 감추게 된다. 이에 지배된 사람은 둔하고 의존적인 듯 보인다. 그리고 곧 기대기 또는 비난하기, 조종하기 또는 통제, 노예화, 오만한 요구, 소원적 사고, 이중 구속, 수동성, 우상 숭배, 부적절함, 배타성과 같은 지엽적인 일만 하도록 훈련된다. 자신을 다른 사람과 비교하는 사람은 자신의 독창성을 잃고 모방하면서, 보상하거나 주도하지 않으려고 한다. 이들은 창의성과 위험 감수 없이 생애과제에 접근한다. 두려움에 사로잡힌 사람이 되면서 이들이 하는 일에는 명랑함과 즐거움이 없다. 이들은 소외와 고독에 빠져 생득적인 자유를 모른다. 이런 사람들은 이접 감정에 사로잡히는데, 이 상태는 ([그림 8-2]와 같이) '떠나기move away'라는 단어로 가장 잘 기술되는 이접 정서와 No 태도가 특징인 거부 움직임에 사로잡힌다.

반대로 우리가 자기 자신과 서로 협력하면 아주 다른 그림이 그려질 수 있다. 창조하고 재창조하는 용기가 있으면, 우리는 자신을

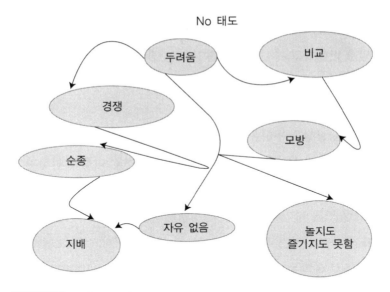

그림 8-2 이접 정서, '떠나기' 어휘, 거부 움직임

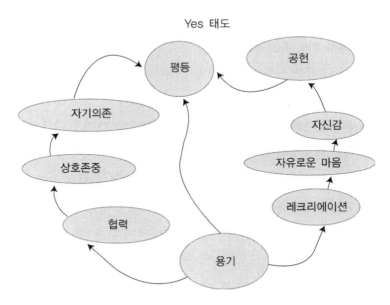

그림 8-3 결속 정서, '전진하기' 어휘, 격려 움직임

믿게 된다. 자율성이 있으면, 우리는 이상을 실현하면서 과감히 연결해 간다. 자신을 믿는 사람은 자유로워 모든 관계에서 탐구적이고, 독립적이며, 유연하고, 사려 깊고, 고유하며, 열정적이고, 진보적이고, 생기 있다. 자기실현과 자기충족을 경험한 사람은 자신감이 있으며, 외부 세계에 공헌한다. 이들에게는 높은 수준의 사회적 관심이 있다. 협력하는 용기를 가진 사람은 기회를 기다려야 할 때를 알며 현재를 사는 사람들이다. 이들은 사회적 상호작용을 조용히 유지하며 상호 존중한다. 이들은 결속 감정을 경험하고, 표현한다. 결속 감정은 '전진하기move forward'라는 말(즉, [그림 8-3])로 기술되는데, '전진하기'는 자신과 타인을 동등하게 대할 수 있게 한다. 이들은 두렵더라도 Yes 태도로 생애 문제들을 받아들이며 산다.

감정이 목적적이기 때문에, 개인의 목적이나 행동을 살펴보면 감정을 확인할 수 있다. 성가심, 분노, 상처 또는 절망의 감정으로 관심 추구, 힘겨루기, 복수하기, 철회(6장 〈표 6-2〉 참조)와 같은 아동의 잘못된 목적을 추측할 수 있다. 개인심리학에 따르면, 모든 정서에는 목적이 있다. 우울도 예외가 아니다. 우울은 사회적으로 용인되는 분노의 위장이며 "욕구불만, 실망, 부정, 불공정감, 통제의 상실 또는 이러한 태도들의 조합"을 나타낼 수도 있다(Dewey, 1984, p. 188).

아들러에 따르면, 욕구불만의 원래 감정은 동등한 두 사람 간의 상호존중을 통하여 쉽게 처리될 수 있는 반면, 분노는 대부분 힘과 지배의 추구를 나타내는 전형적인 감정이다. 슬픔은 상실이나 박탈에 대해 자신을 위로할 수 없을 때 일어난다. 정신적으로 혐오감은 마음 밖으로 문제를 '토하는' 경향 또는 시도로 이루어진 감정이다. 두려움은 패배를 예견하고 우월성을 갈구하고 보호 또는 특별한 지위를 요구할 때 일어난다. 두려움은 우리가 삶의 요구들을 회피하도록 하고 다른 사람을 노예로 만드는 수단이 되기도 한다. 적대감은 건망증, 불면, 걱정, 서투름 안에서 거짓 행동을 발견하는 타인에 대한 강한 열등감 또는 우월감이다(Alder, 1927/1992, p. 156).

> ### 소크라테스식 대화 8-2
>
> 걱정이 있는가? 걱정은 당신에게 어떻게 도움이 되는가? 걱정의 대가가 변화의 대가보다 큰가? 걱정하는 목적은 무엇인가? 당신을 변화하지 못하게 하는 것은 무엇인가? 걱정하는 문제를 해결하는 데 Yes, Yes, but, No 태도 중 당신의 태도는 무엇인가?

신경증적 증상의 이용

이전 장에서 우리는 사회적 유용성으로 나아가기 또는 멀어지기의 다른 방향을 설명하기 위하여 반대되는 태도 짝(즉, 두려움 기반 대 용기 기반 태도, 친밀·우정·가족에 대한 에로스 사랑과 아가페 사랑의 대비 효과)을 이용하여 일반적인 삶과 각각의 기본 생애과제에 대한 접근 방식을 다양하게 논의한 바 있다. 이 장에서는 개인이 자신과 잘 지내는지를 Yes와 No의 태도와 정서를 이용하여 설명한다. 이는 품성 양식이 우리의 삶의 움직임을 어떻게 그려 내는지, 그리고 우리의 사고, 감정, 행동에서 표현되는 삶의 움직임을 어떻게 발견하는지에 관한 예들이다.

원래 '죄'의 두려움으로 사람들은 '나쁜' 사람이 되지 않았다. 오늘날에는 현대인의 '죄'가 두려움 그 자체임이 점차 분명해지고 있다(Dreikurs, 1971, p. 29).

똑같은 움직임(즉, '마이너스 감정'을 극복하는 것과 '플러스 인식'을 추구하는 것)이 우리 자신과의 관계를 조종해 가는데, 이는 종종 다른 과제들의 충족을 방해하는 문제가 되기도 한다. 자신과 잘 지내는 과제를 회피한 결과로 큰 대가를 치를 수 있다. 사회적 참여와 정서적 존재의 문제를 회피하는 데 이용되는 방법은 많다. 이 방법들은 특성상 잘못된 신념, 과장된 걱정, 질투, 그리고 소유욕에 기초한다. 이것들은 위기를 만났을 때 이런 행동에 먼저 적응하는 보통사람들에게 일반적인 신경증적 문제나 증상을 만든다.

Tracy는 힘든 삶을 살았는데, 자동차 사고, 집의 압류, 여러 차례 자살을 시도한 남편과의 이혼, 가족의 죽음, 자가면역장애 등을 겪었다. 그녀는 최근 알코올 중독자의 배우자로서 몇 개의 A.A.에 참여했다. 그녀는 '술 취하지 않은 모임'에서 중독된 사람보다는 자신에 대하여 더 많은 것을 얻었다. 그녀는 전혀 몰랐던 것에 대한 자신의 판단을 재빨리 받아들였다. 그녀는 이러한 비난하는 태도를 자기 자신과 자신의 두려움 탓으로 돌렸다. 또한 자신의 과식 행동이 그녀가 질병을 이용해 온 방식과 관련이 있음을 알게 되었다.

심한 중독뿐만 아니라 가벼운 중독에 대한 두려움은 당신이 당신 자신을 벗어날 수 없다는 것이다. 당신이 어디에 가든 거기에는 당신이 있고 …… 조만간 당신은 정면으로 부딪쳐야 한다. …… 음식은 나의 친구라고 솔직히 말할 수 있다. …… 그리고 나는 그런 방식을 좋아한다. 이는 말대꾸 하지 않고, 실망하지 않고, 술을 마시거나 게걸스럽게 먹지 않고, 나를 아프게 하거나 시간을 빼앗지 않는다. 나는 가끔 외로움과 지루함을 달래기 위해, 나의 감정을 차단하기 위해, 인생의 어려움이나 슬픔을 잊기 위해 음식을 이용하고 있음을 안다. 나는 건강하기 위해 중용을 행하는 법을 모를 뿐이다. 아마도 이러한 '안전한' 곳은 나의 문제를 직면하기 시작하고 회복과 안녕의 길을 시작하는 기회일 것이다(Tracy).

우리는 두려움이 모든 신경증의 뿌리라고 믿는다. 두려움은 열등감을 느낄 때 어려운 과제로부터 도망가도록 돕는다. 우리의 약점을 타인에게 노출할까 봐 두려워하여 우리는 적극적이고 창의적으로 신경증에 빠진다. 아들러학파에게 신경증은 유형에 관계없이 교묘한 방식으로 은폐된 적대감이다. 신경증은 사회적 관심이 낮은 상태다. 문제를 직면하고 해결하는 대신에 우리는 우리의 심신, 감정, 그리고 사고의 기능을 이용하여 자신과 싸운다.

자신과 싸우면서 우리는 자신의 생활양식에 따라 증상을 선택한다. 어떤 증상은 성격 유형과 관련된다. 높은 양심이 있고 자신에 대한 반란과 저항을 허용할 수 없는 경직된 사람은 강박 증상을 발달시키는 경향이 있다. 소심하고 의존적인 사람은 두려움과 불안이 더 적절하다고 생각한다. 자신의 강점과 능력을 믿는 사람은 통제할 수 없어 보이는 기관 증상organ symptom을 갖는다(Dreikurs, 1989, p. 67).

신경증적인 사람은 생애과제들을 만나 용기를 잃은 사람이다. 낙담과 고립은 신경증, 우울, 범죄, 자살, 도착, 중독 그리고 다른 형태의 정신이상과 같은 문제들의 공통분모다. 낙담하면 할수록 인생의 요구를 달성하는 데 덜 적합하다고 느끼게 된다. 그리고 점점 그렇다고 생각하고 생애과제를 더 잘 회피하게 될 것이다. (유전이나 신체적 원인과 대비하여) 심리적인 요인을 제외하면, 신경증은 단지 아프다는 핑계이고 갈등에 대해 반응하라는 사회적 요구를 주관적으로 회피하는 것이다. Wolfe(1932/1957, pp. 259-260)에 따르면, 신경증의 증상은 다음과 같다.

- 삶의 의미와 사회적 협력의 가치를 무시하기
- 개인의 자아 우선과 개인의 고유성 숭배
- 두려움의 정서적 암류
- 주관적인 권력감과 안전감 확립
- 신경증적 목적을 달성하려고 하기
- '나는 하지 않겠다.'를 '나는 할 수 없다.'라고 대체하기
- 희생양 만들기
- 실패에 대해 책임지지 않기
- 허무
- 최소한의 삶을 살며 고립과 활동 영역 축소

Wolfe는 생애과제의 요구를 표현하기 위하여 전투지구의 비유를 이용하면서, 회피와 신경증적 증상의 다섯 가지 유형을 개념화하고 논의했다(〈표 8-2〉)(Wolfe, 1932/1957). 아들러학파에 따르면, 신경증은 자신의 무기력을 알리기 위하여 이용하는 것이고, 공동

생애과제에 참여하지 않는 변명이다. 이는 생애과제를 회피하는 창의적인 전략이다. (기관 열등 요인을 제외한) 조현병은 신경증 환자가 통합된 성격에서 요구하는 책임감을 피하기 위하여 마치 아픈 것처럼 행동하는 신경증적 허구다. 정신장애의 유형들은 갈등에 대한 이러한 반응의 본질에 의해 구분된다.

표 8-2 신경증 특성의 형태

현실 회피 방법	신경증적 특성
우월성 컴플렉스	공격적, 치열한, 야심적인, 편집증, 불행의 흔적
거리 두며 주저하기	우유부단, 꾸물거림, 주저하기, 의심, 시간 죽이기, 세밀한 완성, 선과 악 간의 갈등, 안전을 필요로 함, 위험에 대한 저항, 생애과제에 대해 준비 부족, 우울증, 의기소침
노력 상황을 우회하기	영리한, 자기만의 전략 때문에 혼란스러운, 주로 칭찬받기 위한 일, 사회적 가치를 지닌 신체적 증상, 고혈압, 위통, 불면, 막연한 통증, 신경과민, 피로, 축농증
노골적인 철회	열등감 인정에 이은 공개적인 철회, 의존과 안정에 관한 아동기 상황을 재현, 성장 거부, 무기력, 성인 아동, 조현병, 기관 열등
자기파괴	자살 또는 심리적 가치 면에서 자살과 유사한 자기파괴: 자해, 히스테리성 마비

자신과 조화롭게 살기

Marina는 세상을 떠나기 6주 전에 나에게 최근 의사(종양학자)가 매우 심각해 보인다고 말했다. 그가 좋은 소식을 알려 준 게 오래전이라고 말했다. 문제가 없던 7개월 전과 같이 밝고 유머 있게 보이는 것이 부적절하다고 생각하는 것 같다고 말했다. 만약 그녀가 유머를 말한다면 의사가 매우 고마워할 거라고 말하자, 그녀는 간 기능 저하 때문에 매우 아팠음에도 그렇게 했다. 그가 검사실로 들어오자, 그녀는 그의 손을 부풀어오른 복부 위에 올려놓고 "당신 것입니다."라고 말했다. 그 의사는 웃다가 거의 쓰러질 뻔했다. 그러나 그녀는 웃지 않았다. 그가 어떤 것도 하지 않았다고 하자, Marina는 "아니오, 이것은 정말 확실히 당신 것입니다."라고 말했다.

Mark는 이 이야기를 자신의 아내의 장례식에서 추도연설의 한 부분으로 말했다. 부부는 33년 동안 함께 살았다. 죽음 앞에서 Mark와 Marina의 용기와 유머는 아름다웠고 진실했으며, 인생과의 협력(즉, 죽음의 수용)과 타인의 보살핌을 전했다. Marina가 죽어 가는 과정에서 보인 똑같은 용기와 사랑은 나중에 그녀가 죽고 난 후 그녀의 남편과 아이들이 살아가는 데 힘이 되었다.

열두 살인 David는 근육위축병으로 진단받았다. 모든 근육 기능이 점차 약해지는 병이다. 몇몇 의사는 그가 10년 정도 살 것이라고 했다. 고등학교를 졸업하기 직전 David는 교통사고로 큰 부상을 입었다. 병원에 입원한 후, 그는 더 이상 일어서 있을 수가 없었다. 그는 학교를 그만두어야 했다. 8년간 집에 있으면서 자신에 대해 매우 좌절했고 유감스러워했다. 그 시간 동안 David의 부모는 그를 치료하기 위해 가진 돈 전부를 썼다. 때때로 그들은 의료비를 내기 위하여 귀중품을 전당포에 잡히기도 했다. 의사는 연주회와 다른 활동들에 데리고 다니면서 사회생활을 하도록 그를 격려했다. 어느 날 David는 시계수리 수업을 들었는데, 시계수리공으로서 최소한의 생계비를 벌 수 있다는 희망을 갖게 되었다. 교실은 승강기가 없는 2층에 있었다. 그는 계단에 앉아 한 계단 한 계단 올라가야 했다. 훈련이 끝난 후, David는 스스로 생각했다. "내가 계단을 극복할 수 있다면, 대학 캠퍼스를 돌아다니는 어려움도 극복할 수 있지 않을까?" David는 대학에 들어가 영어를 전공했다. 매우 열심히 공부했고, 매년 장학금을 받았다. 지금은 공학의 도움으로 24시간 내내 집에서 영어 가정교사로 일하고 있다. David는 몇 번이나 해외여행을 하기도 했다. 그는 "신은 스스로 돕는 자를 돕는다."라는 격언을 굳게 믿고 있다.

Marina와 Mark처럼, David는 자신의 삶을 최대한으로 살아가도록 돕는 많은 도구(즉, Yes 성격 특성)를 가지고 있었다. 그는 교육의 가치를 알고 일을 즐긴다. 신체적 한계를 잘 견딘다. 사실 질병에 대한 대처로 용기와 사회적 유용성이 생겼다. 그는 삶에 깊은 관심을 갖게 되었다.

Tracy는 생애 문제에 대하여 Marina, Mark, David와 같은 Yes 태도를 받아들였다. Tracy에게 존재의 용기는 가벼운 중독을 새롭게 깨닫고 편안해하는 느낌에서 나타나고, 새로운 평온감을 실천하고 깊이 생각하면서 얻어진다(제9장 〈평온의 기도〉 참조).

평온…… 그것은 무엇인가? 나에게 진정한 평온 검사는 내가 홀로 있을 때 괜찮은가에 관한 것이었다. 괜찮음 또는 평온함은 마음, 신체, 정신이 차분한 것이다. 내가 통제할 수 없는 일이나 사람에 대하여, 또는 내가 소유하지 않은 상황이나 환경에 대하여 강박감을 갖지 않는 것이다. 많은 고통스러운 성장이 따르지만, 나에게 남아 있는 것은 선명함, 목적, 그리고 방향이다. 나에게 평온은 중심이고 근거이고 고요한 것이다. 이는 내가 있는 곳에서 그 순간 바로 존재하게 한다. 나는 일상생활의 혼돈과 복잡의 한가운데에서 평온에 의지한다. 나는 어둠 속에서도 전진하기 위하여 평온이 만들어 내는 강화하고 힘을 주는 감정들을 이용한다. 어두움은 사사로운 것이다(Tracy).

소크라테스식 대화 8-3

베토벤은 귀가 들리지 않기 시작했을 때 피아노에서 작곡으로 전환하여야 했다. 이러한 전환 과정에서, 그는 자살하려는 생각에서부터 걸작인 〈피아노 협주곡 3번〉을 완성하기에 이르렀다. 이는 그의 첫 번째 '새로운 자기'로 여겨졌다. 역경과 장애에 부딪혔을 때, 다른 사람들은 자신의 강점을 유지하고 삶을 계속하는데, 신경증적 행동양식으로 후퇴하는 사람들은 어떤 사람들인가? 신경증은 치유될 수 있는가? 삶이 모순으로 가득 차고 삶의 문제들이 힘들게 보일 때 자신과 조화롭게 사는 것이 가능할까?

◯ 긍정과 양가감정

우리는 자신과 조화롭지 못하다. 주된 이유는 우리가 인간 본성의 모순된 이중성을 마주할 때 자신에 대한 의심, 실패의 두려움, 부적절한 감정들이 있기 때문이다. 우리는 자기 자신과 싸운다. 아직 우리는 양가감정을 가지고 살고 있다. 완전은 실제로 존재하지 않기 때문에 우리는 결코 충분히 훌륭하게 되지 않음을 알고 있다.

사실 우리가 동시에 두 가지 방향으로 나아갈 수 없을 때, 양가감정의 목적은 아마도 회피일 것이다.

Mark는 최근 서른셋밖에 되지 않은 아내를 암으로 잃었다. 그는 자신이 경험한 양가감정에 대해 말했다. 절망이 사라진 후에, 그는 커다란 성장, 흥분, 그리고 에너지를 경험했다. 그러나 그는 현실에 스며 있는 정상 상태 또는 편안함을 경험하기 시작했고, 이를 부정적으로 보았다.

(삶과 그녀의 죽음에의) 그러한 참여는 매우 중요했다. 이는 나에게 다른 방식으로는 경험할 수 없던 생활감각을 주었다. 내가 계속 참여한다면, (그 에너지는) 나에게 생활감각을 계속 줄 것으로 생각한다. 그러나 그러한 흥분은 조금씩 약해져 어느 정도 편안함으로 빠져들기 시작했다. 계속 나아갈(성장하고 경험하기) 필요가 있었지만, 그렇지 않고 매우 편안하게 되었다. 이는 진정성에 관한 것이다. 이는 영적인 세계에서 사는 것과 비(非)영적인 세계에서 사는 것이다. 비영적인 세계는 매우 많은 것을 요구하지는 않는다. 우리는 열심히 일하고, 돈을 모으고, 좋은 집에서 살고, 좋은 차를 몰고, 서로 잡담하며 살아가면 된다는 것을 알고 있다. 이는 견고하지만 의미가 없다. 진정한 의미가 없다. 나는 그 차이를 안다. 편안함의 심연은 무(無)다. 이는 작업을 필요로 하지만 정직하고, 어렵고, 의미 있다. 그러나 또한 정체되기 매우 쉽다. 나는 문제 있는 삶을 사는 것은 어떠한 의미가 있는지, 어떻게 해서 그런지를 계속 물어야 한다. 이는 유동적이고 변화한다. 지금 의미 있는 것의 기준치를 나 자신에게 줄 수 있다면, 나는 다시 물어보고, "네 그래요. 나는 그냥 설렁설렁 지내고 있으며, 휴식을 취하고 있

어요(편안함 추구하기)."라고 말할 수 있다. 그러나 편안함에 유혹되지 않거나 다른 식으로 생각하여 모험, 흥분……에 마음이 끌리면, 내가 여정을 언급한 것처럼 이는 경로이고 진보이고 움직임이다. 이는 우주이고 평화다. 이는 영성적인 본성이며, 나는 이를 경험할 기회를 갖는 것이다.

지난주에 내가 스노보드 타는 것을 배우고 있을 때, 통제하려고 하지 않고 반대로 스노보드를 실제로 경험하도록 하기 위하여 실제로는 어떻게 놓아야 하는가를 다시 배우고 있을 때…… 통제하기는 정말 의미 없게 되었다. 스노보드를 타면서, 산, 눈, 보드, 균형, 머리, 모든 종류의 움직임이 일치되었다. 그러나 놓음이 있어야 한다. 통제할 필요가 없다. 스노보드를 타면서, 당신은 이곳저곳으로 움직이고, 균형과 그밖의 모든 것과의 상호작용을 계속한다. 나는 스노보드를 탈 때, 상체를 뒤로 젖히는 경향이 있었다 — 뒤로 젖히는 것은 단지 직감에 의한 것이다. 이는 매우 안전하고 간단하다. 당신은 결코 심하게 넘어지지 않을 것이다. 그러나 만약 당신이 너무 많이 앞쪽으로 나아가거나 엣지를 잡으면 크게 굴러 떨어지고, 이는 당신에게 많은 것을 가르쳐 준다. 그리고 곧바로 일어나지 못할 가능성이 있다 — 실제로 다칠 수 있다. 중요한 점은 그 경계를 발견하는 것이다.

제1장에서 언급한 바와 같이, 사람들은 실존적으로 죽음을 피하고 아이를 낳고자 하는 바람이 있다. 존재할 용기는 직접적으로 권력에의 의지will to power라는 생각과 관련한다. 권력에의 의지에서 의지will는 태어날 때 갖는 특성이며, 우리는 강점과 헌신, 그리고 인생의 장애물을 극복하는 능력이 있는 삶을 확인하면서 권력power을

갖게 된다. 아내를 잃은 절망 후에 경험한 Mark의 심리적인 힘은 창조적 에너지의 일부다. 이를 우리는 용기라고 하며, 용기는 그가 불완전성을 극복하고 동시에 완전을 추구하게 한다.

May는 그의 책 『존재의 발견(The Discovering of Being)』에서 "존재하는 모든 사람은 자기긍정의 특성을 가지고 있고, 자기긍정에 붙여진 이름은 용기다."라고 했다(May, 1983, p. 27). 자기긍정에는 두 가지로 구별되지만 분리되지 않는 측면이 있다. 자기 자신으로 존재하는 용기와 세상에 참여하는 용다. Mark의 양가감정 경험은 잠재적으로는 불안을 만들지만, 점차 자유와 치유로 나아가는 경로다.

> "모험하는 것은 불안의 원인이 되지만, 모험하지 않는 것은 자신을 잃는 것이다." …… 가능성을 활용하기, 불안을 직면하기, 책임감과 죄책감을 수용하기는 자각, 자유를 증진하고 창의성의 세계를 확장한다(May, 1977, p. 392).

스노보드와 조화롭게 되는 것을 배우면서 작용한 많은 요인의 일치에 대한 통찰 속에 움직여 나아가는 Mark의 용기가 들어 있다. 그는 아내가 죽은 후 개방된 삶의 공간으로 나아가는 것과 편안함을 추구하는 것 간의 양가감정에도 불구하고, 양가감정이 의심을 가져다주는 경향이 있지만 자기긍정의 용기를 가졌다. Mark는 양가감정을 수용하고, 새로운 가능성을 활용하는 것과 생애과제에 부응하는 것 간에 균형을 발견하게 되었을 때 자신이 되려는 용기, 자기실현의 용기를 갖게 되었다.

존재의 용기는 수용할 수 없는 존재임에도 이를 받아들이면서 자신을 수용하는 용기다(Gomes, 1952/2000, xxi; Tillich, 1952/2000, p. 156).

◯마무리 생각

많은 사람이 불행한 환경에서 산다. 그리고 아직 앞장서서 자신의 환경을 변화시키려 하지 않는다. 안전, 순응, 보수주의의 삶에 조건화되었기 때문이다. 이들은 모두 마음의 평화를 주는 것으로 보이지만, 실제로는 모험적인 정신에게 안전한 미래보다 더 요구하는 것은 아무것도 없다. …… 즐거움이 오로지, 또는 기본적으로 인간관계에서 나온다고 생각한다면 잘못되었다. 신은 우리 주변의 모든 것에 즐거움을 두었다. 즐거움은 우리가 경험하는 모든 것과 어떤 것에든 있다. 우리는 습관적인 생활양식을 단절하고 관습에 얽매이지 않는 삶을 살아갈 용기를 갖기만 하면 된다. 당신이 이를 붙잡도록, [불빛은] 그냥 거기서 기다리고 있다. 당신이 해야 할 전부는 그것에 손을 뻗는 것이다. 당신이 새로운 환경에 참여하기 위하여 싸우고 있는 유일한 사람은 당신 자신이며 당신의 완고함이다(Krakauer, 1996, p. 56).

이 인용문은 22세인 Chris McCandless가 썼다. 그에게는 자신의 진정성을 빼앗는 집착이 많았다. 인용문은 그의 친구인 나이 많은 Ron Franz에게 쓴 편지다. McCandless는 대학을 졸업한 후, 물질주의를 버리고 상당한 정도로 자신의 독자적인 생존 능력으로 살아가면서 위안, 편안 그리고 자기 자신을 추구했다. 그의 긴 여정은 황야로 그를 데리고 갔다. 그의 죽음은 우리가 곰곰이 생각해야 할 많은 논란과 문제를 제기했다. 무엇이 그의 인생 여정에서 다른 사람과의 만남들을 변화시켰는가? 그가 남긴 마지막 말의 메시지는 "행복은 나눌 때만 실재한다." 였다(Krakauer, 1996, p. 189). 존재하고 궁극적으로 소속하려는 그의 용기에 있는 진정성의 추구로부터 우리는 무엇을 배우는가?

실존적으로 존재being는 동사다. 존재의 용기는 삶의 용기다. 존재하면서, 우리는 되려고 하는 바를 추구한다. 존재하기는 삶의 일반화된 개념이고, 하려고 하기, 행위하기, 그리고 되어 가기의 일반화된 개념이다. 자연에 따르면, 우리는 살고자 하고, 사는 것은 우리를 위한 과제 세트를 성취하는 것이다. 존재의 용기는 생활조건이 양가감정적이고 도전적이라 하더라도 우리를 긍정하는 타고난 생명력이다.

개인심리학에서 존재의 용기는 사랑, 일, 사회에서의 책임감을 받아들이는 것을 막는 비효과적인 생애계획과 우회로나 지엽적인 것을 알아차리면서 자기수용과 자신감을 얻는 생애과제다. 공동체 의식과 멀어지거나 공동체 의식을 향하는 우리의 거리를 측정함으로써, 또는 우리의 Yes 또는 No 태도와 문제 해결을 위한 이면적인 정서를 경청함으로써 그렇게 한다. 사적 감각이나 실패의 두려움 안으로 제한되지 않기 위하여 우리는 전체의 일부가 되는 Yes 태도와 의사결정 능력을 취할 필요가 있다.

우리는 우리가 다음과 같은 것을 해야 한다고 믿는 현대의 아들러학파의 생각으로 이 장을 마무리하고자 한다.

우리가 마치 한 인간과 함께 있는 것 '처럼' 삶을 살라. …… 우리가 무엇을 하느라고 바쁜지 질문하면서, 이접 정서와 사고를 찾아 이를 결속 정서와 사고로 바꾸라. 그 순간에 드러나는 자신과 타인에 대한 용기와 사랑을 알아차리고, 이러한 순간들에서 당신 자신을 격려하라. …… 단지 그렇게 하라(Walton, 1996b).

감수하기

웃는 것은 바보가 되는 것을 감수한다.
눈물을 흘리는 것은 감상적으로 보이는 것을 감수한다.
다른 사람에게 접근하는 것은 관여를 감수한다.
감정을 표출하는 것은 당신의 진짜 모습을 드러내는 것을 감수한다.
사람들 앞에서 당신의 생각과 꿈을 밝히는 것은 이들의 상실을 감수한다.
사랑하는 것은 사랑을 되돌려 받지 못할 위험을 감수한다.
사는 것은 죽음을 감수한다.
희망을 갖는 것은 절망을 감수한다.
시도하는 것은 실패를 감수한다.
아무것도 감수하지 않는 사람은
아무것도 행하지 않고,
아무것도 갖지 않고, 아무것도 아니다.
이들은 고통과 슬픔을 피할 수 있을는지 모른다.
그러나 이들은 배울 수 없고,
느끼고 변화하고 성장하고 사랑하거나 살아갈 수 없다.
위험은 감수되어야 한다. 왜냐하면,
인생에서 가장 큰 위험은 아무것도 감수하지 않는 것이기 때문이다.
위험을 감수하는 사람만이 자유롭다.

작가 미상

영적 안녕의 용기

나의 여행이 끝났다고 생각했다

나의 힘의 마지막 한계에 다다라,

나의 앞의 길은 닫혔고,

식량은 바닥났으며,

그리고 조용히 쉴 곳을 찾을 때가 왔다고 생각했다.

그러나 당신의 의지는 내 안의 무진(無盡)을 알고 있음을 알게 되었다.

옛말들이 입에서 사라질 때,

옛 자취들이 없어진 곳에서,

새로운 나라가 경이롭게 드러남을 알게 되었다.

(Rabineranath Tagore, Song of Kabir)

○ 생애과제로서의 영성

개인과 사회의 더 심층적인 문제와 해결을 경험하는 영성의 맥락을 살펴보지 않는다면, 존재와 소속의 과제에 대한 논의는 불완전하다. 이 장에서는 우주 또는 영성과제와 조화롭게 지내는 실존적인 과제를 다룬다. 개인심리학은 영성과제의 요구에 부응하기 위하여 완수해야 하는 다섯 가지 하위 과제를 제안한다. 우주와 관계를 맺는 이러한 과제들은 (1) 신을 믿을 것인지 말 것인지에 대한 개인적인 결정, (2) 종교에 대한 태도, (3) 우주에서 인간의 위치에 관한 개념과 이러한 개념에 따른 심리적인 움직임, (4) 영원의 문제를 다루는 방식, (5) 삶의 의미에 대한 응답이다(Mosak, 1977d, pp. 109-112).

나의 인생에서 가장 분명한 점은 뇌성마비 장애가 있다는 것이다. 이런 신체를 가졌기 때문에, '이런 상황이 누구 탓이야?'라는 생각을 쉽게 할 수 있었을 것이다. 그러나 나는 반대로 나의 인생을 감사히 여기게 되었다. 신체 안에서 고유하게 엮여 있는 마음, 정신, 영성이, 지구위에 존재하려면 대부분의 사람이 아메리칸 드림이라고 생각하는 것을 넘어서야 한다는 것을 가르쳐 왔고 지금도 가르치고 있음을 알기 때문이다. 나는 나의 조물주가 나의 인생을 계획하고 있음을 받아들여야 한다. 나는 단지 이를 이행할 수 있을 뿐이다. 이러한 영광을 이해하고 수용하게 되었기 때문에, 나는 매일 주어진 선물에 대해 감사하려고 의식적으로 노력한다(Tonya).

Tonya는 30대 중반의 아프리카계 미국인 여성이다. 왜 나인가, 왜 나의 장애가 더 큰 계획의 일부인가, 나의 삶의 목적은 무엇인가라는 질문에 대해 응답하면서, Tonya는 자신의 장애, 실업, 발달적 어려움, 결혼, 한부모에 대한 궁극적인 통찰을 얻었다. 인생이 그녀에게 준 역경에도 불구하고 견디고 이겨 내는 용기는 놀랍다. Tonya에게는 그녀가 무엇이 될 수 있는가에 대하여 낙관적인 비전이 있었고, 또한 그녀의 삶의 목적을 이룰 수 있도록 하는 심리적인 힘이 있었다.

나는 업보를 믿는다. 나는 나에게 일어난 모든 일을 운명의 일부로 받아들인다. 나는 이 세상에서 나의 운명을 바꿀 수는 없지만, 나의 다음 생과 나의 아이들은 나의 선행의 덕을 볼 것이다(Lily).

77세인 Lily는 경제적으로 매우 힘들어하면서 혼자 살았다. 그녀는 생활상의 많은 고통과 불만을 전생에서 덕행이 부족한 탓으로 돌렸다. 그녀는 불교 사원에서 충실히 자원봉사를 했다. 그녀는 신자들이 예배하도록 돕고, 이들의 재정 및 관계의 어려움을 해결하도록 신의 조언을 청했다. Lily에게 사원은 집처럼 느껴졌다. 그리고 여기에서 자신이 도움이 되고 있음을 알았다.

추구: 극복의 용기

백인 여성인 Mary는 아이들이 유치원에 입학하자 학교로 돌아왔다. 그녀는 학위 취득과 가족의 요구를 완수하기 위하여 필요한 모든 일에 휩싸였던 7년이 지난 후에, 있어야 할 곳으로 그녀를 이끌어 온 내적인 힘에 대해 곰곰이 생각했다.

때때로 약간 겁이 난다. …… 그리고 스스로 묻는다. …… '내가 무엇을 하고 있는지 아는가? 그리고 나는 나의 방식을 찾을 뿐만 아니라…… 내면의 힘, 강력한 힘을 찾아 왔음을 안다. 내면의 힘은 나에게 희망, 목적의식, 완전한 실현을 준다. 아! 나는 여기에 앉아서 눈물을 흘리고 있으며, 여기가 내가 있어야 할 곳임을 깨닫고 있다. …… 작고 메마른 나의 한 부분에 생명수가 주입되고, 충만하고 부드러워지며, 자라나고 번창하기 시작하는 것처럼 느꼈다. …… 나는 내면의 생각과 감정에 집중하고 주의를 기울이고 있으며…… 이들을 깊이 생각하고…… 이들에 공간을 내어주고…… 이들이 떠오르게 하고 이들에게 생명을 주고 있다. 그리고 지금 여기 내가 있다는 것에 깊이 감사한다(Mary).

Mary가 경험한 것은 아들러가 **창조적인 힘**이라고 한 것에 의해 활기를 되찾은 힘이었다. 창조적 힘은 '마치' 우리가 모든 것에서 불완전성을 극복한 것처럼 우리를 위한 강한 충동을 창출한다. 창조적 힘은 환경에 대한 보상반응으로서 완전의 목적을 지향하도록 한다. 극복하려는 노력(또는 힘의 추구)도 추구의 목적이라고 말할 수 있으며, 우리는 이를 가지고 태어난다.

추구하는 것은 바로 생명활동이다. 생명은 우리가 알고 있는 종말상태뿐만 아니라 우리가 '마치' 존재하는 것처럼 희망하고 생각할 수 있을 뿐인 종말상태를 지향하는 움직임이다. 바람을 줄이고, 만족과 완전을 더해 가는 것뿐만 아니라 궁극적인 관심, 최종 목적, '영원한 운명'으로 살아가기를 추구하는 것이다(Mansager, 2003, p. 65).

열등감은 우월성 추구의 원인이다. 심리학적으로, 우월성과 완전의 추구는 주요한 역동적인 힘, 즉 개인의 통합적인 성격에 대한 아들러의 관점을 이해하는 데 매우 중요한 요인이다([그림 2-1] 참조). 또한 아들러가 보통 사람에 대해 말할 때, 추구하기의 목적은 힘, 안전, 완전, 극복, 궁극적인 적응, 자기발전을 위한 것이다. 궁극적으로, 추구하기는 영성적인 극복 또는 실현의 문제다.

"더 나은 적응을 하라는 강압은 결코 끝날 수 없다"(Adler, 1979, p. 32). 우리의 추구는 사회적으로 적응하기 위하여 행동하는 것에서 멈추지 않는다. 사회적 적응은 더 나아지기 위해 삶의 의미나 영성적 소속을 추구하는 결과의 한 부분일 뿐이다. 개인심리학은 창조적인 힘을 추구하는 생명력으로 생각한다. 이는 개인이 열등감에서 벗어나 극복의 용기를 갖게 한다.

따라서 개인심리학에서 영성은 "고립과 자기몰두가 아니라 자신이 파악한 궁극적인 가치를 지향하는 자기초월의 측면에서 자신의 삶을 통합하려고 의식적으로 **추구하는 경험**"으로 정의된다 (Mansager, 2003, p. 66). 용기는 신비한 창조적 힘에 의해 일어난다. 이는 우리가 열등감에서 벗어나 타고난 생명력에 의해 영적으로 동기화된 사회적 유용성의 목적을 지향하게 한다. 우주적인 사회의식으로 인도되면, 소속의 용기는 우리가 삶에 대한 영성적 태도를 발달시키고 실행함에 따라 창조적 힘이 작동하도록 한다. 우리는 전체의 일부다. 외부 세계에 적응하려는 노력은 우주적인 관계를 위한 전제조건이다(McBrien, 2004, p. 413). 잘못된 생애경로는 개인이 완전의 목적과는 반대 방향으로 나아가고 패배의 고통을 받지 않기 위해 생애과제를 피하는 것을 말한다.

고통과 괴로움

A.A. 모임의 마지막에, 한 여성이 나에게 물었다. "당신은 우리를 어떻게 생각하십니까?" 내가 바로 대답하지 않자 그녀가 말했다. "무엇 때문에 우리가 계속 함께 있고 다시 만난다고 생각하십니까?" 내가 대답하기 전에 그녀가 또 말했다. "이는 우리의 고통이고, 술 취하지 않은 상태로

있으려는 분투이고, 우리가 서로 이러한 점을 이해한다는 사실이지요." 나는 생각했다. 초보 상담자인 내가 이러한 노력과 고통을 알아차릴 수 있을까? 내담자에게 회복을 위한 안전하고 평화로운 공간을 만들어 줄 수 있을까? 그럴 수 있다. 나는 '영성적인' 방식으로 이러한 모임에 다가가게 되었다(Elizabeth).

열등감은 자신, 가족, 지역사회와의 관계뿐만 아니라 자연, 사회, 우주와의 관계에서도 존재한다. 이는 자신을 매우 작고 무기력하다고 생각하게 하는 **우주적 열등감**이다. 때때로 이치에 맞지 않는 일들이 생긴다. 우리는 문제 많고 적대적인 세상에서 살고 있다. 여기서 끔찍한 사건들이 우리의 정체성을 위협하고, 우리를 우리 자신과 사회로부터 떼어 놓는다. 죽음과 질병은 우리 대부분이 피할 수 없는 열등감의 두 가지 원천이다. 고통과 괴로움은 죽음과 죽어 감, 갈등, 정신이상, 남용, 무시, 부패, 억압에 의한 손실의 결과다.

게다가 우정, 가족의 유대, 지역사회, 나라 또는 어떤 집단은 부족한 자원, 힘, 특권을 다투면서 자기보존과 상호배타를 위해 노력할 수 있다. 드러나지 않은 집단적인 우월 태도는 분열과 대립을 가져오는 차별과 억압의 근거다. 괴로움에 대해 많은 정의가 있는데, 이들은 고통, 고뇌 또는 곤경을 참거나 겪는다는 것을 공통적으로 내포한다. 이는 신체적이고 정서적인 상처로부터 오는 고통의 의미를 말한다. 신체적, 사회적, 도덕적으로 깊은 고립감과 의미의 위기가 우리의 괴로움에 내재한다.

지적장애를 가진 두 번째 아이가 태어난 날, 나는 헤아릴 수 없는 절망을 겪었다. 나는 혼란스러웠고, 어떻게 해야 할지도 몰랐다. 그러나 이러한 끔찍함을 통해 성장하고, 어떤 방식으로든 이를 선을 위해 이용하기를 바라는 것이 나의 마음에 있었다. 매우 어두운 심원으로 여겨지는 것에 이르렀을 때, 내가 찾으려고만 하면 나는 지지되고 있음을 알아차리고, 힘의 징조를 자각했다. 이는 신에 대한 직접적인 경험이었다고 생각한다(익명).

괴로움은 피할 수 없고, 삶의 일반적인 모습이다. 고통과 괴로움을 이해하고 완화하기 위하여 심리학에서는 전통적으로 언급하지 않은 영적 가치가 요구된다. 여러 세대를 거쳐 세상에 있는 영성적이고 문화적인 가치 체계는 괴로움의 목적과 치유를 찾고자 했다(〈표 9-1〉).

고통은 사람이 우주, 창조주와 화합하지 않는 귀먹은 세상을 깨우기 위한 신의 메가폰이다(Lewis, 1940/1996).

심리학에서 우리는 고통의 원인과 관련한 다음과 같은 질문들을 해야 한다. 이런 상황들을 어떻게 없앨 수 있을까? 괴로움에 대한 우리의 반응들은 어떻게 다른가? 괴로움의 치료적 가치는 무엇인가? 용기는 우리를 취약함에서 어떻게 구제하는가? 괴로움의 의미는 무엇인가? 어떤 상황에서 괴로움은 우리를 더 인간적이게 하는가?

개인심리학의 관점에서 보면, 괴로움은 패배를 드러내지 않으려는 무의식적인 결정이다. 고통과 괴로움은 소속감의 더 심층적인 문제다. 괴로움에는 목적이 있다. 이는 회복을 억누르는 데 이용하는 죄책감이며, 전체 생활양식의 부분적인 표현이다. 장기적인 괴로움은 '그것은 공정하지 않아' '나를 돌보아 줘' '내가 고상하다는 것을 인정해' '당신은 약점을 이용하여 나쁜 짓을 할 수 없어'와 같은 잘못된 신념을 갖는 사람들의 심리적인 장치다(Mosak, Brown, & Boldt, 1994). 결과적으로 이러한 사람들은 과제 지향적인 입장을 취하는 대신에, 모든 생애과제에 대해 자기 지향적인 태도를 취하여 더 많은 결과를 겪는다. 즉, 고통스러운 상황에서 도망가고, 직접 맞닥뜨리기보다 우회하고, 또는 문제가 존재하지 않는 것처럼 머뭇거리는 방식을 보인다.

> 경험은 성공이나 실패의 원인이 아니다. 우리는 경험의 충격, 소위 트라우마로 괴로워하는 것이 아니라, 경험으로부터 바로 우리의 목적에 맞는 것을 만들어 낸다(Adler, 1979, p. 31).

우리는 사적 논리로 오직 자신을 '우리의' 우주의 중심으로 보고 있으며, 어떤 때는 언제 그런 방식으로 일들이 일어나는지를 이해할 수 없다. 우리는 우리 자신의 장애물이다. 삶의 전체와 연결되어 있음을 보지 못하도록 막는 장애물인 것이다. 당연한 것을 빼앗긴 느낌은 매우 제한된 자기인식과 무가치감에 대한 두려움, 그리고 대개 미지의 것에 뿌리를 둔다. 근거 없는 두려움과 결과적으로 자신, 타인, 사회로부터의 소외는 사회적 책임감, 참여, 공헌을 피할 가능성을 나타내는 지표다. 삶에 대한 개인 특유의 접근 방식과 완전의 생애 목적은 자신의 괴로움의 원인과 이용을 이해하기 위하여 갖게 되는 용기를 규정하는 데 영향을 미친다.

표 9-1 괴로움의 원인과 제거

신념체계	원인	제거
유교인	불공정	모두를 지향하는 윤리적 행동
도교인	만물을 소중히 여기지 않음	만물을 소중히 여기기
불교인	탐욕/집착	탐욕을 없애거나 무심해지기
기독교인	예수의 십자가를 짊어짐	구원(신과 인간에 대한 사랑)
실존주의자	실존적 불안	의미
인간주의자	낮은 자아존중감	자기실현

○ 치유의 용기

결혼생활 33년 동안 우리는 인생에 대하여, 그리고 좋고 나쁜 것에 대하여 서로 많은 것을 배워 왔다. 특별히 지난 6, 7년은 대부분 좋았다. 지난 18개월도 모든 것이 부정적인 것처럼 들렸지만, 부정적인 순간은 거의 없었다. 시간이 흘러가고 실제로 죽어 가는 과정조차도 슬펐고 강렬했지만, 단지 연속하는 과정의 일부일 뿐이었다. 장례식을 치른 지 3주 후에 상실에 대한 순수한 비통이 있었다. 그 후 길을 잃어버린 느낌으로 고뇌했다. 그러나 장례 후 3개월쯤 되었을 때, 가능성이 무한하다고 여겨졌고, 긍정적인 관점이 생겼다. 나를 잃었고 지금은 나를 찾았으나, 이는 죽음이 만들어 낸 것이다. 그렇게 짧은 시간에 오성(悟性)이 있었다. [장례 후 2~3주 동안] 비슷하다고 느꼈는데, 이는 열일곱 살 때와 매우 유사했다. 처음에 두려움이 있었다. 상실의 두려움, 죽음의 두려움…… 길을 잃어버린 나를 생각한다. 나는 길을 찾을 수 있는 위대한 기회를 보았다. 그리고 이는 선택사항임을 알았다. …… 내가 길 위에 있음을 알았다(Mark).

쉰셋인 Mark는 아내를 잃은 비통함을 열일곱 살 때 하루 낮과 밤 동안 산에서 길을 잃었던 경험과 일치시켰다. 그는 상실감에서 길을 잃어버린 느낌으로 이동했다. 그리고 기회의 공간을 보는 것으로 나아갔다. Mark가 아내의 죽음을 통해 인생을 바라보고, 깊은 절망에서 벗어나 자유와 선택의 기회를 다시 바라보기 시작한 더 넓은 세계로 움직이게 한 심리적 힘(과정)이 있었다. 죽음에 직면하여, Mark는 삶을 선택했다.

Mark는 절망의 용기를 가졌다. 그는 인생에서 두 번이나 당면한 위기에서 벗어날 출구를 보지 못했다. 그러나 절망의 순간에 느낀 긍정은 불가사의했다. Mark의 경험은 우리에게 권력에의 의지라는 실존적 개념을 보여 준다. 이에 근거하여 아들러는 힘의 추구라는 관점을 갖게 되었다.

> 추구하기는 어떤 경우에도 계속될 것이다. 그러나 협력적인 사람의 경우에 이는 희망적이고, 유용한 추구이고, 보편적인 상황에서 실제적인 개선을 지향할 것이다. …… 인간의 추구하기는 결코 끝이 없으며, 우리는 항상 새로운 문제를 발견하거나 만들어 내고, 협력하고 공헌하는 새로운 기회를 창조할 것이다(Adler, 1931/2003, pp. 57-58).

권력에의 의지와 영겁회귀에 대한 Nietzsche의 생각은 Schopen-hauer의 '삶의 의지'와 대비되지만, 자기재생, '윤회'에 대한 동양의 영성적 생각과는 일치한다. Nietzsche에게 삶의 의지는 권력에의 의지에 부수적인 것이다. 권력에의 의지는 Schopenhauer가 언급한 아이를 낳고 죽음을 피하려는 선천적 욕망 이상의 것이다.

"성장하고 확장하고, 그 과정에서 다른 '의지들'을 포괄하는" 힘을 사용하려는 더 큰 욕구다. 따라서 권력에의 의지는 단순한 실존 의지가 아니라 존재하는 삶의 힘에 대한 의지다. 권력에의 의지는 삶 이상에 대한 의지다. 권력에의 의지는 부분적으로 Tillich가 용기를 정의한 것에 기초한다.

> 용기는 자기가 자기를 긍정하는 것을 막으려는 경향이 있더라도, '그럼에도 불구하고'의 자기긍정이다(Tillich, 1952/2000, p. 32; May, 1983).

Tillich에 의하면, 자기긍정은 자기를 하나의 자기(개별화)로서, 그리고 자기를 한 부분(세계에 참여함)으로서 긍정하게 한다. 용기는 자기의 힘과 세상의 힘보다 큰 존재의 힘에 뿌리를 두어야만 한다. 용기는 조화의 원리를 따라 상호의존적으로 작동하는 두 가지 측면의 자기긍정이다. 인생은 존재의 힘이 스스로를 실현하는 과정이다. 존재의 힘은 존재하려는 용기의 원천이다. 다른 말로 하면, 용기는 어려움에 직면하여 자기를 긍정하는 삶의 힘이다.

실존적으로, 괴로움은 의미와 더 많은 삶을 지향하는 자연발생적인 추구의 일부다. 치유하는 것은 다시 전체가 되는 것이고, 자신, 타인, 우주와 조화로운 연결감을 되찾는 것이다. 조화 또는 다시 전체가 되는 것의 가치는 괴로움의 결과인 자기초월이나 변형에 의해 도달될 수 있는 이상적인 존재의 상태를 말한다. 사실상, 영성적 안녕의 측면에서 건강은 "모든 부분의 자기와 환경 간의 조화로운 관계"로 정의된다.

[그림 9-1]은 사회적 관심의 대각선 모델을 보여 준 제2장의 [그림

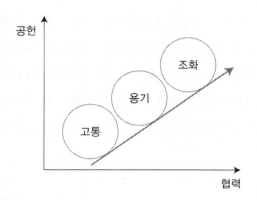

그림 9-1 치유 과정

2-1]에 기초한다. 사회적 관심을 가리키는 화살표로 묘사된 움직임 은 개인의 협력과 공헌의 상호작용으로 생성된다. 이는 개인이 앞으 로 나아가고, 자기긍정적인 삶의 힘인 용기에 의해 작동하는 변화의 과정을 묘사한다. 우리는 이러한 과정을 치유healing라고 부른다.

치유에 대한 아들러의 입장은 이상적인 협력 교육을 기반으로 한 다. 용기는 타고난 창조적 힘을 통하여 사회적으로 유용한 방향으 로 변화할 수 있는 사람을 위한 공동체의 한 측면이다. 치유는 사회 적 관심에 대하여 Yes 태도를 가지고 긍정적 방향으로 협력하는 용 기로 시작하여야 한다(Adler, 1979). 따라서 치유의 용기는 역경에도 불구하고 자신, 타인, 우주와의 조화로운 관계를 향하여 움직이는 과정을 통해 괴로움을 초월하는 용기다.

이러한 치유 경험은 『헤아려 본 슬픔(A Grief Observed)』에 가장 잘 묘사되어 있다. 이 책에서 C. S. Lewis는 아내의 상실을 생생하 게 묘사했다. 처음에는 두려움과 긴장감 같은 느낌이 있었다. 그는 아내가 돌아올 것을 습관적으로 기다리고 있었고, 그가 슬프지 않을 때 아내가 그의 기억 속으로 돌아온다는 것을 알았다. 불안정한 시간이 지난 후에, 고요함이 찾아왔다. 그의 슬픔은 자신, 아내 그리고 삶(예를 들면, '신은 어디에 있는가?')에 관한 것이었음을 알게 되었다. 타인의 괴로움과 자신의 믿음을 인식하기 위하여 자신의 고통을 초월했을 때, 괴로움에는 단지 공동체 및 영성적 가치가 있을 뿐이다.

> 내 마음의 모든 일처럼, 이 끝은 소진이다. 매우 엄청난 고통만이 있다. 그리고 휴식. 물론 일이 다른 사람이 아닌 나에게 상상이 아닌 실제로 일어날 때는 다르다. 그렇다. 그러나 정신이 온전한 사람에게 이런 다름이 있어야 하는가? 아니다. 그리고 믿음이 실제적인 믿음이 되고, 타인의 슬픔에 대한 관심이 실제적인 관심이 된 사람에게는 그렇지 않을 것이다(Lewis, 1961/1976, pp. 42-44).

소크라테스식 대화 9-2

[그림 9-1]에 묘사된 움직임의 역동은 우리가 다음과 같은 실존적 질문에 대한 통찰을 어떻게 개념화하도록 하는가? 왜 나인가? 일어나고 있는 모든 일의 의미는 무엇인가? 도전들과 맞서는 데 필요한 용기는 어디에서 오는가? 장애에 직면한 나의 사랑, 일, 사회적 삶에서 나는 어디에 있는가? 똑같은 생애 조건하에서, 어떻게 하여 한 사람은 전체적인 패배감을 느끼고 신경증적인 반응으로 철회하는데 다른 사람은 어려움을 초월하고 계속 나아갈 수 있는가?

용기와 영성적 태도

　우리는 이전 장에서 윤리적으로 용기는 지혜와 열정과 같은 다른 덕목과 통합되어야 한다고 언급했다. 지혜와 열정은 개인과 타인을 위한 행동의 목적을 평가하고 결정하도록 돕는다. 용기는 두려움과 부정적인 태도를 극복할 수 있는 마음의 문제다. 실존적으로 용기는 추구해 가는 힘, 자기긍정의 우주적인 힘, 그리고 우리의 존재를 부정하는 요소가 있더라도 더 나은 삶을 위하는 의지다. 용기는 다른 인간적 특성을 모두 삶으로 가져다주는데, 더 높은 선을 얻기 위하여 다른 영성적인 태도와 연합되어야 한다.

　용기는 '그럼에도 불구하고'의 특성을 본질적으로 갖고 있는 전진하는 존재임을 확인하는 것이다. 수용할 수 없는 것임에도 불구하고 개인의 독특성과 자연의 요구를 수용하는 용기는 **믿음**에 의해서만 정당화될 수 있다. 믿음을 갖는 것은 완수되지 않은 것을 믿는 것이며, 있는 그대로를 수용하는 용기다. **수용**은 현재 순간에 있는 것은 무엇이든 온전히 받아들이는 개발된 능력이다. Tillich는 믿음의 용기를 "수용의 수용"이라고 했다.

　　당신은 수용된다. 당신은 수용된다, 당신보다 위대한 것과 당신이 알지 못하는 것의 이름으로 수용된다. 지금은 그 이름을 묻지 마라. 아마 나중에 알게 될 것이다. 지금은 어떤 것도 하려고 하지 마라. 아마 나중에 많은 것을 하게 될 것이다. 어떤 것도 구하지 마라. 어떤 것도 수행하지 마라. 어떤 것도 의도하지 마라. 단순히 당신이 수용된다는 사실을 받아들여라! 이것이 우리에게 일어나면, 우리는 은총을 경험하게 된다(Gomes, 1952/2000, xxi).

수용한다는 것은 받아들이고, 움켜쥐고, 붙잡는 것을 의미한다. 실존적인 수용의 용기는 행동하지 않음(무위)을 통하여 행동하고 미물과 무에 대한 느낌의 유용성에 대하여 신비스럽게 인식하는 도교에서 가장 잘 드러난다. 도교 사상에서의 용기는 우리가 자연의 생명력에 순응하면서 일들이 자신의 길을 가도록 놓아두는 것이다. Beecher와 Beecher(1966)는 이러한 삶의 태도를 다음과 같이 생생하게 묘사한다.

> 독립적인 기반 위에서 삶을 만날 준비가 된 운 좋은 10%의 사람들은 그들이 행한 모든 것에서 이를 보여 준다. 이들은 마치 바싹 마른 대지에 물을 쏟아 붓는 것처럼, 일에 자기 자신을 쏟아 내는 것으로 보인다. 이들은 무한한 자원을 가졌고, 고갈되는 것에 대한 두려움이 없는 것처럼 보인다. 이들은 마치 세상이 존재하기에 좋은 곳으로 느끼는 것처럼 산다. 그리고 일들이 완전하지 않음을 알아도 살고, 동요하지 않는다. 한 쪽 방향이 막히면 그저 다른 길을 택하고, 어떤 쪽이든 즐거워한다(Beecher & Beecher, 1966, p. 125).

열등감을 극복하는 것은 실존적으로 삶에 참여하여 되고 싶은 자기가 되어 간다는 **믿음**을 갖는 것이다. 이는 집단 용기와 자기 용기의 조화를 이루는 것이다(Tillich, 1952/2000). 참여하는 것과 놓아두는 것의 실존적 이중성이 개인심리학에 깊숙이 내재한다. 수용의 태도에는 인생이 우리에게 제시하는 모든 것을 받아들이는 협력이 필요하다. 그리고 "예, 그럼에도 불구하고yes, in spite of" 태도는 우리의 동료 인류에 대하여 우리가 하는 공헌이다. 이러한 두 가지는 사회적 관심에 의해 안내된다.

　개인심리학에서 희망의 용기는 당면한 삶의 변화뿐만 아니라 인간적 진보를 가져다주는 더 나은 미래를 추구하는 데서 드러난다. 희망을 갖는 것은 마치 미래가 현재 실현되는 것처럼 미래의 목적으로 사는 것이다. 희망은 [그림 9-1]에 있는 것처럼 변환과 자기초월의 역동적인 가능성을 갖는다. 궁극적인 소속감에 대한 우리의 희망 속에서 우리는 일, 사랑, 사회적 관계에 대한 우리의 꿈을 충족하고, 자신을 초월하여 고립과 자기몰두에서 벗어나 더 큰 공동체를 향하여 연계하게 된다.

　　일어나야 하는 낯설고 경이로운 것에 대한 느낌을 나는 잘 알고 있다. …… 이러한 희망이 어느 날 실현될 것이라는 것도 잘 안다. …… 아마도 사실은 Terreauty(두려움terror과 아름다움beauty의 합성어로 내가 만든 단어)의 세계로 변화하는 기회는 우리가 받아들일 용기가 있다면 우리에게 매일 제공되는 우화적인 방식에 실재한다(Lewis in Yang, 2009).

　희망과 믿음에서 용기는 정서적으로 기쁨과 동시에 일어난다. 기쁨은 우리의 영적 열망, 즉 인정받고, 의미 있고, 소속하고, 환골탈태하여 완전하게 되고자 하는 열망에 대한 용기 있는 긍정 응답이다.

○ 아가페 사랑의 용기

'인생의 아름다움은 행해진 것을 되돌릴 수는 없지만 이를 이어 가고, 이를 이해하고, 이로부터 배우고 변화하는 것이다. 그리고 새로운 매 순간을 후회, 죄책감, 공포, 분노로 보내지 않고, 지혜, 이해, 사랑으로 보내는 것이다. 우리가 하는 모든 행동은 받아들이거나 소원할 수 있다. 커다란 악(惡) 후에는 커다란 선(善)이 있다. 커다란 선을 수행하려면 항상 용기가 필요하다.' 지금은 우리가 비폭력의 용기, 대화에 참여할 용기, 듣고 싶지 않은 것을 들을 용기, 복수하려는 마음을 통제하고 이성을 따를 용기를 보여야 할 때다. 나는 우리가 선천적으로 선한 본성을 가지고 이 세상에 태어났음을 확신한다. 우리는 우리의 믿음과 인간성을 회복하여야 한다. 나는 이러한 비극에서 용기가 사랑하는 사람에게 줄 수 있는 가장 위대하고 가장 오래 지속하는 영예라고 믿는다.

이 인용문은 2007년 버지니아 공대에서 일어난 끔찍한 총격사건 후 집회에서 불교 지도자가 전한 메시지의 일부다. 용기에 의해서만, 역경을 통합하고, 용서하고, 화해하고, 평화와 연민을 찾을 공동체의 기회로 만들 수 있을 것이다. 이러한 공동체 의식의 소명과 달성은 우리 안에 본유(本有)한 아가페 사랑을 받아들이고 이에 참여하는 용기에 의해서만 성취될 수 있다.

제5장에서 우리는 아가페의 정의를 사랑의 대상이 소유한 어떠한 사랑스러운 특성에도 의존하지 않는 이웃에 대한 사랑으로 제시했다. 아가페 사랑은 다른 유형의 사랑(친밀함, 우정, 가족)이 가능하

게 하는 선물 같은 사랑이다. 또한 아가페는 우리가 저절로 사랑할 수 없는 것을 사랑할 수 있게 한다. 아가페 사랑은 두려움이 없는 완벽한 사랑이다. 아가페 사랑은 신비롭고, 성숙하고, 이기적이지 않다. 그것은 타인의 안녕에 헌신하는 사랑이다. 타인을 돌보는 아가페는 기독교적 영성에 근원하지만, 전 세계 종교의 핵심 가치로 여겨져 왔다(Templeton, 1999).

아가페 사랑은 목적이고, 유일한 수단이다. 아가페 사랑은 고통이 끝이 없고 사랑이 부족한 삶에 어떻게 조화를 이룰 수 있는가와 같이 질문할 때, 의미를 찾을 수 있는 대답이다. 아가페 또는 무조건적인 사랑은 집단의 안녕을 추구하는 것이다. 이는 이웃을 사랑하는 단순한 행동이다. 왜냐하면 우리가 사랑받아 왔기 때문이다. 본유적 추구의 핵심 개념은 이러한 아가페 사랑의 심층적 열망을 표현하는 것이다. 아들러 용어를 사용하면, 아가페는 공동체 의식의 관념을 실현하려는 추구를 의미한다.

어떻게 아가페가 우리 주변에서 작동하고 있음을 아는가? 아들러는
이를 '사회적 관심'이라고 했다(Beecher & Beecher, 1966, p. 96).

이전 장에서 살펴본 것처럼 아가페는 개인심리학, 유교, 인간주의 심리학의 가장 큰 공통분모다. 〈표 9-2〉에 친밀함, 결혼, 가족 관계에서의 아가페 사랑의 특성이 간략하게 요약되어 있다.

아가페 사랑의 특징들을 획득할 수 있는가? 또는 다른 말로 하면 훈련 가능한가? 우리의 대답은 "Yes."다. 성경 속의 아가페는 사회적 관심의 전략적인 모델로 인식되어 왔다(Watts, 1992, 1996, 2000).

Watts에 의하면, 다음 시의 태도와 행동 요소들은 높은 수준의 사회적 관심이 있는, 즉 건강한 정신을 소유한 사람을 보여 준다. 이러한 요소들은 인내하고, 자비로운 도움이 되며, 믿을 수 있고, 겸손하고, 이타적이며, 이기적이지 않고, 낙관적이다. 이러한 요소들이 원래 영성적이긴 하지만, 〈표 9-2〉에 있는 것처럼 관계적인 태도를 생성하는 변화의 조건으로 받아들이면 실제로 활용할 수 있다.

> 사랑은 오래 참고, 사랑은 온유하며, 사랑은 시기하지 않으며, 자랑도 교만도 아니 하네. 사랑은 무례히 행하지 않고, 자기의 유익을 구하지 않고, 사랑은 성내지 아니하며, 잘못된 기록을 남기지 않네. 사랑은 악한 것을 좋아하지 않고, 진리와 함께 기뻐하네. 사랑은 언제나 지켜 주고, 언제나 신뢰하고, 언제나 바라고, 언제나 변함없네. 사랑은 결코 실패하지 않네(고린토인에게 보낸 첫째 편지, 13:4-8).

아가페 사랑과 아가페 태도는 기술과 태도로 간주하면 긍정적인 변화를 촉진하는 요소일 수 있다(Miller, 2000). 아가페 사랑의 용기는 마치 우리가 행하고, 생각하고, 느끼는 것이 자신과 타인의 성장과 치유를 촉진하는 방식으로 변화할 수 있는 것처럼 행동하는 것이다. 마치 ~처럼 행동하기는 구성적 낙관주의를 선택한 것이다. 마치 두려운 일이 일어나지 않을 것처럼 행동하라. 마치 변화가 가능한 것처럼 행동하라, 그러면 우리는 성장한다. 마치 미래가 현재 실현되는 것처럼 행동하라, 그러면 우리는 희망을 갖는다. 마치 훌륭한 삶에 도달할 수 있는 것처럼 행동하라, 그러면 우리의 추구는 의미를 갖는다. 마치 사랑받는 것처럼 행동하라, 그러면 우리는 사랑할 수 있다.

표 9-2	사회적 관계에서의 아가페 사랑의 특성		
친밀함	결혼	가족	우정
사랑	자유로움	홀로서기	공동체의
자기충족	평등주의	개인들	생명선
내적 잠재성	존중	민주적	안전
만족	주고받기	자기 방식대로	위험 감수
풍부	믿음	살기	협력
자유	긍정	개방성	요구
공평한	세상을 위한	격려	평등
수용	생산성	선택과 결과	무조건적
능력	독립	공동작업	진정성
비판단적	의견이 다를 수	주요 활동	참여
격려	있음		
주는 자, 행하는 자	함께 성장		
그럼에도 불구하고 괜찮음	참여		
희망적인	작동하는 관계		
창조적인, 즐거운			
실현			
자유로운 마음			

◯ 마무리 생각

이 장은 개인심리학의 영성적 생애과제를 살펴봄으로써 제1부와 제2부를 마무리한다. 우리는 먼저 창조적인 힘과 더 나은 삶의 의지의 실존적 맥락에서 추구하기의 영성적 기초를 탐색했다. 치유의 용기는 존재와 소속의 더 심층적인 문제인 괴로움에 관한 변환 과정이다. 치유하기는 자신, 타인, 우주와의 조화를 추구하는 것이다. 용기는 개인심리학에 배어 있는 지혜, 연민, 기쁨, 믿음, 수용,

은총, 희망과 같은 일반적인 영성적 태도와 통합하는 것이 필요하다. 사회적 관심과 공동체 의식에 대한 아들러의 업적은 아가페 사랑과 유사하게 횡문화적인 영성적 가치를 갖는다. 우리는 아가페 사랑의 영성적 특성을 긍정적 변화를 촉진하는 데 도움이 되는 심리적인 속성으로 어떻게 다룰 수 있는지 논의하면서 이 장을 마쳤다. 마지막으로, 마치 ~인 것처럼 행동하는 용기를 가질 때 우리는 아가페 사랑을 경험할 수 있다.

평온의 기도

주여, 바꿀 수 없는 것을 받아들이는 평온을,
바꿀 수 있는 것을 바꾸는 용기를,
또한 그 차이를 구별하는 지혜를 주옵소서.
하루하루 살게 하시고
순간순간 누리게 하시며
고난을 평화에 이르는 길로 받아들이게 하시고
죄로 물든 세상을
내 원대로가 아니라
있는 그대로 받아들이게 하소서.
당신께서 모든 것을 바로 세우실 것을 믿게 하셔서
내가 당신 뜻에 순종하기만 하면
이 땅에서는 사리에 맞는 행복을
저 하늘에서는 다함이 없는 행복을 영원히 누리게 하소서.

A.A. 기도문

시사점

THE PSYCHOLOGY OF
COURAGE

용기를 촉진하는 기술

나는 인생이 바로 학교생활과 같다고 생각한다. 모든 경험은 더 큰 운명을 위하여 이런저런 형태로 우리에게 맞추어 조정하는 수업과 같다. 중요한 것은 우리가 문제와 함께 무엇을 하는가다(Bill W., 2004, p. 43).

정신적으로 건강하려면 우리는 개인적으로, 그리고 사회적으로 우리의 모든 추구를 이상적인 방향으로 정립하는 본유(本有)의 사회적 관심을 따라야 한다. 사회와 관련한 인간 본성에 대한 깊은 통찰력으로 개인심리학은 우리에게 경험, 지각, 문제에 대해 상식적인 이해방식을 제공할 뿐만 아니라 변화하는 방법도 알려 준다.

제3부에서는 다음과 같은 질문에 대한 답을 찾고자 한다. 자신과 타인에 대한 용기와 사회적 관심을 어떻게 획득하고 촉진하는가?

또는 개인이 공동체 의식을 가지고 자기 가치감과 공동의 목적을 발달하도록 격려하는 건강한 변화를 어떻게 창의적으로 촉진하는가? 다음은 이 책의 마지막에서 상술할 용기를 촉진하는 스물두 가지 도구에 공통적인 매우 중요한 몇 가지 개념과 전략이다.

◎ 촉진자의 용기

용기 촉진자는 자기 자신과 타인과의 관계에서 용기를 주는 사람이다. 용기 촉진자는 배우자나 연인, 부모나 자녀, 형제자매, 교사나 학생, 친구, 지도자나 지도받는 사람일 수 있다. 또는 사회의식을 가지고 있으며 다른 동료 인류가 갖는 용기의 직접성과 가치를 인식하는 낯모르는 사람일 수도 있다.

아들러학파의 고유한 조력 방법은 없으며, 용기 촉진자가 어느 한 가지 스타일로 한정되지도 않는다. 존재와 타인과의 관계 간에는 관련이 있다. 이는 용기 촉진자가 No 태도보다는 Yes 태도를 더 많이 갖춘 따뜻한 사람이라는 것을 의미한다(제6장 참조). 이들은 전인적 인간처럼 행동하며, 감성적이고 민감하며 사회적 의도를 가지고 자신 있게 격려한다. 용기 촉진자는 관계의 질을 중시하고, 변화를 선택과 결과가 수반되는 배움의 과정으로 여긴다. 집단 장면에서 용기 촉진자의 특징은 아들러학파가 집단상담자를 기술한 내용과 같은데, 자기주장과 자신감, 용기와 위험, 수용, 관심과 돌봄, 모델링과 협력, 적응성, 유머 감각이다(Sonstegard & Bitter, 2004). 덧붙여 용기 촉진자 자신의 태도와 행동에는 사고, 감정, 행동에서 상당한 정도로 아가페 사랑이 있다(제9장 〈표 9-2〉 참조). 용기 촉진자는 용기의 개발을 통해 사회적 관심과 아가페가 이해할 수 있고 교육될 수 있음을 경험하며 믿는다.

○ 소크라테스식 질문

삶에 대한 개인의 태도와 사회적 삶의 문제에 대한 행동방식을 이해하려면, 우리는 주관적인 면담과 질문을 하여야 한다. 아들러는 내담자에게 증상이나 걱정이 없어진다면 삶이 어떻게 달라질지를 물어볼 때 질문기법The Question을 사용한 것으로 알려져 있다(Sonstegard & Bitter, 2004). 질문을 이용하여 우리는 개인의 통찰이나 이야기를 적극적으로 탐색하게 된다. 소크라테스식 질문은 생애 문제를 일으키는 내적·외적 요인에 관한 통찰을 준다. 이러한 질문에 대한 우리의 반응에 우리의 욕구, 두려움, 또는 그렇지 않으면 도달하지 못할 더 깊은 수준의 목적이 드러난다.

소크라테스식 대화는 존중하며 호기심 어린 탐색RCI: Respectful Curious Inquiry 과정의 핵심 요소 역할을 하며, 이 과정은 우리의 많은 도구에서 사용될 것이다(Milliren & Wingett, 2004). RCI는 개방형 질문만 사용한다. 대화는 협력적이고 양쪽이 이해를 공유하도록 작업한다. 소크라테스식 질문자는 다음과 같다.

- 누가, 언제, 어디서, 무엇을, 어떻게라는 단어를 사용한다. 왜라는 단어는 절대 사용하지 않는다.

- 토의에 집중하도록 한다.
- 토의가 치료적이도록 한다.
- 탐색적 질문을 하면서 토의를 자극한다.
- 주기적으로 무엇이 다루어지거나 해결되었는지, 그리고 무엇을 다루지 않았거나 해결되지 않았는지 요약한다.

　촉진자는 소크라테스식 질문에 털어놓은 이야기나 반응을 경청하면서 사고, 감정, 행동 속에 있는 생활양식 주제나 패턴을 찾는다. 특히 그들의 강점들, 있어야 했던 것들, 꿈/욕구/목적, 문제, 그리고 도전뿐만 아니라 문제를 해결하려는 노력의 유용성과 무용성일 수 있는 것들에 대한 자신의 이야기를 이해하도록 촉진한다. 다음의 FLAVER 모델에 있는 여섯 가지 목록은 다른 사람과 소크라테스식 대화를 할 때 상호이해 수준을 높여 준다.

F(Focusing) = 원하는 것에 초점을 맞추고 목적에 대해 상호 합의하기
L(Listening) = 주의 깊고, 공감적이며, 반영적으로 경청하기
A(Assessing) = 강점, 동기화, 유연성, 사회적 관심을 사정하기
V(Validating) = 자원과 품성을 확인하고, 성장을 격려하기
E(Enjoying) = 사회적 삶의 아이러니에서도 풍부한 유머를 즐기기
R(Replacing) = 쓸모없는 정보 수집(정보 수집 경향factophilia)을 적절한
　　　　　　　 명료화, 창의적인 직관, 상상력이 풍부한 공감, 확률론
　　　　　　　 적 질문으로 대체하기

표 10-1	생애과제에 따른 소크라테스식 질문 예(Sonstegard & Bitter, 2004, pp. 77-79)
생애과제	소크라테스식 질문
일	인생에서 당신의 일과 활동은 무엇으로 이루어져 있는가? 이는 당신에게 어떤 의미를 주는가? 당신은 동료, 상사, 부하직원과 어떻게 지내는가? 당신의 일로 인정받고 있는가?
사랑	당신의 사랑 관계는 무엇과 같은가? 배우자와 정서적으로 친밀한가? 타인에게 사랑과 애정을 표현하거나 타인으로부터 사랑과 애정을 받는 데 어떠한 어려움이 있는가? 당신은 남자와 여자를 어떻게 기술하겠는가? 남자 또는 여자로서 당신 자신을 어떻게 생각하는가? 배우자에 대한 불만은 무엇인가? 당신에 대한 배우자의 불만은 무엇인가?
우정	당신의 친구들은 누구인가? 공동체 내에서 당신의 삶은 어떤 종류인가? 친구들을 어디서 만나는가? 친구들과 무엇을 하는가? 친구들 사이에서 당신의 역할은 무엇인가? 친구들은 당신을 어떻게 생각하는가? 쉽게 친구를 사귀는가? 자라면서 가장 친한 친구는 누구인가?
자기와의 조화	내가 될 수 있는 사람이 되도록 하고 있는가? 혼돈은 어떻게 창조를 위한 전제조건이 되는가? 어떻게 계획한 일의 끝이 항상 새로운 학습의 시작인가?
우주와의 조화	심리적 · 사회적 소속: 다른 방식으로 일하는 것(합의, 협력, 공동)에 의해 생성될 수 있는 현실이 있는가? 어떻게 조화가 현실 자체의 본질 면에서 전쟁보다 근본적인가? 무엇이 일에서 최고의 만족감을 주는가? 무엇이 나에게 생명을 주는가? 타인의 삶에 어떻게 접촉하여 왔는가? 나의 일이 어떻게 세상을 더 나은 곳으로 만드는가? 영성적 소속(믿기): 당신 자신을 넘어서는 무엇과 연결된 느낌을 받은 초월적인 경험을 한 적이 있는가? 그 경험은 당신에게 무엇과 같았는가? 무엇이 연결된 느낌을 받도록 도왔는가? 연결감을 마지막으로 느낀 때는 언제였는가? 당신이 신 또는 더 높은 힘과 관련하여 날마다 잠깐의 시간을 보내는 기분은 어떨 것 같은가?

오늘날의 아들러학파는 특정한 생애과제나 일반적인 삶의 태도
에 대한 관심을 창의적으로 끌어내는 질문 방법을 정교화하여 왔다.
예를 들어, "이 영역의 삶에서 개선하거나 바꾸고 싶은 것은 무엇인
가?"라는 질문은 각 생애과제 영역에서 이용될 수 있다(Sonstegard &
Bitter, 2004, p. 78). 촉진자가 일대일이나 집단 장면에서 사용할 수 있
는 소크라테스식 생애과제 질문의 예시가 〈표 10-1〉에 제시되어
있다.

○ 격려의 사용

어려운 생애과제에 직면했을 때, 자신과 타인의 복지를 고려하면
서 어떻게 적응하고 조정하는가를 이해함으로써 낙담과 격려의 자
원을 찾을 수 있다. 용기가 있느냐 없느냐에 따라 사람은 창의적으
로 서로 다른 길을 선택한다([그림 10-1]). 자기유계성self-boundedness
또는 자기관심을 향하는 길로 잘못 선택할 수도 있고, 사회적 관심
의 노정에서 자신과 타인에게 기여하고 협력하는 길을 선택할 수도
있다. 자기유계된 사람은 응석받이 또는 무시된, 즉 낙담한 사회적
삶의 양식을 갖는 사람들이다. 반면, 격려받은 사람은 다른 모습을
보인다.

모든 사람은 자기이상을 추구하거나 잘못된 목적을 뒤쫓다가 때
때로 낙담한다. 낙담은 "건설적이고 협력적인 방법으로는 성공할
수 없으며, 부적절하고, 삶의 요구를 충족하는 데 실패하였다는 태
도, 느낌 또는 신념"이다(Lingg & Wilborn, 1992, p. 65). 낙담한 청소

년은 자신이 효과적으로 삶에 대처할 수 없다고 믿어 공공연한 반항, 파괴, 부정적인 관심 추구 행동을 야기하는 잘못된 목적에 근거하여 중요성과 소속감을 얻고자 할지도 모른다. 낙담한 사람들은 인정을 받고 권위자를 기쁘게 하려는 마음이 지나칠 수 있다. 이들은 타인보다 나을 때만 가치 있을 것이라고 생각하는 것이다. 수행하거나 성취한 것의 실제와 관계없이, 그것은 낙담에 취약한 인정 추구자에게는 결코 충분하지 않다. '높은 기대 또는 비현실적인 기준, 실수에 초점 맞추기, 비교하기, 비관적으로 해석하기, 과도하게 책임지기'와 같은 두려움과 다른 형태의 부정적인 사고는 낙담을 발생시킬 수 있다(Milliren, Evans, & Newbauer, 2006, p. 116).

용기의 근원적인 의미를 이용하여 정의하면, 격려란 긍정적인 생애운동을 향한 개인의 용기를 촉진하는 과정이다. 심리학적 개념으로 살펴보면, 격려는 '심리적 근육'을 강화하는 용기를 주는 과정이다. 실제적인 사용 면에서 보면, 격려는 일련의 기술이고 과정 또는 결과다. 영성적인 개념으로 보면, 격려는 "영감 주기, 육성하기, 자극하기, 지지하기 또는 용기와 자신감을 주입시키기"를 위하여 이용하는 정신 또는 태도다.

격려를 통하여 촉진자는 개인이 그의 잘못된 목표에 도전하고 새로운 방향을 찾고 행동하도록 용기를 주고 힘을 북돋아 준다. 그뿐만 아니라 낙담한 개인들이 사회적 관심을 활성화하고 삶에서 의미와 목적을 창출하도록 돕는다. 아들러학파의 문헌에는 식물에 물이 필요한 것처럼 인간에게는 격려가 필요하다고 씌어 있다. 사회적 관심을 안녕의 중추, 용기를 근육이라고 한다면, 격려와 낙담은 생애운동을 할 수 있게 하는 조건이라고 할 수 있다.

격려는 관계를 돕는 데 사용될 때, 사회적 삶의 목적과 양식뿐 아니라 행동 변화에 대한 적절한 자기평가를 촉진하는 다양한 전략과 관련된다. 아들러학파의 격려의 개념과 전략은 교육, 가족, 치료, 조직 환경에서 폭넓게 적용되어 왔다. 따라서 격려는 낙담을 경험한 사람들을 위한 모든 개입의 핵심이 되어 왔다. 전문가와 비전문가 모두 변화를 위한 용기를 촉진하기 위하여 격려를 사용할 수 있다.

격려는 변화를 촉진하는 데 어떻게 작용하는가? [그림 10-1]에서 우리는 아들러학파의 문헌에서 수집한 생애태도를 정반대의 짝으로 제시했다. 우리는 두려움으로부터 영향을 받으면 자기관심을 향하여 움직이고, 경쟁하고 비교하며 과잉보상을 하거나 과소보상을 한다. 이러한 보호기제들은 왼쪽 단어 열에서 보여 주는 것처럼 낙담의 지각, 태도, 행동 또는 사회적으로 무용한 No 태도를 만들어 낸다. 반면, 우리는 사회적 관심으로 향하여 나아가도록 용기를 가지고 적절한 보상을 이용할 수 있다. 즉, 오른쪽 열에 있는 것처럼 격려의 지각, 태도, 행동으로 이어지는 협력하고 공헌하며 사회적으로 유용한 Yes 태도를 발달시킬 수 있다.

[그림 10-1]의 태도들은 개인 생활양식의 표현들인데, 초기 가족 훈련이나 학창 시절의 경험에 의해 형성된다. 초기 기억, 생물학적·심리적 출생순위에 대한 정보, 가족 구도, 낮과 밤의 꿈, 행동의 목적, 생애과제 평가에 대하여 객관적으로 면접하면서 이러한 태도들을 알아낼 수 있다(Sonstegard & Bitter, 2004).

우리의 생애태도는 두려움으로 자기관심을 향하거나 용기를 가지고 사회적 관심을 향하거나 하는 움직임의 방향의 특성을 드러낸

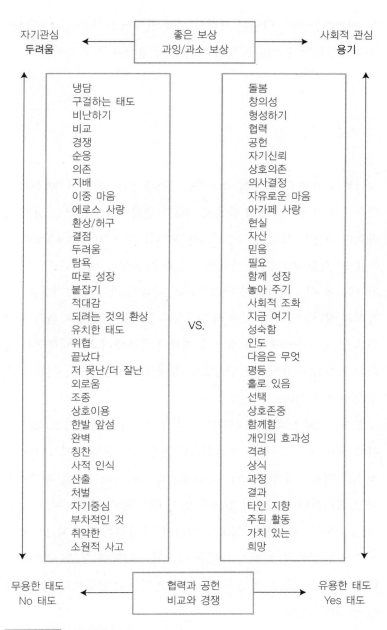

| 자기관심 두려움 | ← | 좋은 보상 과잉/과소 보상 | → | 사회적 관심 용기 |

냉담
구걸하는 태도
비난하기
비교
경쟁
순응
의존
지배
이중 마음
에로스 사랑
환상/허구
결점
두려움
탐욕
따로 성장
붙잡기
적대감
되려는 것의 환상
유치한 태도
위협
끝났다
저 못난/더 잘난
외로움
조종
상호이용
한발 앞섬
완벽
칭찬
사적 인식
산출
처벌
자기중심
부차적인 것
취약한
소원적 사고

VS.

돌봄
창의성
형성하기
협력
공헌
자기신뢰
상호의존
의사결정
자유로운 마음
아가페 사랑
현실
자산
믿음
필요
함께 성장
놓아 주기
사회적 조화
지금 여기
성숙함
인도
다음은 무엇
평등
홀로 있음
선택
상호존중
함께함
개인의 효과성
격려
상식
과정
결과
타인 지향
주된 활동
가치 있는
희망

| 무용한 태도 No 태도 | ← | 협력과 공헌 비교와 경쟁 | → | 유용한 태도 Yes 태도 |

그림 10-1 생애운동과 생애태도

다. 격려하는 것은 낙담한 사람이 왼쪽 열에서 오른쪽 열로 생애운
동을 재정향할 수 있도록 힘을 북돋는(즉, 용기를 주는) 것이다.

○ 촉진 과정

변화의 용기를 어떻게 촉진하는가? 개인심리학에서, 변화하는
것은 궁극적으로 자신의 잘못된 신념과 생활양식을 깨닫는 것이다.
변화의 과정은 개인이 자신의 신념체계를 재평가하고 재정향하도
록 돕는 것을 포함한다. 사회적 관심과 안녕감이 상호 연결되어 있
기 때문에 아들러학파의 변화이론은 다음의 가정에 근거한다. 그
가정은 일단 개인의 독특한 생활양식과 잘못된 목적을 이해하게 되
면 모든 생애과제에 있는 삶의 문제들을 극복하려고 노력하면서 사
회적 관심을 발달시키는 방향으로 자신을 재정향하는 용기를 얻을
수 있다는 것이다.

효과적으로 변화를 촉진하기 위해서 촉진자는 촉진의 요소를 알
아야 하며, 이 요소들은 개인심리학 문헌에서 변화의 과정이나 목
적으로 언급되어 있다(Milliren, Evans, & Newbauer, 2006). 촉진자는
항상 격려하면서 개인의 협력을 얻어 내고 함께 작업하여, 이들이
상호존중하는 관계를 만들고 유지하며, 생활양식 평가 과정(심리적
조사)에 참여하고, 심리적 개방을 하면서 통찰력을 얻고, 새로운 전
략을 가지고 새로운 생애 목적으로 재정향하고 행동으로 옮기도록
한다([그림 10-2]).

심리적 개방 (상호이해, 통찰)	재정향 (재교육)
심리적 조사	
관 계 (아가페 사랑의 속성에 의해 육성된 사회적/공동체 의식)	

그림 10-2 변화 촉진의 요소

관 계

관계는 촉진자가 상호존중을 기초로 하여 변화를 추구하는 개인과 효과적인 관계를 설정하는 요소다. 관계는 민주적인 분위기에서 발달한다. 민주적인 분위기에는 상호존중과 평등뿐 아니라 우리가 제9장(〈표 9-2〉 참조)에서 논의한 아가페 사랑의 속성도 있다. 용기 촉진자의 존재, 적극적 경청, 모델링은 인내, 무욕, 수용, 희망, 긍정적인 관심을 소통하는 사회적 감정의 조건들을 만들어 낸다(Miller, 2000). 적극적 경청과 모델링으로 특징 지어지는 이러한 관계는 나머지 모든 촉진 요소에 필요한 격려와 지지를 전달한다.

심리적 조사

심리적 조사는 평가 또는 정보 수집의 요소다. 촉진자가 아동기에 획득한 사회적 삶의 '규칙'과 관련하여 개인을 더 심층적으로 이해하기 위한 것이다. 심리적 조사의 기법은 생물학적 · 심리적 출생순위, 가족 구도, 초기 기억, 꿈의 분석, 생활양식 사정과 성격 우선순위 사정의 의미에 대한 조사를 포함한다.

많은 심리 측정 도구가 정신건강 전문가들에게 가용하다. 용기 촉진자가 이용하거나 다른 사람들과 공유하도록 몇 가지 주관적 · 객관적인 면접 기법을 제3부에서 소개한다(Sonstegard & Bitter, 2004). 이는 개인의 목적과 '사적 논리'를 나타내는 행동, 사고, 감정들의 주제 또는 패턴을 찾고자 하는 것이다. 아들러학파의 사정 기법과 이러한 기법들이 조력 관계 중 생성한 정보는 〈표 10-2〉에 요약되어 있다.

표 10-2	심리적 조사 도구(Adler, 1931/2003; Sonstegard & Bitter, 2004)
사정	**조사 내용**
생애과제	개인이 생애 문제를 다루는 데 이용하는 대처 방식. 일상생활에서 지지와 역기능의 영역(집단 장면에서는 집단행동이 다른 분야의 생애에 자신을 드러내는 정도도 조사하라).
초기 기억	위험, 처벌, 형제자매의 탄생, 등교 첫날, 질병 또는 죽음, 집에서 멀리 떠나 지내기, 나쁜 짓 그리고 다른 관심사들에 대한 기억. 자기, 타인, 인생, 윤리적인 입장에 대한 신념. 타인, 공동체와 관련하여 자신의 위치. 대처 방식과 동기화의 확인. 강점과 자산 또는 방해하는 생각이나 잘못된 목적의 확인.
가족 구도/출생순위	개인의 삶에서의 주요 영향들. 성정체성의 지침을 주었던 부모 및 양육자와 함께한 경험. 부모 및 양육자가 알려 준 인생과 사회에 대한 설명.
꿈	생활양식, 이성과 판단이 지배하는 깨어 있는 시간에는 접근할 수 없는 정서, 경고, 불안 유발 과제의 대비, 목적 달성, 문제 해결, 선견지명, 상실의 두려움, 극복의 표현.

심리적 개방

심리적 개방에서 촉진자의 과제는 개인이 자기실현을 향하여 나아가도록 돕기 위하여 피드백, 직면, 격려를 하는 것이다. 생활양식에 대한 상호이해는 목적 개방의 기법과 소크라테스식 질문에 의해 촉진될 수 있다. 촉진자는 유용한 정보를 얻고 개인과 함께 이해(상호이해)를 확인하는 데 근거 있는 추측을 이용한다. 각 개인은 생애과제에 대한 반응과 완전하려는 개인적 목적을 위한 활동에서 고유하기 때문에, 촉진자가 할 수 있는 최선은 추측하기다. "올바른 추측하기는 문제를 제어하는 첫 단계다(Alder, 1956, p. 329)." 이러한 상호이해는 심리적 개방의 목적이다. 이는 또한 심리적 조사 과정에서 수집된 정보에 뒤따르고, 의미 있는 행동의 동기가 되는 통찰로 여겨진다.

재정향

아들러학파에게 통찰은 행동 변화를 하는 데 충분하지 않다. 통찰은 단지 목적을 위한 수단일 뿐이다. 개인적인 선택과 행위를 깨달을 필요가 있다. 재정향은 효과적인 촉진의 가장 중요한 목적이다. 촉진자는 잘못된 개인적 목적을 재정향하도록 교육 · 촉진한다. 대안을 탐색하고, 자연적 · 논리적 결과를 이용하며, 행동의 실행을 격려한다. 이는 중요한 과정이다. 여기서 개인은 저항을 놓아 버리고, 책임을 받아들이며, 동료인 촉진자와의 협력을 통해 사회적 관심을 발달시키고, 행동의 용기를 되찾도록 촉진된다.

재정향 과정에서 개인심리학은 건강 분야에서 널리 이용되어 온 변화의 단계와 같은 실용주의적인 모델(계획된 인간 행동 변화의 횡이론 모델로 알려짐)과 공동작업을 할 수 있다(Prochaska & Diclemente, 1982). 이 모델은 변화가 점증적으로 꾸준히 일어난다고 가정한다. 변화의 단계는 다음과 같다.

- 사전 고려 단계—문제가 있음을 이해하지 못하고, 변화의 열망도 없다.
- 주시 단계—문제가 있음을 알고 행동으로 옮기고 싶어 한다
- 결정 단계(때로는 준비 단계라고도 함)—행동으로 옮길 준비를 하며, 변화를 향해 시험적인 행동을 할 수도 있다.
- 행위 단계—문제를 극복하기 위하여 행위를 한다. 행위는 매우 외현적인 행동 변화를 포함하며 상당한 시간과 에너지의 투입이 필요하다.
- 유지 단계—재발을 예방하고, 행위 단계에서 이룬 성과를 굳히기 위해 노력한다.
- 재발 단계—이전 행동으로 되돌아가는 일이 행위 단계나 유지 단계에서 일어날 수 있다. 재발되면 사전 고려 단계, 주시 단계, 결정 단계로 돌아간다.

변화단계이론은 변화를 시도하는 사람과 이들을 돕는 사람이 변화 과정에서 변화가 어떻게 일어나는지를 알도록 한다. 이러한 이해에서 중요한 핵심은 변화가 한 번에 한 단계에서 일어난다는 것이다. 만약 주시 단계에 있다면, 다음으로 결정 단계로 나아갈 수

있을 뿐임을 의미한다. 곧바로 행위나 유지 단계로 나아가려고 하면 악화될 뿐이다. 특정 단계에 이른 후에야 다음 단계로의 이동이 가능하다. 그러므로 재정향 과정에서 변화하려는 용기를 촉진하기는 인내, 끈기, 그리고 건설적인 방법으로 재발을 이용하려는 용기를 촉진하는 것을 의미한다.

○ 용기를 촉진하는 도구

제3부에서 우리는 제1부와 제2부의 이론적 개념들을 기초로 하여 개발한 스물두 개의 도구를 소개한다. 많은 아들러학파 동료들이 개인심리학을 실행하는 중 얻은 아이디어와 경험들이 이 도구들의 개발에 공헌했다. 모든 도구가 강점 평가에 유용하지만, 사용자들은 소크라테스식 질문, 초기 기억, 가족 구도, 생활양식 평가와 같은 아들러학파의 많은 기법이 이 도구에 스며 있음을 알게 될 것이다. 도구들은 다음과 같다.

도구 1. 대화의 지침: 소크라테스식 질문

도구 2. 태도 수정

도구 3. 출생순위

도구 4. 조화로운 변화

도구 5. 품성: 지시된 반영

도구 6. 구성적 양가감정

도구 7. 용기 사정하기

도구 8. 부모와 교사 자문

도구 9. E-5 집단 회기 지침

도구 10. 격려

도구 11. 직장에서의 가족 구도

도구 12. 목적 노출하기: '혹시 ~하지 않을까?'

도구 13. 홈페이지

도구 14. 희망은 선택이다

도구 15. 편의점에서

도구 16. 다양한 생활양식 면접

도구 17. 길을 잃은 또는 꼼짝 못한

도구 18. 가장 기억에 남는 순간

도구 19. 초기 기억 회상하기

도구 20. 움직임을 신뢰하기

도구 21. 위로, 아래로, 나란히: 평등 관계

도구 22. 선 따라 걷기

각 도구에 대해 간단한 이론적 설명으로 시작하고, 뒤이어 이론적 개념과 실제적 결과를 연결하는 목표를 제시한다. 각 도구는 몇 가지 아들러학파의 기법을 포함한다. 각 도구에 대한 단계별 설명이 있다. 어떤 도구에는 보충 활동지와 표(긴 표는 부록에 수록되었음)가 함께 있다. 도구의 상세한 개념이나 기법에 대해 더 알고 싶은 사람은 읽을거나 이 책의 도움이 되는 장을 보면 된다. 도구의 사용을 설명하기 위해 선정된 도구의 끝에 대화 대본이 실려 있다.

제2부에서 설명한 대로, 모든 생애과제는 분리될 수 없다. 개인

의 심리적 패턴을 이해하기 위해 다면적인 접근을 하여야 한다. 우리는 자기이해 또는 변화를 추구하는 사람이 관심을 두고 있는 특정 또는 모든 과제에서 이러한 도구들이 이용될 수 있다고 생각한다. 대부분의 도구는 어른과 아이에게 모두 적합하지만, 어떤 것은 특정 연령 집단에 더 적절할 수도 있다. 우리는 대부분의 도구를 미국, 유럽, 아시아에서 우리의 작업을 통해 시험하였으며, 이들이 여러 문화에 걸쳐 개인뿐 아니라 가족을 위하여 적용될 수 있기를 희망한다.

도구들은 일대일 면접과 대화, 소집단, 교실 상황에서 이용될 수 있다. 우리는 또한 도구들이 훈련, 자문, 전문적인 발표 목적에서 보충자료로 이용되기를 바란다. 우리는 먼저 이용자들이 이 책의 각 장을 읽어 볼 것을 강력히 추천한다. 각 장은 도구들의 개념 틀의 역할을 한다. 촉진자가 다른 사람에게 도구를 이용하기 전에 자신에게 실습한다면, 도움이 될 것이다.

도구 1. 대화의 지침: 소크라테스식 질문

근거

아들러에게는 '자조self help의 아버지'라는 칭호가 있다. 그는 우리가 전문가 없이도 도움을 얻을 수 있다고 믿었다. 결국 개인심리학은 상식의 심리학이다. 다양한 관계에 있는 개인들이 격려하고 통찰력 있는 대화를 하면, 이는 치료적이고 긍정적인 변화를 촉진할 수 있다. 소크라테스식 질문 기법은 개인심리학에서 널리 사용된다. 질문을 사용하여 우리는 개인의 통찰 또는 개인적인 이야기를 찾는 데 적극적으로 참여한다. 소크라테스식 질문은 우리 생애 문제들을 일으킨 내적 · 외적 요인에 대한 통찰을 풀어 낸다. 그런 질문들에 대한 우리의 반응은 우리의 욕구, 두려움 또는 다른 방법으로는 도달하지 못했을 더 깊은 수준의 목적을 드러낼 수 있다.

목표

1. 왜라는 단어는 결코 사용하지 않고 누가, 언제, 어디서, 무엇을, 어떻게와 같은 단어들을 사용하는 소크라테스식 질문 기법을 보여 주기
2. 논의가 집중되고, 활기를 띠고, 치료적으로 책임 있도록 하면서 양편이 이해를 공유하도록 작업할 때, 소크라테스식 질문을 협력적으로 사용하는 방법을 보여 주기

읽을거리

- 제10장

- Stein, H. T. (1991). Adler and Socrates: Similarities and differences. *Individual Psychology, 47*(2), pp. 241-246.

방법

A. 한 마디 '질문The Question'

- 당신에게 그것은 어땠는가?

B. 선택

- 무엇이 그런 결론을 내리게 했는가?

- 모든 가능성 중에서 무엇이 당신을 _____하도록 했는가?

- 당신의 마음을 끄는 _____은 무엇인가?

C. 감정

- 그 상황을 고려할 때 몹시 화나는가, 슬픈가, 기쁜가, 또는 무서운가 등등, 또는 복합적인가?

- 당신이 _____ 느꼈을 때, 당신에게 그것은 무엇과 같은가?

- 당신의 신체 어디에서 그것을 경험하는가?

D. 스냅사진

- 사진이나 스냅사진에서처럼 당신에게 눈에 띄는 순간은 무엇인가?

E. 연관성

- 지금 그것은 당신과 어떻게 관련되는가?

- 지금 당장 그것은 당신의 삶에서 어떻게 발생되는가?

F. 결정

- 그렇게 되어 가고 있을 때, 그것에 대해 당신이 한 결정을 기억하는가?
- 그 일이 일어났을 때 당신이 무슨 생각을 했는지 기억하는가?
- 무엇이 그런 결정을 내리게 했는가?

G. 양가감정
- 당신이 그것을 했다면, 무슨 일이 있어났을까?
  (당신이 그것을 한다면, 무슨 일이 일어날까?)
- 당신이 그것을 하지 않았다면, 무슨 일이 있어났을까?
  (당신이 그것을 하지 않는다면, 무슨 일이 일어날까?)
- 나는 무엇을 보게 될 것인가?
- 그것에 대해 좀 더 말해 본다면?
- 예를 들어 본다면?
- 그것은 무엇처럼 보이는가?

H. 목적 설정
- 오늘 내가 당신에게 어떻게 도움이 되기를 바라는가?
- 오늘 여기서 내가 당신을 어떻게 도울 수 있다고 생각하는가?
- 오늘 우리가 이야기 나눈 것이 당신에게 어떻게 도움이 되는가?

I. 질문의 '질문'
- 내가 당신이 원하는 대로 모든 것을 변화시킬 수 있는 마법의 힘을 가지고 있다면, 당신의 상황은 어떻게 달라질까?

J. 이름
- 당신의 이름을 어떻게 갖게 되었는지 알고 있는가?(모른다면, 지은 사람에게 물어라)

• 당신은 그것이 무엇을 의미하는지 아는가?(모른다면, 의미를 만들어라)

• 당신의 이름에서 좋은(싫은) 점은 무엇인가?

• 당신이 이름을 바꾼다면, 어떤 것을 선택할 것인가?

K. 진로

• 어떤 종류의 직업을 가지고 있었는가?

• 처음으로 정기적인 급여를 받은 직업은 무엇이었는가?

• 어떤 종류의 일들을 했는가?

• 그 일의 좋은(싫은) 점은 무엇인가?

L. 개인적인 격려자

• 어렸을 때, 당신을 믿어 준 사람이 있었는가?

• 당신을 격려했던 사람은 누구였는가?

• 그들은 무엇을 했는가? 당신은 어떻게 알았는가?

M. 모든 …… 중에서

• 당신이 아는 모든 _____ 중에서, 어떤 것을 선호하는가?

• 당신의 마음을 끄는 _____은 무엇인가?

N. 경청할 때

• 이야기를 들을 때, 가능한 한 많이 내담자의 비유를 항상 이용하라.

• 내담자의 자산이나 장점 5~6개를 발견하라.

• 이러한 강점과 자산을 3×5인치 카드에 기록하라.

• 내담자가 떠날 때 내담자와 이 카드를 공유하라.

O. 강점 대본

• 우리가 이야기하는 동안, 나는 무엇인가 하려고 해요. 목록

을 작성하려고 하는데…… 당신의 자산과 강점(또는 당신이
이미 잘한 일들)을 경청할 것입니다. 경청하면서, 당신이 몇
가지 어려움에서 사용하고 있거나 사용할 수 있는 강점의
목록을 작성하려고 합니다. 아마도 학교나 가정에 대하여,
또는 가족이나 친구와 함께…… 그래서 잠시 우리 이야기할
수 있을까요? [대답할 시간을 준다.]

• 오늘 끝내기 바로 전에, 당신이 원한다면 이 목록을 복사해
줄 수 있습니다. 내가 그것을 기억하도록 도와줄래요? [대답
할 시간을 준다.]

도구 2. 태도 수정

근거

태도는 어떤 방식으로 행동하게 하는 사전 성향이다. 긍정적인
태도들은 문제 되지 않는다. 어린 시절부터 계속된 자기의심의 맥락
에 존재하는 부정적인 태도들이 우리의 판단을 중단시킨다. 특히 우
리는 중요성을 추구하거나 지각된 실패의 위협에 반응할 때 보호 전
략이나 태도를 고수한다. 우리는 태도 수정이라고 하는 아들러학파
의 기법을 가지고 부정적인 태도를 긍정적인 태도로 바꿀 수 있다.

목표

1. 태도 수정과 행동 수정을 구별하기
2. 개인의 부정적인 태도 또는 자기보호 전략을 인식하기
3. 개인적으로 성공한 영역을 확인하고 명명하며, 이를 긍정적인 태도와 연결하기
4. 긍정적인 태도를 생애과제에 적용하기

읽을거리

• 제8장
• Losoncy, L. E.(2000). *Turning people on: How to be an encouraging person.* Sanford, FL: InSync Communications LLC and InSync Press.

방법

A. 전통 심리학은 행동이 외부 환경의 자극에 대한 학습된 반응이라고 믿었다(B=S→R). 개인심리학에서는 사람의 선택, 창의적인 노력, 방향, 꿈들이 환경적 입력과 최종 산출 사이를 다음과 같이 매우 다른 신념으로 중재한다(B=S→YOU→R).

   • 자극적인 목적을 위해 작업할 때, 생산성은 향상된다(목적론).
   • 내면적 욕구(내재적 동기)는 어떤 다른 사람의 독려(외재적 동기)보다 심층적인 동기부여자다.
   • 사람은 자신의 고유한 강점, 재능, 관심, 가능성으로부터 움직일 때 가장 잘 기능한다(강점 중심).
   • 사람은 더 큰 공동체에 소속되고 공헌하려는 욕구가 있다.

- 사람은 경쟁을 넘어서서 협력과 협동을 가치 있게 여기는 환경에서 동기를 더 잘 부여받는다. 전인적으로 성장할 때, 사람들은 자기 전체를 관계 안으로 들어가게 한다.

B. 태도가 바뀌어야 행동이 바뀐다. 부정적인 태도는 상상된 실패를 피하려는 변명과 직접 관련된다. 당신의 보호 전략들을 인식하라. 예를 들면, 우울증, 거리 두기, 자신 또는 다른 사람 탓하기, 죄책감, 최악을 상정하기, 비판하기, 우유부단, 소외, 부차적인 일로 우회하기, 자기고양, 적대감 등이다.

C. 당신이 성공적으로 다루어 온 한두 가지 현재 생활 상황을 선택하라. 당신의 성공에 이름을 붙여 가며(부록 〈표 A10-1〉 참조) 긍정적인 요소를 확인하고, 누군가에게 또는 자신에게 보고하라. 자신 안에 있는 이러한 감정을 당신이 인식하는 것이 중요하다. 당신은 이를 오래된 자기의심을 벗는 데 이용할 수 있고, 자기의심을 긍정적인 것으로 대체할 수 있다.

D. 끊임없이 어려운 몇 가지 다른 삶의 문제를 선택하라. B=S→R 공식을 이용하여, 새로운 태도를 갖는 것을 막는 이전의 장애로부터 마음의 공포와 부정적인 태도를 습득하였는지 알아보라. 이제, 당신 자신에게 B=S→YOU→R 공식을 적용하라. 변화의 조건을 만들기 위하여 어떤 선택을 할 것인가? 똑같은 문제에 성공한다면, 당신의 최고의 날은 어떨 것 같은가? 새로운 문제들을 충족하는 데 이용할 수 있는 C의 자산들은 무엇인가?

도구 3. 출생순위

근거

아이가 태어나면 가족 내 위치를 갖게 된다. 가족 위치는 가족 내에서 상호작용하는 행동을 결정하고, 나중에는 생애과제, 생애 목적, 생활양식에 대한 품성 태도를 결정한다. 이러한 품성 발달은 일반적으로 열등감을 극복하기 위한 아이의 창조적인 노력에 기초하고, 부모, 형제자매, 그리고 아동의 초기 생애 의사결정과 행동에 의미 있는 타인의 반응에 기초한다. 생물학적 출생순위와 심리적 출생순위를 비교하는 것은 개인 정보뿐만 아니라 가족, 직장, 지역사회의 다른 사람들과의 관계 정보를 실용적으로 알려 준다.

목표

1. 개인의 생물학적 및 심리적 출생순위를 조사하기
2. 생활양식 사정을 위해 가족 구도와 결부된 정보를 이용하기
3. 집단 또는 부모 교육 상황에서 목표 1, 2를 적용하기

읽을거리

• 제6장
• Eckstein, D., & Kern, R. (2002). *Psychological fingerprints: Lifestyle assessment and intervention* (5th ed.). Dubuque, IA: Kendall/Hunt.

방법

A. 다음 질문을 하며 출생순위 정보를 수집한다.

- 당신이 자랄 때, 당신 가족의 구성원들은 누구였는가?
- 당신은 자신을 첫째, 둘째, 중간, 막내 또는 외동이라고 생각 하는가?
- 당신 가족 내에서 _____ 아이인 것에 관하여 무엇이 좋은가?
- Rachel의 사례에서의 예와 같은 가계도를 그려라(제6장 [그림 6-1] 참조).

B. 심리적 출생순위를 결정하는 데 도움이 되는 초기 아동기 경험들에 대한 통찰을 수집하라. 예를 들면, 성별, 어린 시절의 질병 또는 형제자매의 장애, 상실(유산 또는 죽음), 함께 살았던 확대가족, 이혼, 재혼, 입양, 형제자매 간의 나이 차이, 형제자매 간의 경쟁, 복합가족 요인, 부모의 태도 등등이 있다.

C. 자신과 타인에 대한 개인의 일반적인 태도를 추측하라. 자신에 대한 기술을 동의하거나 수정하도록 허용하라.

D. 집단의 경우

- 출생순위(첫째, 중간, 막내, 외동)에 따라 작은 집단으로 나누고, 그들의 위치에서 있었던 성장 경험을 나누도록 하라.
- 구성원들에게 출생순위에 따라 그들의 형제자매들에 대해 기술 · 정형화하도록 요청하라.
- 첫째에게 다른 사람들의 기술에 추가하도록 요청하라.

E. 부모 교육이라면, 부모들이 그들의 성장 경험과 그들의 아이들에 대한 관찰을 표현하도록 하라.

도구 4. 조화로운 변화

근거

조화는 많은 문화와 개인심리학에서 표현되는 사회적·영성적인 이상이다. 동양 사상에서 삶의 통합은 만물이 음과 양의 상대적인 에너지로 형성된다고 믿는 데 있다. 조화로움은 변화의 흐름에 따라, 반대쌍이 상호순환적으로 그리고 지속적으로 서로를 보상하고 서로를 생산하는 방식의 자연적인 흐름에 따라 앞으로 나아가는 것이다. 개인심리학은 이러한 가치체계와 협력하여 우리는 전체의 일부일 뿐임을 인식한다. 우리가 타인, 사회, 자연, 우주와 상호 관련되어 있을 때 생존을 위한 궁극적인 보호와 대비는 경쟁과 비교가 아니라 협력과 공헌에 있음을 안다.

목표

1. 개인의 발달을 도교 또는 자연주의 세계관에서 표현된 것처럼 순환적이고 상호적인 방식의 생애운동(불충분함에서 충만함으로)으로 보기
2. 개인심리학이 어떻게 다양한 가치체계와 협력하고, 이상적인 정신건강 상태로서의 조화를 이해하고 함양하는가를 개념화하기

읽을거리

- 제1장, 제7장, 제8장, 제9장

• Carlson, J., Kurato, W. T., Ng, K., Ruiz, E., & Yang, J. (2004). A multicultural discussion about personality development. *The Family Journal, 12,* 111-121.

방법

A. [그림 10-3]에 있는 생활 상황의 여덟 개 방향을 숙지하라. 이는 『주역』에 있는 중국 팔괘를 본 딴 것이다. 여덟 개 방향은 우주에 대하여 반응하는 우리의 에너지 사용을 나타낸다. 생애과제들(예를 들면, 일/교육, 사랑, 가족, 지역사회)을 반영하는 당신 자신의 목적에 명명하라.

B. 반대 방향의 한 쌍을 연결하는 각 지름에 당신 자신의 위치를 정하라. 현재 당신은 어떤 방향들을 향하고 있는가? 당신의 원은 새롭고 더 큰 원으로 모든 면에서 발달하고 있는가? 또는 한쪽으로 치우쳤는가? 발전이 없는가?

C. 중국인의 신념에 따르면, 양극화된 생애 목적의 상호연결은 음양의 힘의 조화로운 균형에 의해 가장 잘 이루어진다. 양과 음의 현시는 상호 의존하고 보완하는 개념 쌍에서 자주 묘사된다. [그림 10-3]에서의 생애 목적과 생애운동 방향을 〈표 10-3〉에 기록하라. 당신의 에너지 사용의 균형을 점검하라. 그리고 양의 태도가 더 필요한지 음의 태도가 더 필요한지 물어보라. 예를 들면, NW(공동체 봉사)의 생애 방향은 많은 양의 에너지를 사용하여, 주기와 봉사하기를 요구한다. 균형을 이루기 위해, 받고 쉬는 SW(반드시 가정생활에 기반을 두도록 한다)의 생애태도를 습득하는 것이 필요하다.

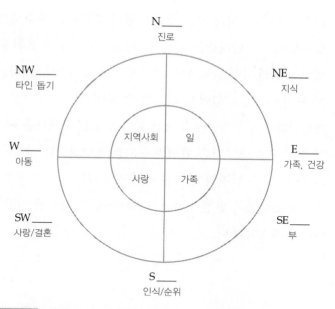

N___
진로

NW___
타인 돕기

NE___
지식

W___
아동

지역사회 | 일

E___
가족, 건강

사랑 | 가족

SW___
사랑/결혼

SE___
부

S___
인식/순위

그림 10-3 변화의 8개 방향 균형 잡기

표 10-3 생애 목적, 변화 방향, 균형 활동지

[그림 10-3]에 있는 당신의 생애 목적	변화의 방향	음/양 균형	양/음 태도 쌍의 예
	☰ (S) ☷ (N)		남성다움-여성다움 낮(해)-밤(달)
	☰ (E) ☷ (W)		긍정적-부정적 지능-지혜 강함-인내
	☷ (SW) ☰ (NE)		구성-교수 주기-받기
	☷ (SE) ☰ (NW)		사랑하기-사랑받기 발달하기-보존하기 지식-신비

주: 양은 실선, 음은 점선으로 표시된다. 양과 음의 에너지 균형을 맞추는 것은 사고, 감정, 행위에 있는 생애 방향의 반대되는 태도들을 활용하는 것이다.

D. 조화를 이루는 것은 종종 바람과 물로 표현되는 우주 운동에 합류함으로써 반대들을 화해시키는 것이다. 더 큰 조화를 경험하기 위해 당신 삶의 어떤 영역에서 음의 지혜에, 그리고 어떤 영역에서 양의 힘에 더 의지할 수 있는가?

E. 개인심리학에서 개인에게 닥친 삶의 당면한 문제들을 해결하기 위한 유일한 수단은 협력의 용기를 발달시키는 것이다. 다른 한편, 사회 발전의 목적을 위해서 우리는 공헌의 용기, 개인적으로 극복과 완전을 추구하면서 타인의 복지를 생각하는 마음을 가져야 한다.

도구 5. 품성: 지시된 반영

근거

품성은 자기존중의 개념과 관련된다. 아들러에 따르면, 자기존중은 "잘못하고 불완전함에도 불구하고 가치 있는 존재라고 느끼는 것"이다. 우리에게는 만나는 사람들의 근본적인 품성 요소를 반영할 기회가 날마다 있다. 그렇게 함으로써 이들이 선택하고 있는 생애를 강화한다. 지시된 반영은 용기 촉진자가 사람들이 객관적인 상황과 관계없이 최선으로 행동하고 있음을 발견하고 확인하도록 하는 도구다.

목표

1. 지시된 반영 기법을 사용하여 다른 사람의 품성을 끌어내고 발달을 돕기
2. 부록 〈표 A10-2〉에 있는 사람의 품성을 확인하는 데 도움이 되는 36개의 '품성' 또는 요소의 사용을 연습하기(개인의 '성공' 보고에 대해 반응하면서 개인에게 직접적으로 되돌려 반영할 수 있는 특성이 됨).

읽을거리

• 제8장

방법

A. 자신이나 타인의 성공 이야기 배후에 있는 특성을 들을 때, 교육받은 추측을 하라.
B. 다음의 응답을 '들으려고' 하라. 그리고 차이점을 알아차려라.
  • 그것에 대해 어떻게 느꼈는가?
  • 그것이 당신에게 드러나는 방식에 대해 당신은 좋게 느껴야 한다.
  • 당신이 혼자 힘으로 그것들을 다룰 수 있다는 것을 알게 되면, 내심 기분이 정말 좋아질 것이다.
C. 일들이 일어나고 있을 때, 이들의 특성을 '포착하라'. 사람들이 그들의 이야기를 들려줄 때, 적절한 시기에 진심으로 〈표 A10-2〉의 36개 품성 요소에 따른 지시된 반영으로 이들의 말에 반응하라.

D. 사람들이 즉각 어떤 성공을 기억하지 못하면, 다음의 말이나 질문으로 상호작용을 시작하라. "당신이 승리하거나 성공한 것 중 하나를 말해 보세요." "최근에 성취한 것을 말해 보세요." "전에 전혀 하지 않았던 새로운 것을 한 적이 있나요?" "어떤 종류의 긍정적인 위험들을 감수하였나요?" 그리고 들을 준비를 하고, 품성 요소에 초점을 맞추어라. 그 사람의 첫 번째 반응이 성과 있어 보이면, 적절한 반응을 이어 가라. "그 것은 당신에게 어땠지요?"

대화 예시

고등학교 2학년 여학생이 부정적인 성공에 대해 말하고 있다. 그러나 관계를 상실한 슬픔이 어느 정도 있더라도, 그녀가 관계를 끝내는 것을 가능하게 하는 긍정적인 기초 품성 요소를 직접적으로 반영할 수 있는 기회가 되었다.

소녀: 저는 지난 밤 마침내 남자친구와 헤어졌어요. 아시겠지만, 그는 나를 매우 함부로 대했어요.

어른: 지금은 상처가 되겠지만, 네가 매우 잘했다고 말하는 것 같구나. [자신감]

소녀: 오랫동안 두려웠지만 그렇게 하기로 결심했고, 그렇게 했어요.

어른: 그래서 너는 두려움을 극복하고 큰 걸음을 내디뎠구나. [두려움/걱정에서의 자유]

소녀: 특히 저에게는, 그래요. 저는 문제를 일으키는 것을 좋아하지 않아요.

어른: 너는 할 수 있다면 평화롭게 지내고 싶어 하지만, 지금은 이
　　　와 같이 자신을 책임질 수 있다는 것을 알았구나![힘과 통제]

소녀: 저는 더 나은 대접을 받을 만해요. 그는 항상 저를 깎아 내리
　　　고 어리석다고 했어요.

어른: 그리고 너는 그보다 가치 있고 소중하구나. [평등]

소녀: 예, 물론이죠!

어른: 그리고 지금은 정말 그 상황을 통제하고 있다고 느끼고 있구
　　　나. [독립]

소녀: 예. 그는 다시 만나길 원하지만 저는 더 이상 관심 없어요.

도구 6. 구성적 양가감정

근거

　우리의 현재 문제는 종종 더 중요한 문제 또는 성격 유형의 영향
을 받는다. 흔히 있는 일이지만, 양가감정은 특정한 문제의 핵심이
되고, 종종 고통을 불러일으킨다. 자기긍정의 용기를 촉진하기 위
하여, 동기부여 면접의 기법이 양가감정을 점검하고 해결하는 데
유용하다. '양자택일' 'Yes, but' 또는 이중적인 마음은 사람을 낙
담시키는 반면, 인간 중심의 직접적 접근법은 '자유로운 마음'을
격려한다.

목표

1. 인간 중심적이고 지시적인 접근을 이용하여 양가감정을 점검하고 해결하기
2. 개인이 경험하는 양가감정이 Yes 태도를 가지고 앞으로 나아가는 것을 개발하도록 촉진하기

읽을거리

- 제1장, 제8장
- Rollnick, S., & Miller, W. R. (1995). What is motivational interviewing? *Behavioral and Cognitive Psychology, 23*, 325-334.

방법

A. 개인의 참조 틀을 찾고 수용과 긍정을 표현함으로써 친밀함과 신뢰를 형성하기 위하여 인간 중심적 접근을 이용하라.
B. 반영적 경청을 통하여 양가감정의 본질을 분명히 표현하도록 격려하라.
C. 변화를 위한 논점을 분명히 이해하도록 조력하라.
D. 상담자는 양가감정을 점검하고 해결하도록 돕는 데 지시적이다.

대화 예시

Robert는 스물세 살의 미국 해병이다. 그는 그의 음주를 걱정하는 부모의 요청으로 상담을 받으러 왔다. 그는 가끔 폭주함을 인정했다. 한 번 마실 때마다 8~10병을 마신다고 한다. 그러나 그런 경

우는 드물다고 한다(한 달에 두 번). 또한 그는 분대원(여덟 명의 다른 해병들)과 매우 친하고 그들과 모든 것을 함께한다고 했다—그들은 가족보다 가깝다. Robert는 두 번의 전투 파병을 마쳤고, 머지않아 해병대 제대를 결정해야 한다. 이 결정 문제가 그에게 엄청난 스트레스를 주고 있다.

Mark: 오늘 와 주셔서 감사합니다. 무엇에 대해 이야기하고 싶은가요?

Robert: 글쎄요, 부모님께서 저에게 음주 문제가 있다고 생각하세요. 그래서 저는 저의 음주 문제에 대해 이야기하기 위해 당신을 만나는 것에 동의했습니다.

Mark: 당신은 음주 문제에 대해 이야기하고 싶어 하는군요.

Robert: 예, 때때로 폭주해요. 하루 저녁에 여섯 개들이 한 세트나 두 세트를 마십니다. 자주 그러지는 않습니다. 그러나 지난 주말 토요일 오후와 저녁에는 맥주를 열여덟 병이나 마셨습니다.

Mark: 열여덟 병.

Robert: 네, 많이 마셨어요. 그러나 저는 중요한 결정을 해야 하고, 그것을 생각하느라 매우 지쳤어요. 벗어나고 싶었지요. 그래서 그랬어요.

Mark: 중요한 결정.

Robert: 네, 지금은 휴가 중이고, 부대로 복귀하면 계속 있을 것인지 제대할 것인지 해병대에 알려 주어야 해요. 마음을 정해야 하지만 어렵군요. 저는 해병대를 사랑합니다. 저는 해병대에서 사나이가 되었고 동료들을 사랑합니다. 그들과 함께 두 번이나 전투에 참여했고, 아무도 하거나 보지 말아야 할 그런 일들을 우리는 보았고 했습니다. 끔찍했어요. 그러나 그들은 저를 위해 거기 있었고 전 그들을 위해 거기 있었습니다. 지금 저는 떠나기로 결정했고, 그 결정이 옳은 결정이라고 느끼지만, 속으로는 죽을 지경입니다. 마치 가족에게 등을 돌리는 것 같아요. 그러나 저는 다시 돌아가야 할지도 모른다고 생각하니 가만히 있을 수가 없습니다. 저는 두렵지 않습니다. 저는 부대원들을 위해서라면 지금 당장 죽을 수도 있습니다. 그것은 문제가 아닙니다. 문제는 모든 전쟁이 매우 엉망진창이라는 것입니다. 결국 우리는 잘못된 사람, 죄 없는 사람, 아무 상관없는 사람을 죽이고 있습니다. 당신은 그냥 당신 일을 하고 있습니다. 그러나 아무도 그 일이 무엇인지 모릅니다. 일은 그날그날 변합니다. 이는 추하고, 혼란스럽습니다. 좋은 사람들이 죽어 갑니다. 저는 더 이상 혼돈의 일부가 되고 싶지 않습니다. 지금 이것이 저의 선택이고, 선택을 했습니다. 하지만 매우 힘듭니다. 저는 그렇게 하는 것이 올바른 일임을 알지만, 제가 직속상관인 Gunny와 부대원들에게 말할 때, 힘들 것입니다. 매우 힘들 것입니다. 저는 그렇게 하고 싶지 않습니다.

Mark: 자, 내가 정확히 이해했는지 살펴봅시다. 해병대에 머무는 시간이 다 끝나 가는군요. 비록 당신이 해병대와 특히 부대원들을 사랑하지만, 떠날 필요가 있음을 알고, 다시는 전쟁의 혼돈을 접하고 싶지 않다는 것이 분명하군요—너무 많은 죄 없는 사람들이 죽어 가고. 그리고 당신의 결정이 옳다는 것을 알고 있지만, 당신의 결정을 해병대 '가족'에게 말하는 것이 내면적으로는 매우 고통스럽군요.

Robert: 네, 맞습니다. 마음이 무척 고통스럽습니다.

Mark: 이것이 옳은 결정이라는 것에 대해 어떻게 느끼는지 좀 더 말해 보세요.

Robert: 신병 훈련소에 갔을 때 저는 어렸습니다. 인생에 대해서 아무것도 몰랐지요. 지금은 4년이 지났는데, 살고 싶습니다. 달라지고 싶어요. 전에는 대학에 대해서 전혀 생각해 보지 않았습니다. 대학은 더 상급학교일 뿐이라고 생각했는데, 지금은 교육받은 사람이 되고 싶습니다. 배우는 것은 재미있습니다. 더 나은 사람, 더 완전한 사람이 될 수 있도록, 어린 시절에 할 수 있었던 만큼 배우고 싶습니다. 이라크에서, 친구들과 저는 모두 똑같았습니다. 우리는 더 잘할 수 있는 것이 없었기 때문에 해병대에 지원했지요. 지금 나는 더 잘할 수 있는 것들이 많이 있습니다.

Mark: 당신은 해병대에 있는 동안 성장했다고 느끼고 있으며, 인생을 잘 사는 것과 학교에 가는 것에 대해 들떠 있는 것으로 들리는군요.

Robert: 네! 매우 신이 나 있어요.

Mark: 그러나 Gunny와 당신의 해병 가족이 있고요……

Robert: 알아요. 저는 그들을 사랑하고 있으며 떠나는 것이 힘들 것입니다. 우리는 매우 가까워요. 어떤 집단도 다시 그만큼 가까워질 수 없을 것입니다. 엄청 그리울 것입니다.

Mark: 당신은 원하는 것을 잘 알고 있는 것처럼 들립니다. 그래서 진짜 문제가 무엇인지 궁금해지는군요?

Robert: 무슨 말씀이세요?

Mark: 당신은 군 제대와 그 후 계획에 대해 신이 나지만, 그러한 결정으로 몸부림치고 있으며 스트레스를 피하기 위하여 술을 많이 마시고 있다고 들었는데, 이 모든 것은 당신에게 어떤 의미가 있지요?

Robert: 그것은 힘든 결정이라는 것을 의미해요. 그리고 어떤 면에서 제가 이기적이고 부대를 실망시키는 것이라고 느낍니다. 그들은 저를 훈련시켰습니다. 저는 경험을 쌓았으며, 지금은 그들에게서 등을 돌리고 있습니다.

Mark: 다른 사람들을 실망시키지 않는 것이 당신에게는 정말 중요한 것처럼 들립니다.

Robert: 예, 그런 것 같아요.

Mark: 다른 사람들이 어떻게 생각하는지가 당신이 하는 일에 영향을 미친다고도 할 수 있군요.

Robert: 네, 저의 행동들이 자주 다른 사람들을 기쁘게 하는 데 기반을 두고 있다고 생각합니다.

Mark: 그것에 대해 어떻게 생각합니까?

Robert: 저는 결코 다른 사람들을 실망시키고 싶지 않습니다.

Mark: 그러면 당신 자신을 실망시키는 것에 대해서는 어떻게 생각합니까?

Robert: 오랫동안 그렇게 해 왔습니다.

Mark: 그러면, 내가 보기엔 해병대를 떠나기로 한 당신의 결정은 당신을 기쁘게 하는 것이지만, 다른 사람들을 기쁘게 하는 것이 아니군요. 이것이 문제인 것 같습니다.

Robert: 예, 당신의 말이 맞는 것 같아요.

Mark: 그러면, 당신에게 더 중요한 것은 무엇인가요? 당신의 심장
과 마음이 알고 있는 것을 행하는 것이 당신을 위하여 올바른
일입니까? 아니면 다른 사람이 당신에게 원하는 것을 하는 것
이 당신을 위하여 올바른 일입니까?

Robert: 간단하군요.

Mark: 그런 것 같아요.

도구 7. 용기 사정하기

근거

용기에는 위험을 평가하고, 기술을 습득하고, 문제를 해결하도
록 하는 많은 관련 특성이 있다. 두려움이 있을 때, 진정한 용기는
그 상황을 세심하게 평가하고, 연민 감정과 자신감을 표현한다. 드
러난 행동과 지각된 자신감은 둘 다 보상이나 추구의 표현이다. 사
회적 유용성과 균형감은 좋고 나쁜 보상의 준거다. 아들러에게 용
기는 생애과제를 직면하고, 실수를 감수하고, 소속감을 느끼기 위
하여 적응의 무용한 쪽에서 유용한 쪽으로 나아가게 하는 진정한
협력의 전제조건이다. 반대로 용기가 부족하면 열등감, 비관주의,
회피, 비행이 야기된다.

목표

1. 과잉 또는 과소 보상 경향의 측면에서 자신과 타인에 대한 태도를 조사하기
2. 이접 및 결속 감정 측면에서 두려움을 조사하기
3. 자신과 타인에 대한 자신감과 사회적으로 유용한 태도 측면에서 용기 수준을 사정하기

읽을거리

• 제1장, 제7장, 제10장

방법

A. 생애 도전 및 문제들에 반응하는 방식이나 행동 계획을 경청하면서, 나쁜 보상에 기대고 있는지를 사정하라. 이는 하나 또는 모든 생애과제에서 과잉 또는 과소 보상하는 경향과 관련한다. 좋은 보상은 사회적으로 유용한 활동을 선택하는 것이다. 이는 인지된 부채를 사회적 책임감, 인류와 더 친밀한 접촉, 어려움의 수용과 자산으로 전환한다.
B. 이접 감정 또는 결속 감정을 경험하는 방식에 대하여 더 많은 정보를 수집하라.
C. 자기관심(사회적 무용성) 또는 사회적 관심(사회적 유용성)이라는 면에서, 자신과 타인에 대한 태도를 추측하라.
D. 일, 사랑, 우정/가족/지역사회에 대한 생애태도를 전반적으로 알아보기 위하여 〈표 10-4〉의 활동지를 이용하라. 그리고 용기와 자신감의 정도를 추측하라(사회적으로 무용한, 그리고 사

회적으로 유용한 태도에 대한 [그림 10-1] 참조).

표 10-4 용기 활동지

용기의 측면들		두려움 (이접 감정, 사회적으로 무용한 태도)	
		자기	타인
인지적/ 평가적 태도	과잉보상		
	과소보상		
	실제적 지혜로 균형 잡힌	자신감 (결속 감정, 사회적으로 유용한 태도)	
		자기	타인

주: 이접 감정의 예—슬픈, 실의에 빠진, 실망한, 시무룩한, 게으른, 적대적인, 침울한, 초조한, 침체한, 우울한, 두려운, 소심한, 혐오스러운, 악의적인, 무관심한, 염려하는, 저항하는, 명한, 질투하는, 부러워하는. 결속 감정의 예: 사랑, 칭찬할 만한, 좋아하는, 희망, 행복, 기쁜, 반가운, 열렬한, 흥미 있는, 호기심 있는, 자신 있는, 전도유망한, 수용하는, 감사하는.

도구 8. 부모와 교사 자문

근거

비행 아동이 있는 가정과 교실에서의 문제를 해결하는 것은 부모와 교사의 임무다. 진정성 있고 상호존중하면서 용기 있게 직면하고 갈등을 해결하는 것은 모두에게 즐거운 결과를 가져다줄 수 있다. 교사와 부모는 모델이 되어 아동 및 십대와 평등한 관계를 만들 수 있다. 문제들은 부모와 교사가 아동과 함께 해결 방안을 찾아보는 기회가 된다. 이는 개인의 발달과 타인과의 관계 발달에 오랫동안 영향을 미칠 것이다.

목표
1. 가정과 교실에서 아동의 문제 상황을 접하는 부모와 교사를 위한 단계적인 대화 각본을 제공하기
2. 상황이 힘들어질 때, 실제적인 기술(목적 공개와 격려)로 부모와 교사를 지지하기

읽을거리
- Dinkmeyer, D., Jr., & Carlson, J. (2001). *Consultation: Creating school-based interventions* (2nd ed.). Philadelphia: Taylor & Francis.
- Dreikurs, R., Grunwald, B. B., & Pepper, F. C. (1982). *Maintaining sanity in the classroom* (2nd ed.). New York: Harper & Row.
- Dreikurs, R., & Soltz, V. (1964). *Children: The challenge.* New York: Hawthorn.
- Grunwald, B. B., & McAbee, H. V. (1985). *Guiding family: Practical counseling techniques.* Muncie, IN: Accelerated Development Inc.

방법

A. 분위기 조성하기

친밀함을 형성하고 평등한 관계를 만들 시간을 가져라. 필요
하면, 사생활과 비밀 보장에 대해 논의하라. 자문은 교육적인
과정이지, 마녀사냥이나 비난하려는 활동이 아님을 분명히 하
라. 탐색은 개방적이고 진실하게 아이디어를 교환하면서 해결
방안을 찾으려는 것이다. 이것이 어떻게 부모와 교사에게 문
제가 되는지를 꼭 이해하게 하라.

B. 문제를 구체적으로 기술하기

- 당신에게 학생이 문제였던 구체적인 예를 들어 주실 수 있습
니까? 최근에 있었던 일이요.

- 학생이 구체적으로 무슨 말이나 행동을 했습니까? 만약 내가
지켜본다면, 나는 무엇을 보았을까요?

- 그때 무슨 일이 일어났지요?

- 그 일들이 일어날 때 어떤 감정을 느꼈지요? 미칠 듯한, 슬픈,
반가운 또는 무서운, 아니면 복합적으로?

- 그다음에 무슨 일이 일어났어요? 그때 학생은 무슨 말을 했
고, 무슨 행동을 했지요?

C. 두 번째 예를 수집하기(단계 2 참조)

D. 교류 패턴

교실에서:

- 교실에서 일어나는 전형적인 일들이 있지요. 우리가 이런
것 중 몇 가지에 대해 말할 수 있으면, 나는 (학생의 이름)에
게 무슨 일이 일어나고 있는지 알 수 있을 텐데요.

- 아침의 일상에 대해 말해 보세요. 매일 아침 _____는 어떻게 교실에 오지요?
- _____는 교실에서 맡은 일을 어떻게 하고 있지요? 그가 해야 할 일이 있는지요? 그 일을 얼마나 잘 하지요?
- 구내식당 같은 곳에서 _____의 행동은 어때요? 운동장에서는?
- 해야 할 일이 있을 때, _____은 시간을 어떻게 보내지요?
- _____은 다른 친구들과 어떻게 지냅니까?
- 집에 갈 시간이 되면, 어떤 일이 있나요?

집에서 :

- 가족생활에서 거의 매일 일어나는 몇 가지 전형적인 도전이 있습니다.
- 평상시 아침의 일상이 어떤지 말해 보세요.
- 집의 허드렛일과 책임을 완수하는 것에 대해서는 어떤지요?
- 식사시간은 어떻게 지나가는지 말해 보세요.
- 숙제할 때 _____는 어떻게 하는지 말해 보세요.
- _____는 형제자매와 어떻게 지내지요?
- 취침 중에는 무슨 일이 일어나지요? (또는 시간에 맞추어 귀가하면 어떤 일이 일어나는지요?)

E. 부모와 교사에게 초점 맞추기

잠시 아동의 행동에 대한 관심을 제쳐 놓고 부모와 교사의 강점과 이상에 초점을 맞추어라. 이때 '도구 15. 편의점에서'를 이용한다. '도구5. 지시된 반영'을 적용하라. 부모와 교사가 집과 학교에 대하여 가지고 있는 가치들을 관찰하라. 그리고

아동과의 갈등을 해결할 때 이들의 강점을 과잉 또는 과소 이
용하는지를 살펴보라. 더 많은 방안은 '도구 18. 가장 기억에
남는 순간'을 참고하라.

F. (필요하다면) 부적응 행동의 목적을 확인하기

목적 공개 도구를 부모, 교사와 공유하여 이들이 아동의 부적
응 행동의 목적을 추측하도록 하라. 부모, 교사와 함께 "도구
12. 목적 노출하기: '혹시 _____하지 않을까"를 사용하도록
연습하라.

G. 잠정적인 해결방안 개발하기

한 번에 한 문제에 초점을 맞추어라. 구체적이고 실행가능한
대안을 제안하라. 작업은 개선을 위한 것이지 완벽을 위한 것
이 아님을 기억하라. 해야 할 일을 말하지 마라. 다음과 같은
질문의 방식으로 물어볼 수 있다. _____에 대하여 생각해 본
적 있나요? 만약 당신이 _____하면, 무슨 일이 일어날까요?
_____을 기꺼이 고려해 볼래요?

H. 돌아가기

오늘 무엇이 도움이 되거나 유용했나요?

도구 9. E-5 집단 회기 지침

근거

사람들은 사회적이고, 자기결정적이고, 창조적이다. 모든 행동

은 사회적 중요성의 목적에 도움이 된다. 사람들은 자신의 자산, 강점, 자원, 창조적 능력을 사용, 과잉사용 또는 과소사용한다. '마이너스 감정'에서 '플러스 인식'으로 옮겨 가는 것은 공감, 격려, 교육과 결부된 사회적 평등의식을 통해 가장 잘 달성될 수 있다. 자신과 타인을 이해하는 길은 적어도 여섯 가지가 있다. 초기 기억, 가족 구도, 아동기의 도전, 낮과 밤의 꿈, 아동기의 변화, 그리고 이야기다.

목표

1. 개인의 자산, 강점, 공헌, 관계를 확인함으로써 타인과 자신의 힘을 북돋기
2. 평등, 공감, 격려, 교육이 있는 분위기에서 삶의 도전들에 대처하도록 개인의 용기를 극대화하기

읽을거리

- 제6장, 제8장, 제10장

방법

다음의 과정 대본을 따르라.

[　]: 이전 회기부터 두 번째 참여자에게 추가적인 사용

{　}: 마지막 회기에서 추가적인 사용

A. 환영과 소개

"E-5 집단에 오신 것을 환영합니다."

"여러분의 이름과 여기에 온 이유를 이야기해 주세요."

[당신의 이름과 이 집단에 대한 기대를 다시 알려 주세요.]

(E-5 집단의 종결 모임에 오신 것을 환영합니다.)

B. 목적

"이 집단의 목적은 평등, 공감, 격려, 교육을 실습하여 강점, 능력, 창의성을 확인함으로써 자신과 타인의 힘을 북돋는 것입니다."

("이 집단은 여러분 각자에게 어땠습니까?"(잠시 집단을 둘러보고 각자 반응할 시간을 갖는다.))

C. 지침

• E-5 집단의 지침은 존중(respect), 일상(routine), 규칙(rule), 권리(right), 책임(responsibilities)의 원리에 기초한다.

• 타인과 자신에 대한 존중은 균형 있는 친절함과 엄격함으로 상호작용하면서 평등하게 한다.

• 일상은 일관성과 예측가능성을 제공하며, 따라서 이를 통해 창조성을 증진한다.

• 규칙은 기대되는 행동과 의사소통, 비밀 유지의 지침을 제공한다.

• 권리는 공감적으로 경청하고 방해받지 않고 말하는 것을 포함한다.

• 자신, 타인, 환경에 대한 책임은 모든 참여자를 위하여 의사소통하고, 공헌하고, 협력하기를 가능하게 한다.

(5R 포스터를 만들어 어린 아동을 위해 벽에 부착하라.)

("우리는 존중(respect), 일상(routine), 규칙(rule), 권리(right), 책임(responsibilities)의 원리에 기초한 E-5 집단의 지침을 따랐습니다. 이러한 초점을 우리 집단에서 어떤 방식으로

유지해 왔습니까?"(잠시 집단을 둘러보고 각자 반응할 시간을
갖는다.)}

D. 과정

- "매 회기에, 한 명의 참가자가 다음 범주에서 자신에 관한
  정보 두 가지 정도를 나눌 것입니다."
    - 초기 기억: 당신의 삶에서 10세 이전에 일어났던 일에 대
      한 구체적인 기억
    - 가족 구도: 당신과 가족에 대한 정보와 가족 내에서 당신
      의 입지를 찾는 방법
    - 어린 시절의 도전들: 성장하면서 경험한 의학적, 행동적,
      이웃 또는 학교 문제
    - 백일몽 또는 밤 꿈: 깨어 있을 때와 자는 동안의 심상
    - 어린 시절의 변화: 당신에게 충격을 주었던 가족, 가정, 학
      교에서의 변동
    - 이야기: 당신의 삶에서 어느 때든 기억 나는 인생의 한 단
      면, 사건, 상황
- 지난 회기 이후를 다룬다. 지난번에 참여한 사람에게 "우리
  가 마지막으로 만난 이후 당신의 강점에 관한 정보를 어떻
  게 이용하였습니까?"라고 질문한다.
- 잠시 멈춘다. 집단의 다른 구성원에게 "우리가 마지막으로
  만난 이후 당신과 타인의 강점에 대해 무엇을 알아차렸습니
  까? 누가 시작할까요?"라고 질문한다.
- 집단적 피드백을 교환한 후, "이번 모임에서 여러분 중 한
  명은 다음 중 두 가지 범주의 정보를 나눌 것입니다. 초기 기

억, 가족 구도, 어린 시절의 도전, 백일몽 또는 밤 꿈, 어린 시절의 변화, 이야기의 범주가 있습니다."

{마지막 회기의 과정}

- 기대:
  - 이번 집단을 시작했을 때, 이 집단에 대해 당신은 무엇을 기대했습니까?
  - 집단 상담이 진행될 때, 당신의 기대는 어떻게 변했습니까?
  - 당신의 기대가 충족되거나 충족되지 않는 것에 무엇이 영향을 주었습니까?

- 힘 북돋기
  - 어떤 새로운 결정을 했습니까?
  - 창의성을 어떻게 이용했습니까?
  - 어떤 새로운 선택을 했습니까?

  {마지막 회기에서 단계 E–M을 건너뛰고 단계 N으로 가라.}

E. 자원하기

"누가 먼저 이야기해 볼까요?"

F. 다른 참가자에 대한 지시

"여러분이 _____의 말을 들으면서, 그의 초기 기억, 가족 구도 정보, 아동기의 도전, 백일몽과 밤 꿈, 아동기의 변화, 이야기(인생의 단면)를 공유하고, _____가 표현하는 것을 들은 대로 많은 강점, 공헌, 연계를 확인하고 기록하세요."

G. 자원자에 대한 지시

"어떤 정보를 함께 나누었습니까?"(집단 리더에 대한 주: 선택한 두 개 범주에 따라, 다음 해당 부분을 읽어 보라.)

- 초기 기억: "초기 기억을 나눌 때는, 가능한 한 먼 옛날의 기억을 생각하세요. 어떤 구체적인 사건이나 순간이 기억되거나 떠오릅니까? 기억 중에, 당신은 무엇이나 누구를 보았습니까? 무엇이나 누구의 말이 들렸습니까? 무엇이나 누가 움직이고 있었습니까? 무슨 냄새가 떠오릅니까? 어떤 맛이 떠오릅니까?"

- 가족 구도: "가족 구도에 대해 나눌 때, 다음과 같은 질문에 답해 주세요. 당신이 자랄 때, 가족 구성원은 누구였습니까? 당신이 자랄 때, 누구와 함께 살았습니까? 당신은 첫째, 둘째, 중간, 막내 또는 외동인가요? 당신의 가족에서 _____ 아이가 되는 것은 무엇과 같지요? 모든 가족 구성원 중 누가 당신과 가장 비슷합니까? 어떻게 비슷합니까?"

- 아동기의 도전: "아동기의 도전에 대해 나눌 때, 어렸을 때 겪었던 의료, 행동 또는 학교 문제를 생각하세요. 그 도전을 다루는 데 무엇 또는 누가 도움이 되었습니까? 그 도전에 대하여 무엇을 결정했습니까?"

- 백일몽과 밤 꿈: "백일몽이나 꿈을 나눌 때, 꿈에 관한 모든 광경, 소리, 움직임, 맛, 냄새를 기억하세요."

- 아동기의 변화: "당신이 성장할 때, 당신의 가족, 가정, 학교 또는 이웃에서 무슨 변화가 있었습니까? 당신은 이러한 변화로 어떤 영향을 받았습니까? 이러한 변화의 결과로 어떤 의사결정을 했는지 기억납니까?"

- 이야기(삶의 한 단면): "당신 삶의 구체적인 이야기를 들려주세요. 그 이야기는 몇 살 때 이야기지요? 이야기 속의 사람,

장소, 사물을 가능한 한 자세히 기술하세요."

H. 집단 구성원의 경청하기와 목록 작성하기

"당신의 정보를 우리와 나눌 때, 우리는 각자 우리가 들은 강점, 공헌, 연계의 목록을 작성할 것입니다."

I. 공유하는 정보의 완성에 관하여

"＿＿＿＿가 그의 정보 나누기를 다 했습니다. 우리가 들은 강점, 공헌, 연계는 무엇입니까?"

"누가 ＿＿＿＿에 대하여 작성한 목록을 모아 볼까요? 신문용지에 목록을 적을 사람과 평판에 표를 작성할 사람이 필요하군요."

J. 자원자와 목록을 나누기

"＿＿＿＿에 대한 강점, 공헌, 연계 목록을 읽어 보세요."

잠시 멈춘다. "당신이 ＿＿＿＿와 목록을 나눌 때, 당신과 무엇이 같았습니까?" 잠시 멈춘다.

K. 강점, 공헌, 연계 다루기

자원자에게: "우리가 당신의 자산, 강점, 공헌, 연계 중 몇 가지를 확인할 때, 당신에게는 어땠습니까?"

잠시 멈춘다. "목록을 보세요. 수정하거나 추가할 것은 무엇입니까?" 잠시 멈춘다.

"목록 중, 어떤 것이 가장 타당하게 여겨집니까? 목록 중에서 당신에게 두드러져 보이는 것 5~7가지를 선정해 보세요."

잠시 멈춘다. "당신과 타인에게 유익한 방식으로 당신의 강점, 자산, 연계를 이용할 때, 당신에게 일들이 어떻게 되어 갑니까?"

잠시 멈춘다. "당신이 당신의 강점, 자산, 연계를 이용할 때, 무슨 일이 생깁니까?"

잠시 멈춘다. "당신이 당신의 강점, 자산, 연계를 과소사용할 때, 무슨 일이 생깁니까?"

잠시 멈춘다. "당신이 당신의 강점, 자산, 연계를 과잉사용할 때, 무슨 일이 생깁니까?"

잠시 멈춘다. "새로운 방향으로 당신을 이끌어 가기 위하여, 또는 당신에게 도전이었던 상황에 대처하도록 하기 위하여 지금 당장 당신의 강점을 이용할 여지가 있습니까?"

잠시 멈춘다. "이는 당신에게 어떨 것 같습니까?"

잠시 멈춘다. "당신의 강점을 얼마나 과잉사용하고 있습니까? 당신의 강점을 얼마나 과소사용하고 있습니까?"

잠시 멈춘다. "무엇이 당신에게 더 잘 작동할까요?"

잠시 멈춘다. "당신의 사정을 개선하기 위하여 다음 주 동안 어떻게 적응하겠습니까?"

L. 종결하기

나머지 집단원들에게: "다음 주 동안, 여러분이 만나는 사람들의 강점, 공헌, 연계를 관찰하세요."

M. 돌아보기

"오늘 집단에 참여한 것에 대하여 무엇이 도움이 되거나 유용했습니까? 누가 먼저 말해 볼까요?"

N. 마지막 회기의 종결(다음 활동 중 하나를 선택하라)

O. 긍정 쿠폰

이 활동은 구성원 각자가 서로에게 특별한 긍정을 작성하는 것이다. 긍정 쿠폰(그림 10-4)을 충분히 복사한다. 각 구성원에게 집단원 수만큼(집단 리더를 포함한다) 쿠폰을 준다. 참여자들에게 집단의 모든 사람에 대해 긍정문을 작성하도록 요청하라. 몇 가지 예는 다음과 같다.

- 당신이 여기에 있어서 반가워요. 왜냐하면 …….
- 당신의 ……에 감사합니다.
- 당신의 ……을 존중합니다.
- ……할 때 속으로 미소를 짓습니다.
- 당신이 ……할 때, 편안(따뜻/행복)해집니다.
- 당신은 ……을 정말 잘합니다.
- 나는 ……에 감탄합니다.
- 당신에게 ……라는 명칭을 부여합니다.

쿠폰이 작성되면, 집단 구성원에게 쿠폰을 반으로 접어 스테이플러로 묶는다. 집단이 쿠폰을 다 완성하면, 구성원들이 쿠폰을 교환하도록 하라. 집단 구성원에게 쿠폰을 보관하고 하루에 하나의 비율로 또는 긍정 확인이 필요할 때마다 개봉하도록 지시하라. 모든 쿠폰이 공유되면, 집단에게

_____을 위한 특별한 긍정

긍정 쿠폰

당신은 이 쿠폰의 뒷면에 적혀 있는 특별한 긍정을 조건 없이 충분히 인정받을 자격이 있습니다.

서명: _____

그림 10-4 긍정 쿠폰

종결 낭독을 위하여 원으로 앉도록 하라.

P. 무형의 선물 증명서

이 활동은 긍정 쿠폰과 매우 유사하다. 그러나 각 구성원에게 무형의 선물을 주는 것을 포함한다. 이 경우에 '선물 증명서' ([그림 10-5])를 복사하여, 각 구성원과 집단 리더의 수만큼 충분히 갖는다. 받는 사람의 구체적인 소원이 반영되도록 완성하라고 말하라. 선물은 받는 사람에게 맞추어 개별화되어야 한다. 한 사람이 모든 사람에게 똑같은 선물을 주지 않아야 한다. 예를 들면, 한 선물은 한 사람에게 진로 노력이나 탐색에서 모든 성공을 기원하는 것일 수 있고, 또 다른 선물은 누군가가 추구하고 있는 매우 특별한 관계에 관한 선물일 수 있다. 개별 구성원들이 증명서를 완성하면, 선물을 교환할 시간을 갖도록 하라. 다 교환하면, 종결 낭독을 위해 원으로 앉도록 하라.

> ### "무형의 선물" 증명서
>
> _____에게
> 나는 당신을 위해 다음과 같은 무형의 선물을 드립니다.
>
> _____
>
> _____
>
> _____
>
>   _____ 로부터

그림 10-5 무형의 선물 증명서

Q. 마지막 낭독회: 〈인생은 선택이다〉를 읽고 회기를 마친다.

인생은 선택이다

인생은 선택이다…….
내가 누구인지에 대한 인식과
타인의 기대에 의해 영향 받는다 하더라도.
나는 형성되고 지배받는다,
내가 믿는 것에 의해…….
세상이 나를 어떻게 대해야 하는지,
그리고 나는 어떻게 맞추어 가야 하는지.

인생은 선택이다…….
나에게는 무한한 대안들이 있다…….
그런 식으로 정치(定置)하려고 선택한
자기가 만든 장벽에 의해서만
좁혀질 수 있는.

인생은 선택이다…….
교훈과
미래의 희망을 허용하는.
매 순간을
현재를 충분히 경험하는 가능성으로 인정하는.

인생은 선택이다…….

나의 최선을 다하도록

끝없는 기회로

가득 차 있는;

삶에는 '불완전할 용기' 가

필요함을 아는 것.

인생은 선택이다…….

개별성의 무지개로 묘사되는;

나의 세상에 사는 사람들로부터

멀리 떨어진

부분인 모든 사람에 의해 드러나는.

인생은 선택이다.

과거부터.

Al Milliren

도구 10. 격려

근거

용기의 근원적 의미로 정의하면, 격려는 다른 사람들에게 용기를 주는 과정이다. 격려는 진정 어린 정서적 경험을 하게 한다. 이러한 정서적 경험은 인지적 결정으로 바뀐다. 낙담한 사람들은 승인을 과도하게 추구하고 권위자를 기쁘게 하려고 한다. 이들은 타인보다 나을 때만 가치 있다고 생각한다. 이들은 인생을 효과적으로 대처할 수 없다고 믿으며, 부정적인 행동과 결과를 산출하는 잘못된 목적에 기초하여, 중요성과 소속감을 얻으려고 한다. 격려는 잘못된 목적에 도전하여 현실적인 방식으로 변화를 가져오게 하는 본질적인 도구다. 격려를 통하여 촉진자는 용기를 주고, 새로운 방향을 보고 행동하도록 힘을 북돋는다. 격려에 대한 아들러학파의 개념과 전략은 교육, 가족, 치료, 조직적 관계와 상황에서 광범위하게 적용되어 왔다.

목표

1. 낙담하게 되는 방식을 인식하기
2. 관계를 단절하는 의사소통의 장애물들을 인식하기
3. 격려에 필요한 동기 유발 상황을 개발하기

읽을거리

• 제1장, 제10장
• Dinkmeyer, D., & Eckstein, D. (1996). *Leadership by encouragement* (Trade ed.). Boca Raton, FL: CRC Press.
• Losoncy, L. E. (2000). *Turning people on: How to be an encouraging person*. Sanford, FL: InSync Communication LLC and InSync Press.

방법

A. 격려의 반은 낙담을 피하는 데 있다. 자기대화와 타인과의 대화에 주의를 기울이고, 당신과 타인에게서 다음과 같은 낙담시키는 태도가 있는지 살펴보라.

- 과도한 야망 또는 높은 기대나 기준 설정
- 동기를 유발하기 위하여 실수에 초점 맞추기
- 한 사람[학생]을 다른 사람[학생들]과 비교하기
- 비관적으로 해석하기
- 지나치게 도움 받는 것에 빠져 있기

B. 당신이나 타인이 의사소통할 때 낙담시키는 경향(부록 〈표 A10-3〉)이 있는지 알아보기 위하여, 의사소통의 열두 가지 장애물을 이용하라.

C. 격려는 기술이기보다는 태도임을 인식하라. 우리가 우월성의 사적 목적을 추구하지 않을 때 또는 우리의 부적절감을 감추기 위하여 보호기제를 이용하지 않을 때만 우리는 격려할 수 있다. 집과 학교에서 긍정적인 경험을 하면서 자라지 않았다면, 우리는 다음 원리에 따라 격려하는 성향을 우리 안에서 계발할 수 있는 가능성을 매번 찾아야 한다. 우리는 자신과 타인에게 용기를 줄 수 있음을 학습할 수 있고, 소속과 연계(하나되기)를 진작하는 것을 학습할 수 있다.

- 결과가 아니라 노력이나 개선에 초점 맞추기
- 강점과 자산에 초점 맞추기
- 비난하기가 아니라 구성적인 형성과 학습에 초점 맞추기
- 행동과 행위자를 구분하기(행위자를 있는 그대로의 존재로 받

아들이기 때문에 그의 행동이나 결정과는 다를 수 있다.)

- 상호존중을 실천하기
- 의사결정을 공유하기
- 다름에 대해 개방적이기
- 민주주의와 평등성을 실천하기
- 참여하고 협력할 용기 갖기
- 상(판단과 평가에 기초)과 격려(비판단적 · 무조건적 · 긍정적 존중)의 차이를 알기

도구 11. 직장에서의 가족 구도

근거

사람들은 각자 고유한 방식으로 일한다. 이러한 방식은 초기 가족 경험에서 비롯되며 사회적 삶을 위한 '규칙'이 된다. 이러한 규칙을 가지고 개인은 동료노동자와 급우와의 관계에서 발생한 직장, 학교의 문제들을 처리한다. 개인이 직장 관계에서 자신과 타인을 더 잘 이해하도록 하는 강점과 스트레스 반응을 확인하는 데 Winnie-the-Pooh, Rabbit, Tigger, Eeyore 같은 디즈니 캐릭터들을 이용할 수 있다.

목표

1. 개인의 작업 태도와 집단의 작업 분위기를 조사하기

2. 직장과 학급에서 협력과 공헌의 방식을 사정하기 위해 가족 구도 기법과 관련한 정보를 이용하기: 강점, 자산, 자원

읽을거리

- 제4장, 제6장, 제10장
- Kortman, K., & Eckstein, D. (2004). Winnie-the Pooh: A "honey-jar" for me and for you. *The Family Journal, 12*(1), 67-77.
- Milliren, A., & Harris, K. (2006). Work style assessment: A Socratic dialogue from the 100 Aker Wood. *Illinois Counseling Association Journal, 154*(1), 4-16.
- Milliren, A., Yang, J., Wingett, W., & Boender, J. (2008). A place called home. *The Journal of Individual Psychology, 64*(1), 81-95.

방법

A. 개인과 집단 모두에게 홈페이지를 효과적으로 이용할 수 있다. 개인 또는 집단 구성원들이 각 질문에 응답하면서 활동지를 채우도록 하라. 도구 13처럼 가족 구도에 관한 정보를 수집하라.

B. 생각하고 느끼고 행동하는 방식을 기술하는 데 디즈니 캐릭터들을 이용하라. 각 캐릭터는 강점 또는 과잉사용되거나 과소사용된 태도의 요소를 가지고 있다(〈표 10-5〉 참조).

표 10-5 곰돌이 푸우와 친구들의 강점과 스트레스 반응

캐릭터	강점	스트레스 반응
Winnie-the-Pooh	조화, 민감한, 돌보기, 따뜻한, 주기	과잉적응, 과도하게 기쁘게 하기, 자멸
Tigger	연계, 자발성, 놀기 좋아하는, 재치, 활동적인, 즐거움	타인을 비난하기, 변명하기, 파괴적으로 되기
Rabbit	생산적, 논리적, 체계적, 조직적	으스대는, 요구하는, 완벽주의
Eeyore	현상 유지, 혼자 있는 것을 즐김, 독립적인 것을 좋아함, 일상적인 과제를 잘함, 통찰력이 있음, 사려 깊은	뒤로 빠짐, 잘못 이해된, 콤플렉스

C. 찾아볼 것들

- 심리적인 패턴: 사람들이 다음에 대해 무엇을 말할 것 같은지 추측하고 강점을 추측하라. 나는, 다른 사람은, 세상은, 그러므로.

- 생활양식을 작업양식으로 변환: 나는 마치 매니저 또는 직원인 것 같다. 다른 사람들은 마치 동료인 것 같다. 세상은 마치 작업장인 것 같다.

D. 다른 근로자의 강점과 스트레스 반응의 일반적인 패턴을 관찰하여 직장 분위기를 기술하라.

도구 12. 목적 노출하기: '혹시 ~하지 않을까?'

근거

Rudolf Dreikurs는 아동의 사적 논리를 이해하기 위해 잘못된 네 가지 행동의 목적이라는 개념을 고안했다. 관심 추구, 힘겨루기, 복수심, 가장된 무능력의 네 가지 목적은 아동이 잘못된 관점으로 공동체에서 소속감을 얻는 방법을 확인하는 데 도움을 준다. 아동의 목적을 노출시키는 것은 유용하다. 아동이 행동 변화를 선택하지 않더라도, '내담자의 수프에 침 뱉기'와 같은 아들러 기법의 개념과 같다. 내담자가 수프를 계속 먹겠다고 선택하더라도, 수프는 이전 맛과 같지는 않을 것이기 때문이다.

목표

1. 아동의 잘못된 행동의 숨겨진 이유를 추측하기
2. 아동에게 자신의 행동 목적을 추측하고 노출하도록 하기
3. 아동의 동의나 비동의 또는 인지반사를 통하여 확인하기

읽을거리

- 제6장
- Bettner, B. L., & Lew, A. (1996). *Raising kids who can.* Newton Center, MA: Connections Press.
- Grunwald, B. B., & McAbee, H. V. (1985). *Guiding the family:*

Practical counseling techniques. Muncie, IN: Accelerated Development Inc.

방법

네 가지 목적 중 각각 하나의 목적을 구체적으로 언급하면서 '추측'의 방식으로 제시한다. 즉, (잘못된 목적의 특성을 나타내기 위하여) 당신이 이것을 그렇게(행동의 요약) 하였을까요?

A. 잘못된 행동의 목적이나 목표를 명료화하는 과정을 다루고 싶다면, 아동에게 질문하라. "너는 왜 그 행동을 했는지를 알고 있니(잘못된 행동을 확인)?"

B. 아동이 긍정적으로 반응하면, 아동이 생각하는 이유(목적)가 무엇인지를 설명할 시간을 주어라.

C. 아동이 모르거나, 응답이 잘못된 행동의 목적에 초점이 맞춰져 있지 않으면, 다음과 같이 반응하라. "나도 그것에 대해 몇 가지 생각이 있단다. 내가 어떻게 생각하는지 알고 싶니? 들어볼래?"

D. 아동이 "아니요."라고 답하면, 아동의 결정을 존중하는 것이 중요하다.

E. 아동이 "네."라고 답하면, 다음 질문들을 계속하라. 한 번에 하나씩. 재인반사가 있으면, 그것에 주목하라. 이러한 일련의 '그러지 않을까(could it be)'를 판단하거나 비난하지 않고 객관적인 방식으로 질문하여야 한다. 질문은 단지 목적과 목표를 드러내기 위한 것이다. 그리고 잘못된 행동을 간접적으로 해

석하는 것이다. 따라서 잘못된 행동의 목적에 대해 성급한 판단을 내리는 것을 피하기 위하여, 다음과 같은 네 가지의 질문을 모두 해야 한다.

- 내가 너에게 충분한 관심을 보이지 않는다고 믿는 것이 아닐까? (또는 너는 나/다른 사람들이 너와 더 많은 시간을 보내기를 바라는 것이 아닐까? 또는 너는 특별하다고 느끼고 싶어 하는 것이 아닐까? 또는 나/선생님이 너의 일로 바빠지기를 바라는 것이 아닐까?) 여기에서의 목적은 **관심 추구**다.
- 너는 너 자신의 방식을 원하고, 모든 사람에게 너의 담당임을 보여 주고 싶은 것이 아닐까? (또는 너는 원하는 것을 할 수 있고 아무도 너를 막을 수 없다는 것이 아닐까?) 이 사례에서 목적은 **힘겨루기**다.
- 네가 상처받은 만큼 다른 사람들에게 상처를 주려는 것이 아닐까? (또는 선생님과 학급의 다른 아이들에게 상처를 입히고 싶어 하는 것이 아닐까? 또는 ……에게 앙갚음하고 싶어 하는 것이 아닐까?) 이는 **복수하기**의 목적이다.
- 혼자 있고 싶어 하는 것이 아닐까? (또는 네가 똑똑하지 않다고 생각하고, 아무도 이를 아는 것을 바라지 않는 것이 아닐까?) 이는 **가장된 무능력**의 목적이다.

F. '숨겨진 이유' 기법: 저항하는 아이에게 다가가는 한 방법은 '숨겨진 이유' 기법을 이용하는 것이다. 아동들이 평상시와 다르게 말하거나 행동할 때, 당신은 아이들의 마음속에 무엇이 있는지, 즉 아이들의 행동의 이유를 추측할 수 있다. 이는 심리적인 이유라기보다는 자신의 말로 마음속에서 형성시킨 것이

다. 이 기법은 배우기는 쉽지 않으나, 매우 효과적이고 대단히 신뢰할 수 있다. 당신의 추측에 대해 "아니오."라고 답하면, 당신은 틀린 것이다. "아마도."라고 답하면, 당신은 거의 맞춘 것이다. 당신이 정확하게 추측하면, 아이들은 마지못해 그렇다고 말한다. 다양한 질문을 사용하여 네 가지 목적을 드러내는 것과 유사한 방법으로 아동에게서 숨겨진 이유를 노출시킨다. 질문은 다음과 같다(Dreikurs, Grunwald, & Pepper, 1982).

- 네가 무엇을 하든지 네가 최고가 아니면 무의미하게 느끼는 것이 아닐까?
- 모든 사람이 너를 좋아하지 않으면 거절된 느낌을 받는 것이 아닐까?
- 너는 결코 실수를 해서는 안 된다고 생각하는 것이 아닐까?
- 너는 너의 최선을 다하고 있는데 고마워하는 사람이 없다고 생각하는 것이 아닐까?
- 너는 _____보다 나아지고 싶은 것이 아닐까?
- 내가 너에게 한 일에 대해 내가 죄책감을 느끼고 미안해하도록 만들고 싶은 것이 아닐까?
- 나(그/그녀)를 이렇게 느끼도록 만든 것에 대하여 치러야 할 대가에 관심이 없는 것이 아닐까?
- 네가 나보다 훨씬 똑똑하다는 것을 나에게 보여 주고 싶은 것이 아닐까?
- 너와 무엇을 해야 하는지 모르는 위치에 나를 놓아두고 내가 무기력을 느낄 때, 너는 나보다 우월하다고 느끼는 것은 아닐까?

- 나(그리고 다른 사람)를 좌절시켜 무기력하고 패배감을 느끼게 하려고 네가 말을 하지 않는 것은 아닐까?
- 실력자인 기분을 느끼기 위하여 기꺼이 어떤 일이든 하고 있는 것이 아닐까?
- 사람들이 너에게 미안함을 느끼고, 너에게 굴복하기를 바라는 것이 아닐까?
- 책임을 다하지 않은 삶에 대하여 정당한 변명거리를 찾고자 질병을 이용하는 것이 아닐까?
- 다른 사람의 재산을 훔치거나 망가뜨린 것에 대하여 너는 미성년자이기 때문에 처벌받을 수 없다고 생각하는 것이 아닐까?
- 다른 사람을 고통받게 하거나 바보처럼 느끼게 할 때, 너는 자신에게 매우 만족하는 것이 아닐까?

가끔 나타나는 몇 가지 다른 것
- 너 자신을 증명하기 위해 어떤 대가를 치르더라도 성공감을 느껴야 한다는 것이 아닐까?
- 다른 사람이 너를 앞지르지 못하도록 그렇게 열심히 하는 것이 아닐까?
- 너는 돌봄을 받고 편안한 삶을 살아야 한다고 생각하는 것이 아닐까?
- 세상이 너에게 그것을 빚지고 있으며, 너는 그것을 얻기 위해 노력하지 않았어야 한다고 생각하는 것이 아닐까?
- 너는 다른 모든 사람을 능가하고, 네가 최고라는 것을 보여

주어야만 한다고 느끼는 것이 아닐까?

- 너는 어리석은 실수를 하지 않을 것이라는 점을 확실히 하기 위하여 삶에 좀 주저하는 것이 아닐까?

주의: 추측을 하는 것이 해를 미치지는 않는데, 당신의 추측이 틀려도 대수롭지 않게 여겨지기 때문이다. 당신이 올바르게 추측하는 순간에 아동은 이해받는다고 느끼고 적대감과 저항을 협력으로 바꾼다. 이는 다시 아동이 도움을 받아들여 잘못된 생각을 바꿀 수 있는 작업 관계를 시작하게 한다. 사람은 보통 자신의 숨겨진 이유를 알아차리지 못하나, 당신이 올바르게 추측하는 순간 갑자기 추측이 타당함을 선명하게 깨닫게 된다는 점을 인식하는 것이 중요하다.

도구 13. 홈페이지

근거

심리적 조사에서 중요한 영역은 초기 가족 경험의 분위기다. 초기 아동기에, 가족 분위기는 부모와의 상호작용뿐만 아니라 아이들과의 상호작용을 통해 가정에서 형성되고 부모에 의해 제시된다. 이는 곧 사회적 삶의 기준이나 '규칙'을 제공한다. 각자는 이러한 부모의 메시지를 자기 방식으로 해석한다. 따라서 가족 분위기가 개인 성격의 직접적인 결정 요인은 아니지만, 가족 분위기는 생활양식의 발달에 큰 영향을 미친다. 아동은 가정에서 일어난 일에 대한 자신의 경험에 비추어 받아들인 메시지를 해석하기 때문에, 가정과 가족에서 자신의 위치를 어떻게 인식하고 있는가를 이해하는 것은 중요하며, 따라서 '생애계획'을 결정하는 이들의 기본적인 신념을 이해하는 것이 중요하다.

목표
1. 개인의 자산, 강점, 자원, 사적 논리에 접근하기
2. 개인의 생활양식(인지도)의 요소를 알아내기

읽을거리
• 제6장, 제10장
• Milliren, A., Yang, J., Wingett, W., & Boender, J. (2008). A place called home. *The Journal of Individual Psychology, 64*(1), pp. 81-95.

방법
A. 홈페이지([그림 10-6])를 개인과 집단에게 효과적으로 사용할 수 있다. 내담자나 집단 구성원들이 각 질문에 응답하면서 활동지를 채우도록 하라.
B. 일단 완성되면, 내담자의 반응을 존중하며 호기심 어린 탐색 (RCI) 과정을 이용하여 탐색한다.
C. 존중하며 호기심 어린 탐색은 개인의 인생 여정에 대한 대화 기법이다. 어디에 있었는지, 현재 무슨 일이 일어나고 있는지,

어디에 있고 싶은지를 알아내려는 것이다. 이러한 탐색을 진행하면서, 내담자의 행동을 관찰하고 이를 내담자의 논리를 이해하는 데 연결시킨다. 이런 과정을 통해 내담자가 자신의 신념을 알아차리도록 돕는다. 효과적인 RCI의 일곱 가지 기본적인 특성인 FLAVERS를 소개한다.

F(Focusing) = 원하는 것에 초점을 맞추고 목적에 대해 상호 합의하기

L(Listening) = 주의 깊고, 공감적이며, 반영적으로 경청하기

A(Assessing) = 내담자의 강점, 유연성, 사회적 관심을 사정하기

V(Validating) = 내담자의 성장을 격려하는 내담자의 자원과 특성을 확인하기

E(Engaging) = 사회적 삶의 아이러니에 풍부한 유머를 끌어들이기

R(Replacing) = 정보 수집(정보 수집 경향factophilia)을 적절한 명료화, 창의적인 직관, 상상력이 풍부한 공감, 확률론적 질문으로 대체하기

S(Socratic dialogue) = RCI 과정의 핵심 요소인 소크라테스식 대화법(누가? 언제? 어디서? 무엇을? 어떻게?)

D. 아들러는 생활양식의 가치가 모든 행동과 말에서 분명히 나타난다고 할 것이다. 그러므로 내담자가 제공하는 어떤 정보도 그의 사적 논리를 알 수 있는 단서를 제공할 수 있다. 우리

홈페이지

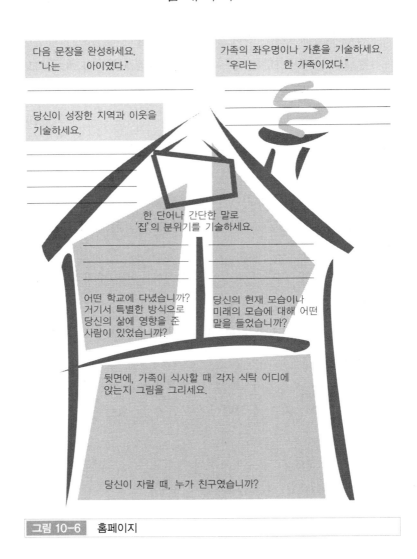

다음 문장을 완성하세요.
"나는   아이였다."

가족의 좌우명이나 가훈을 기술하세요.
"우리는   한 가족이었다."

당신이 성장한 지역과 이웃을
기술하세요.

한 단어나 간단한 말로
'집'의 분위기를 기술하세요.

어떤 학교에 다녔습니까?
거기서 특별한 방식으로
당신의 삶에 영향을 준
사람이 있었습니까?

당신의 현재 모습이나
미래의 모습에 대해 어떤
말을 들었습니까?

뒷면에, 가족이 식사할 때 각자 식탁 어디에
앉는지 그림을 그리세요.

당신이 자랄 때, 누가 친구였습니까?

그림 10-6   홈페이지

의 목적은 개인의 생활양식을 이해하고 이들이 어떻게 생활
양식을 계속 유지하고 있는지 깨닫도록 돕는 것이기 때문에
우리의 질문은 자각하게 하고 행동을 자극하는 것을 중심으
로 이루어진다.

대화 예시

다음의 대화는 "당신이 될 수 있는 것에 대하여 어떤 말을 들었
습니까?"라는 질문에 대한 Steph의 반응이다. 비록 그녀는 상담에
서 충만감을 느끼지 않았기 때문에 상담자를 물끄러미 보고 있었지
만, 그녀의 많은 불만이 아버지를 결코 기쁘게 해 줄 수 없다는 느
낌에서 비롯되었다는 것을 깨닫기 시작했다.

> Steph: 저는 되고 싶은 것은 무엇이든지 될 수 있다고 항상 들었어
> 요. 하지만 부모님은 제가 두 분처럼 교사가 되고 싶어 하는 것
> 을 전혀 좋아하지 않으셨어요. 부모님보다 나은 사람이 되어
> 야 한다고 생각하시는 것 같았어요.
>
> 상담자: 그것이 당신에게는 어땠지요?
>
> Steph: 저는 항상 많은 압박을 느꼈어요. 저는 그다지 잘하지 못했
> 어요. 만약 내가 A를 받으면, A+를 받았어야 했지요. 저는 항
> 상 부모님을 실망시킨 것 같아요.
>
> 상담자: 그래서 당신은 부모님의 기대에 결코 부응할 수 없다고 느
> 끼는군요.
>
> Steph: 엄마는 제가 하려는 일에 찬성하실 거예요. 그런데 아빠는
> 그러지 않으실 거예요. 아빠는 늘 "그래서 교사 월급으로 수준

있는 삶을 어떻게 살 건데?"라고 말씀하셨어요. 저는 대답하지는 않았지만 정말 큰 상처가 되었어요.

상담자: 더 큰 상처를 받지 않기 위해 무엇을 하지요?

Steph: 저는 신경 안 쓰려고 하는데, 아직도 가끔 집에서 울 때가 있어요. 저는 아빠를 결코 기쁘게 해 드리지 못할 거예요. 아빠가 단 한 번이라도 저를 자랑스러워한다고 말해 주시면 좋겠어요. 때때로 저는 매우 열심히 노력하지만 어떤 것도 달라진 적은 없었어요.

상담자: 이런 것이 집 밖에서의 관계에 어떤 영향을 미칩니까?

Steph: 저는 항상 친구들과 그 아이들에게 자신이 선택한 것이 무엇이든지 중요한 것은 행복이라는 것을 알려 주려고 노력해요. 또한 학생들을 격려하고, 그들의 강점을 알려 주기 위해 노력해요.

상담자: 어떤 면에서는 아빠가 당신을 힘들게 하는 상황이 오히려 다른 사람들을 더 긍정적으로 격려하도록 했네요.

Steph: 아, 네. 그건 좋은 면이네요.

Steph의 주요 자산 중 하나는 사람 간의 평등을 추구하는 것이다. (이 면접의 후반에 있었던 논의는 다음의 사실을 확인해 주었다. 사람들이 서로 가치 있게 여기고 있음을 소통하는 것이 Steph에게는 중요했다. 이것은 그녀의 관심 영역으로, 학급에서 학생들이 서로 돌보는 것을 매우 중요하게 여겼다.) 또한 Steph는 갈등을 피하는 방법을 알고 있으며, 다른 사람들에게 민감하고, 그들을 기쁘게 해 주고 싶어 한다. 무엇보다도 그녀는 격려하는 사람이 되고 싶어 하고, 격려하는 사람으로 간주되기를 바란다.

도구 14. 희망은 선택이다

근거

우리가 살고 있는 세상에는 많은 문제가 있다. 우리는 가끔 의미 있고 영성적인 방향을 추구하는 사람들과 함께 일한다. 용기처럼 희망은 우리가 두려움과 절망에 빠져 있을 때 인내와 격려를 가져 다준다. 희망은 목적 지향적으로 생각하고 믿는 방식이다. 희망은 우리가 바라는 목표에 도달할 수 있는 길을 제시해 주고, 그 길을 걸어갈 힘을 부여해 준다. 우리가 연약하고 무력할 때도 모든 일이 더 나아질 것이라는 믿음을 가질 수 있는 심오한 기회를 준다. 가장 절망적인 순간에도 우리에게는 선택할 수 있는 힘이 있다. 희망을 불러일으키는 그 자체만으로도 스스로 긍정적으로 변화하는 기회를 가져온다.

목표

1. 희망은 목적을 향하여 나아가도록 하는 인지적이고 정서적인 개념임을 이해하도록 하기
2. 자신의 동기를 찾아내고 증진할 수 있다는 희망을 갖도록 촉진하기
3. 적극적으로 수행할 계획을 개발하도록 촉진하기
4. 자기격려 기술을 촉진하기

읽을거리

• 제9장

방법

A. 낙담하거나 상실을 경험한 상황을 확인하라. 정서적, 행동적
또는 지각적 관심사항을 표현하도록 도우라.

표 10-6 희망 활동지 #1-2

관심 상황	바라는 이상적인 목표	계획 또는 전략
개인 정보	생애과제들 일- 사랑- 우정- 가족- 공동체- 자기- 우주-	가족 구도- 초기 기억-
심리적인 패턴	나는 _____ 이다. 다른 사람은 _____ 이다. 세계는 _____ 이다. 신 또는 인생은 _____ 이다	따라서 - 강점은- 도전은-
선택사항, 기회, 방향	나는 _____ 가지고 있다. 나는 _____ 이다. 나는 _____ 할 수 있다. 나는 _____ 할 것이다.	다른 사람은 ____ 가지고 있다. 다른 사람은 _____ 이다. 다른 사람은 _____ 할 수 있다. 다른 사람은 _____ 할 것이다.
자기격려	이접 정서를 결속 감정으로 대체하기(8장)	가훈- 영성적 긍정- (〈표 A10.4〉 희망 활동지 #2-2 참조)

B. 변화의 이유를 찾도록 도우라.

C. 모순되는 관점을 갖는 것을 허용하라.

D. 변화의 바람을 증진하기 위하여 격려를 사용하라.

E. '도구 1: 대화의 지침' 또는 '도구 15: 편의점에서'를 이용하여 강점을 사정하라.

F. 일단 바람이 있으면, 계획을 세움으로써 변화를 최선으로 실행하는 방법을 이해하도록 도우라.

G. 초기 기억 또는 가족 구도를 이용하여 계획의 실행에 대해 도전이 되는 생활양식 주제(또는 생활태도)를 확인하라(〈표 10-6〉 희망 활동지 #1-2 참조).

H. 변화할 또는 변화하지 않을 결정과 관련한 이접 정서를 확인하라.

I. 가훈이나 성서를 이용하여 자기격려를 촉진함으로써 희망을 강화하라(〈표 A10-4〉 희망 활동지 #2-2 참조).

도구 15. 편의점에서

근거

용기 촉진자는 변화를 경험하게 하는 자산, 강점, 자원으로 작업한다. 변화의 과정에 협력하고 참여하는 것이 도움 관계의 핵심이다. 아들러의 창의적인 탐색 양식을 모방하여 일곱 가지 시작하는 이야기와 열한 가지의 소크라테스식 질문이 개발되었다. '좋은' 질문은 누가, 언제, 어디서, 무엇을, 그리고 어떻게와 같은 질문이다. 실제로 '어떤 목적으로'라는 의미가 아니면, '왜'라는 질문은 결코 하지 않는다. 촉진자들이 올바르게 실마리를 풀고, 동등한 두 사람 사이에 점점 깊은 대화를 하도록 하는 데 활용할 창의적인 기회들이 편의점에 있다.

목표

1. 개인의 자산, 강점, 자원, 그리고 사적 논리에 접근하기
2. 개인의 생활양식(인지도)의 요소를 확인하기

읽을거리

- 제10장
- Wingett, W., & Milliren, A. (2004). Lost? Stuck? An Adlerian technique for understanding the individual's psychological movement. *Journal of Individual Psychology, 60*(3), 265-276.

방법

A. 열한 가지 질문들: 자신과 타인의 정보를 수집하는 데 열한 가지 소크라테스식 질문은 가치 있다.

- 한 단어 질문: 어땠어요(Howazzitforu)? 이는 우리에게 가용한 하나의 기본적인 질문만이 필요함을 강조하는 농담조의 방법이다. 어땠어요? 어때요? 무엇과 같지요? 무엇과 같았지요?
- 선택의 고려: 많은 경우, 내담자가 살아오면서 몇 가지를 선택했음을 지적하는 것은 중요하다. 모든 가능성 중에서 무

엇이 당신이 _____을 하도록 했습니까? 당신이 할 수 있는 모든 선택 중에서 어떻게 당신은 _____을 결정했습니까? 그것을 하도록 당신을 끌어들인 _____은 무엇입니까?

- 감정, 감정, 감정, 감정: 특히 어린 내담자와 청소년과 작업할 때, 감정을 확인하는 틀을 제공하는 것은 도움이 된다. "그것에 대해 어떻게 느꼈습니까?"와 같이 간단하게 질문하기는 "몰라요." 이상의 어떤 것도 가져오지 않는다. 우리는 다음과 같이 말하는 것을 선호한다. 그 상황을 생각할 때(일어나고 있던 것을 생각할 때 또는 그것을 돌이켜 볼 때), 들뜨니, 슬프니, 기쁘니, 아니면 무섭니……? 또는 이런 것들이 복합되었니? 당신은 개인의 감정을 다음과 같이 따라갈 수 있다. 당신이 _____ 느끼고 있을 때, 당신에게 이는 무엇과 같습니까? 당신의 신체 어디에서 _____한 감정을 경험하지요?

- 스냅사진: 초기 기억을 탐색하는 과정에서 가장 생생한 순간은 거의 모든 이야기 중에서 중요한 부분이다. 우리는 기본적으로 다음과 같이 질문한다. 그 사건이 그림이나 스냅사진과 같다면, 당신의 눈에 두드러지게 띄는 것은 무엇입니까?

- 연계하기: 많은 경우, 사람들은 과거의 결정이나 신념에 대해 말한다. 이는 종종 초기 기억을 논의할 때 나타난다. 이것을 그 사람의 현재로 가져오는 것은 우리의 일이다. 그것이 지금 당신과 어떻게 연계됩니까? 또는 그것이 지금 당신의 삶에 어떻게 나타납니까? 이렇게 질문함으로써, 예를 들면 내담자가 초등학교 시절에 결정한 삶의 방식에 따라 지금도 살고 있음을 보여 줄 수 있다.

- 결정들, 결정들: 생각하고 행동하는 것에 대하여 선택권이 있었음을 알도록 돕는 것과 비슷하게, 몇 가지 인생 사건에 반응하면서 그때 한 결정에 대해 물음으로써 현재의 신념을 통찰하게 할 수 있다. 대부분의 경우, 이는 생애과제 중 하나 (친구, 가족 또는 직장)와 관련된다. 이러한 결정은 종종 청소년기에 이루어진다. 사건이 계속되고 있었을 때, 당신이 그것에 대해 한 결정을 기억합니까? 사건이 일어나고 있을 때, 당신은 무슨 생각을 했습니까? 무엇이 그러한 결정을 하도록 했습니까?

- 결과: 내가 한다면 또는 내가 하지 않는다면–우리는 매우 자주 아무런 선택도 하지 않는 것처럼 생활한다. 나는 집에 가야 합니다. 나는 저녁식사를 준비해야 합니다. 나는 공부해야 합니다. 내담자가 자신에게 한 요구들에 대해 이야기하는 것을 들을 때, 우리는 질문할 수 있다. 당신이 그것을 하지 않았다면, 무슨 일이 일어났을까요? 당신이 그것을 하지 않는다면, 무슨 일이 일어날까요? 당신이 했다면, 무슨 일이 일어났을까요? 당신이 한다면, 무슨 일이 일어날까요?

- 평가: '무엇인가 한다면, 무엇인가 하지 않는다면'의 질문과 비슷하게, 우리는 일부러 내담자가 그들의 신념과 행동을 평가하기를 바랄 때가 있다. 매우 간단히 보면, 질문은 다음과 같다. 무엇 때문에 _____이 당신에게 중요합니까(특별합니까, 필요합니까, 마음이 끌립니까)?

- 나는 무엇을 보게 될까요?: 사람의 이야기의 어떤 부분들을 명료화하기 위해서, 우리는 단순히 다음과 같이 질문할 수

있다. 만약 내가 보고 있다면, 나는 무엇이 일어나고 있음을 보게 될까요? 또는 무엇이 일어나고 있음을 보았을까요? 보통 때와 다른 상황에서 사람이 시각적인 정보에 쉽게 접근하지 못하고 있을 때, 우리는 대신 이렇게 질문할 수 있다. 그것에 대해서 더 자세하게 말해 줄 수 있나요? 더 구체적으로 묘사해 줄 수 있나요? 몇 가지 예를 들면 무엇이 있나요?

• 목적 설정: 치료 과정의 중요한 요소는 내담자와 함께 있는 것이다. 사실 초보 상담자 또는 치료자가 범하는 주된 실수 중 하나는 목적을 내담자와 함께 설정하지 않는 것이다. 간단하게 "내가 오늘 당신에게 어떻게 도움이 되기를 바랍니까?"라고 질문함으로써 우리는 공동의 목적을 설정할 수 있다. 다음과 같이 질문할 수도 있다. 오늘 여기서 내가 당신에게 어떻게 도움을 줄 수 있다고 생각합니까? 어떻게 하면 우리가 함께 오늘의 시간을 최선으로 사용하게 될까요? 우리가 논의하고 있는 것이 당신에게 오늘 얼마나 유익합니까?

• 질문들의 '질문': 아들러가 '질문'을 공식화하고 Dreikurs가 이를 우리에게 보급한 이후, '질문'은 다양한 이름으로 아들러학파의 문헌(뿐만 아니라 다른 많은 상담과 치료의 문헌에도)에 등장한다. 매우 단순하게, 아들러는 내담자에게 질문했다. "당신이 건강하다면, 당신은 어떻게 될 것 같습니까?" 이는 종종 기적 질문으로 불리는데, 상담자와 치료자에게 내담자가 피하고 있는 것이 무엇인지를 알려 줄 수 있다. 다음과 같은 질문도 성공적이다. 만약 내가 당신이 원하는 대로 당신을 위해 모든 것을 변화시킬 수 있는 마법의 힘을 가

지고 있다면, 사정이 어떻게 달라질까요?

B. 일곱 가지 시작 이야기: 다음은 일곱 가지 시작 이야기다. 이는 사람들이 우리가 자신의 세계로 들어갈 수 있게 문을 여는 것을 허락하도록 하는 이야기다. 많은 경우, 사람은 여러 문을 연다. 우리는 어느 문으로 들어가야 가장 좋은지 항상 아는 것은 아니다. 우리는 하나의 문을 택하고 나머지는 다음을 위해서 남겨 둔다. 보통 우리가 택한 문이 중요한데, 우리가 바로 이 문으로 따라 들어가지 않으면, 내담자는 다른 방법으로 우리를 그곳으로 다시 안내한다.

• 자전거(롤러스케이트, 수영, 스케이트보드, 피아노): 우리는 다음 질문으로 이야기를 시작한다. 자전거 타는 법을 아십니까? 만약 긍정의 대답을 얻을 수 없으면, 목록에 있는 다른 활동 중 하나를 물어본다. 만약 "네."라고 대답한다면, 다음과 같이 계속한다. 언제 자전거 타기를 처음으로 배웠습니까? 이러한 이야기들은 무엇인가 새로운 것을 배우기 시작하는 방식과 비슷하다. 학습 방식을 확인하면서, 어떻게 효율적인 작업을 시작할 수 있는지의 단서를 발견한다.

• 식품점: 식품점 쇼핑은 거의 모든 사람이 하는 기본적인 생활 중 하나다. 이는 수많은 간단한 생활문제 중 하나다. 이를 위해 우리 각자는 전략이나 일상을 개발한다. 다음과 같이 첫 질문을 한다. 당신은 주로 식품을 쇼핑할 때 어떤 가게에 갑니까? 그 대답은 매우 다양하다. 우리는 Y상점과 Z상점에 대하여 물어보기 위해 비슷한 질문을 사용할 수 있다. 질문 후 이어지는 논의 중에, 보통 인생관과 관련한 가치를 발견

할 수 있다.

- 출생순위: 아들러 심리학의 전통에 충실하면, 출생순위를 탐색해야 한다. 시간이 제한된 상담 또는 치료 회기를 하고 있다면, 전체 가계도를 작업할 시간이 항상 있는 것은 아니다. 그럼에도 우리가 하려는 것은 출생순위에 따른 특별한 위치에서 본 세계관을 발견하는 것이다. 우리는 간단하게 묻는다. 당신의 출생순위는 무엇입니까? 외동입니까? 첫째? 둘째? 중간? 막내? 대답을 들으면 곧이어 다음과 같이 질문한다. 당신에게 _____ 아이인 것은 어땠습니까? 여기서부터 개인의 대답에 따라 '실마리를 풀도록' 하는 질문을 선정한다.

- 길을 잃은 혹은 꼼짝 못한 이야기: 길을 잃거나 꼼짝 못한 이야기의 목적은 사람이 길을 잃은 것으로부터 또는 꼼짝 못한 것으로부터 자유를 향하여 움직이도록 조력하려는 것이다. 사람이 길을 잃은 느낌(나는 안개 속에서 무엇을 해야 하는지 모르겠어요)을 표현한다면 또는 꼼짝 못하는 느낌(나는 이 관계에서 이러지도 저러지도 못하는 느낌입니다. 다음에 어디로 가야 할지 모르겠어요)을 표현한다면, 이 시작 이야기를 사용하는 것은 최선이다. 그러나 때때로 다음과 같은 말로 대화를 바로 시작하는 것도 도움이 된다. "당신의 삶에서 길을 잃었던 때에 대해 말해 보세요. 아마도 당신이 여행 중이었는데 집으로 가는 길을 찾지 못했을 수도 있겠지요. 아마도 길을 잃고 주소를 찾으려고 했겠지요. 또는 쇼핑몰에서 길을 잃어버렸을지 모릅니다." 또는 "당신의 인생에서 눈, 모래 또는 진흙 속에 갇혀 꼼짝 못했던 때에 대해 말해 보세

요." 이러한 이야기 속에서 그 사람이 문제를 풀어 가는 독특한 전략의 개요를 알 수 있다. 소크라테스식 질문들은 개인의 대답 내용에 따라 달라진다.

- 가정: 당신이 집을 떠올릴 때, 집을 가장 잘 나타내는 단어 하나를 말해 줄 수 있습니까?

- 이름: 경우에 따라서 이름에 관한 이야기로 내담자와 깊이 있는 논의를 할 수 있다. 사람들에게 누군가의 이름을 따서 이름을 짓는 것이 얼마나 자랑스러운가에 대해 말하도록 했다. 다른 사람들에게는 아이 때 이름에 대한 생각을 토의하도록 했다. 그들은 자신의 이름 때문에 특별했다고 하기도 하고 자신의 이름에 매우 실망했다고 하기도 한다. 우리는 다음과 같은 질문으로 시작한다. 당신은 당신의 이름을 어떻게 갖게 되었는지 압니까? 만약 모른다고 대답하면, 그 사람에게 이야기를 구성하도록 요청하라. 당신의 이름은 무엇을 의미하는지 압니까? 만약 모른다면, 무엇인가를 만들어 내도록 요청할 수 있다. 당신 이름의 무엇이 좋습니까?(또는 싫습니까?) 만약 이름을 바꾼다면, 어떤 이름을 선택하겠습니까?

- 개인적으로 격려하는 사람: 당신이 성장할 때, 당신을 믿어 주는 사람이 있었습니까? 그 사람은 누구였습니까? 그 사람이 말하거나 행하는 것은 무엇이었습니까? 당신은 어떻게 그들이 당신을 믿는다는 것을 알았습니까? 모두가 개인적으로 격려하는 사람이 있는 것은 아니다. 그러나 우리는 격려와 지지를 해 주는 사람이 적어도 한 사람은 있음을 꽤 자주 발견한다.

대화 예시

　　내담자: 다른 친구들이 모두 자전거를 타고 있는 것을 저는 쳐다만
　　　　보고 있던 때가 기억나요. 저도 밖에 나가 친구들과 어울려 놀
　　　　고 싶었어요. 오빠가 집에 돌아오자 저는 자전거 타는 방법을
　　　　알려 달라고 부탁했어요.

　　상담자: 어떻게 되었나요?

　　내담자: 오빠가 저를 잡고 같이 달려 준다고 했어요. 만약 제가 떨
　　　　어질 것 같으면 오빠가 뒤에서 자전거를 잡아 준다고 했어요.

　　상담자: 어땠습니까?

　　내담자: 음, 우리가 내리막을 달리고 있을 때, 저는 페달도 잘 밟았
　　　　고 균형도 잘 잡았어요. 그런데 문득 오빠가 제 뒤에 없다는 것
　　　　을 알았어요. 뒤를 살펴보면서 오빠를 찾았고, 저는 그만 숲속
　　　　으로 곤두박질했어요. 저는 멈추는 방법을 몰랐어요.

　　상담자: 그러면 그 일을 생각할 때 당신은 화가 났나요, 슬펐나요,
　　　　기뻤나요, 또는 겁이 났나요? 아니면 그런 감정들이 복합적으
　　　　로 일어났나요?

　　내담자: 처음에는 오빠가 저에게 거짓말을 해서 정말 화가 났어요.
　　　　그런데 그다음에 제가 단 한 번의 시도로 자전거를 탔다는 것
　　　　을 깨달았어요. 그래서 다시 길 꼭대기로 자전거를 끌고 가서,
　　　　다시 자전거 타기를 시도했어요. 이젠 오빠 도움 없이 저 혼자
　　　　서도 잘 탈 수 있게 되었어요.

이 이야기에서 드러나듯이, 내담자가 어떤 새로운 것을 배울 때,
내담자는 초기에 자신을 도울 누군가를 찾을 필요가 있을지 모른

다. 그러나 그녀가 일단 시작하면, 스스로 매우 잘 해낸다. 그녀는 일종의 의존적 독립성이 있다. 심층 질문을 통해, 이것이 그녀의 삶의 방식임을 알게 되었다. 그녀가 지나치게 의존적이거나 지나치게 독립적일 때 또는 충분히 의존하지 않거나 독립하지 않을 때, 삶의 문제에서 몇 가지 어려움을 갖는다. 이는 상담 목적으로 정해졌고, 상담자는 균형을 찾기 위해 그녀와 작업했다.

도구 16. 다양한 생활양식 면접

근거

생활양식 사정은 자신과 타인을 이해하는 효과적인 방법이다. 생활양식 사정에서 초기의 가족과 생애 경험에 대한 정보는 BASIS-A와 같은 심리측정이나 간단한 면접을 통하여 모을 수 있다. 생활양식 면접은 그 사람의 개요, 신념과 믿음의 주제와 패턴, 자기와 타인에 대한 태도뿐만 아니라 생애과제에 대처하는 방식을 드러낸다.

목표

1. 창의적으로 수정한 간편 생활양식 면접의 지침을 제공하기
2. 생활양식 자기사정 절차를 보여 주기

읽을거리

- 제10장

- Bass, M. L., Curlette, W. L., Kern, R. M., & McWilliams, A. E., Jr. (2006). Social interest: A meta-analysis of a multidimensional construct. In S. Slavik & J. Carlson (Eds.), *Readings in the theory of individual psychology* (pp. 123-150). New York: Routledge/Taylor & Francis Group.
- Walton, F. X. (1998). Use of the most memorable observation as a technique for understanding choice of parenting style. *The Journal of Individual Psychology, 54,* 487-495.
- Walton, F. X. (1996). *Questions for brief life style analysis.* Paper presented at University of Texas Permian Basin Spring Counseling Workshop, Odessa, TX.

방법

A. Walton은 간편 생활양식 면접을 위하여 다섯 가지 질문을 제안한다.

- 문장을 완성하라: 나는 항상 _____ 아이였다.
- 당신이 어렸을 때 당신과 가장 다른 형제는 누구였는가? 어떻게 달랐는가? 만약 외동이라면, 다음을 묻는다. 당신은 다른 아이들과 어떻게 달랐는가?
- 당신이 어렸을 때, 당신의 엄마와 아빠에 대해 무엇이 가장 긍정적이었는가? 엄마와 아빠에 대하여 당신이 거부한 것이 있는가?
- 잊을 수 없거나 또는 가장 기억에 남은 장면들: 당신이 성장할 때, 인생에 대하여 내린 어떤 결론을 기억할 수 있는가? 예

를 들면, "나는 어른이 되면, 반드시 항상 _____하겠다." 또는 "나는 내 가족이나 내 삶에서 이런 일이 결코 일어나지 않도록 하겠다." 등등

- 마지막으로, 두 가지 초기 기억(회상)을 얻어라: 당신이 기억할 수 있는 가장 초기의 특별한 사건은 무엇이었는가?(이를 개인의 정확한 단어를 사용하여 현재 시제로 기록하라.) 어떤 순간이 가장 생생했는가? 사건과 연관된 감정은 무엇인가?

B. Walton의 다섯 가지 질문을 가지고 당신 자신에게 생활양식을 면접해 보라. 자신에 대하여 알게 된 것을 적는다.

C. 아들러학파는 감정과 반복되는 주제를 찾으라고 제안한다. 혼자 있는지 다른 사람과 함께 있는지, 적극적인지 수동적인지, 협력적인지 경쟁적인지, 그리고 집이나 학교에서 다른 사람들과의 관계 방식은 어떤지. 우리는 또한 이러한 감정들이 현재 삶에서 일어나는 일과 어떻게 관련되는지를 탐색한다. (당신이 이런 감정을 느낀 마지막은 언제였습니까?)

D. 다음의 소크라테스식 질문을 사용하여 자신(또는 타인)에 대한 생활양식을 사정하라.

[시작 방법]

"우리가 이야기하는 동안에 나는 무엇인가를 하려고 합니다. 나는 목록을 작성하기 시작할 것입니다. …… 나는 당신의 자산과 강점(또는 이미 잘하고 있는 것들)들을 들으려고 합니다. 내가 들으면서, 당신이 경험하고 있는 몇 가지 문제에서 사용하고 있거나 사용할 수 있는 것들을 적을 것입니다. 아마도 일 또는 집, 가족이나 친구들에 관한 것일 겁니다. …… 그러면 우리가 잠시 동안 이야기를

나누도록 할까요?

출생순위

- 당신의 출생순위부터 알아봅시다. 당신의 형제자매는 얼마나 있습니까?
- 당신에게 출생순위는 어땠나요?
- 형제간의 경쟁은 어땠습니까?
- 막내(첫째, 중간, 또는 외동)인 것에 대해 그 밖에 마음에 떠오르는 것이 있습니까?
- 그래서 출생순위에 대해 당신의 결론은 무엇이었습니까?

나는 _____ 한 아이였다.

- 당신이 자라는 동안 특별한 별명이 있었습니까? 또는 어떤 특별한 방식으로 당신이 알려졌습니까? '나는 _____한 아이였다.' 처럼.
- 당신의 삶에서 이에 대한 다른 예들을 생각해 낼 수 있습니까?

학교 경험

- 평상시에 하루의 시간을 어떻게 보내십니까?
- 학교에 다닌 처음 몇 년을 생각해 보세요. 당신은 유치원생 또는 1, 2학년이었을 때 어땠습니까?

첫 정규직

- 우리가 이전에 일에 대해 이야기한 이후, 당신의 첫 번째 정규직이 무엇이었는지 궁금했습니다.
- 그 일에서 무엇을 가장 좋아했습니까?
- 그 일에서 그 밖에 다른 것도 있었습니까?
- 그 일에서 불리한 면도 있었습니까?

식품점

- 식품점에 관하여, 어떤 식품점에서 쇼핑하기를 선호합니까?
- 이에 더하여, 그 밖에 무엇이 당신의 마음을 그곳으로 끌어들였습니까?
- 내가 관심 있는 것은 당신이 일상생활의 일반적인 문제들을 해결하는 방법입니다. 쇼핑은 매일의 생활 중 일상적인 문제입니다. 당신은 쇼핑을 어떻게 합니까?

다른 질문들

- 그 사건 때문에 한 결정을 기억합니까?
- 당신이 자랄 때, 당신을 믿어 준 사람이 있었는지 궁금합니다.
- 당신에게 그것은 무엇과 같았습니까?

네 가지 감정들

- 그때를 돌이켜 보면, 당신은 몹시 흥분하거나, 슬프거나, 기쁘거나 또는 두렵거나 또는 이런 것들이 복합된 감정들을 느꼈습니까?
- 이 모든 것을 받아들이면, 당신은 몹시 흥분하거나, 슬프거나, 기쁘거나 또는 두렵거나 또는 이런 것들이 복합된 감정을 느낍니까?

강점 요약

- 감사합니다. 오늘 대화에서 얻은 강점 목록을 가지고 요약해 봅시다. 당신의 목적에 대해 말해 보고, 이 모든 요소가 어떻게 당신에게 도움이 될 수 있는지 알아봅시다.

도구 17. 길을 잃은 또는 꼼짝 못한

근거

길을 잃은 또는 꼼짝 못함은 문제 해결과 관련하여 개인의 심리적 움직임을 이해하고 사정하기 위하여 고안된 전략이다. 개인심리학은 움직임의 심리학이다. 움직임을 통하여 개인들이 자기 자신, 타인들 그리고 세상에 대한 자신의 고유한 지향을 표현한다. 대처 준비가 빈약한 상황이나 경험 때문에, 사람들은 길을 잃은 또는 꼼짝 못함의 감정을 느낀다. 모든 사람은 삶의 문제에 대처하는 데 필요한 모든 내적 자원을 가지고 있다. 비록 이러한 자원들이 개인에게 알려지지 않거나 가용되지 않는다고 생각하더라도, 우리 각자는 문제 해결을 위한 전략을 가지고 있다. 길을 잃은 또는 꼼짝 못함의 목적은 내담자가 독특하고 독창적인 문제 해결 접근법을 확인하도록 돕고, 궁극적으로 길을 잃음에서 길을 찾음으로, 꼼짝 못함에서 자유로움으로 나아가도록 돕는 것이다.

목표

1. 개인의 문제 해결 전략들을 인식하기
2. 타당하면 전략을 수정하기
3. 개인의 문제 해결 전략을 당면 문제에 적용하기

읽을거리

- 제8장
- Wingett, W., & Milliren, A. (2004). Lost? Stuck? An Adlerian technique for understanding the individual's psychological movement. *Journal of Individual Psychology, 60*, 265-276.

방법

A. 개인의 문제 해결 접근법 확인

내담자가 현재의 문제 상황을 기술할 때, 길을 잃은 또는 꼼짝 못함이라는 핵심 단어를 쓰는지 귀를 기울여라. 많은 경우 사람들은 상담실에 온 상황을 기술할 때 문제를 개념화하는 방법으로서 길을 잃은 또는 **꼼짝 못함**이라는 단어를 사용할 것이다. 예를 들어, "난 길을 잃었어요, 어디로 돌아가야 할지 모르겠어요." 또는 "나는 내 배우자와의 관계에서 어찌할 바를 모르겠어요."라는 식이다. 또 다른 예는 다음과 같다. "나는 모든 것을 시도해 왔어요. 그리고 항상 오래된 판에 박힌 생활 속에서 꼼짝할 수가 없게 됩니다." 또는 "나는 궁지에 빠져 꼼짝할 수 없고 빠져나갈 길이 없습니다."

B. "여행 중 길을 잃었거나 또는 길을 잃고 집에 가는 길을 찾을 수 없었던 때에 대해 말해 주세요. 아마도 길을 잃고 주소를 찾으려고 노력하였거나, 또는 쇼핑몰에서 길을 잃어버렸을 수도 있습니다." 또는 "당신 인생에서 눈이나 모래, 진흙 속에서 꼼짝하지 못한 때에 대해 말해 주세요."라고 초대하면서, 길을 잃거나 꼼짝하지 못한 과거의 시간을 이끌어 내라. 그러면

내담자는 자신의 고유한 문제 해결 전략의 윤곽을 보여 주는 이야기를 함께 나눌 것이다.

C. 과거에 성공적이었던 문제 해결 방식의 요소들을 분명히 밝혀라. 사람들이 문제에서 벗어나는 길을 어떻게 발견했는지, 또는 어떻게 빠져나왔는지를 살펴보면서, 상담자 또는 치료자는 개인의 문제 해결 과정에 있는 인지적, 정서적, 행동적 구성요소에 귀를 기울인다. 예를 들어, 자신이 길을 잃거나 꼼짝하지 못함을 알아차렸을 때, 어떻게 생각하고, 느끼고, 행동했는가? 문제 해결을 향한 첫 단계를 밟기 시작했을 때, 어떻게 생각하고 느끼고 행동했는가? 문제를 해결했을 때, 어떻게 생각하고 느끼고 행동했는가? 최초의 문제 상황을 촉발했을 법한 선택은 무엇이었는가? 첫 번째 사건 이후로 어떤 예방적인 단계를 취할 수 있거나 취하여 왔는가? 초기 문제에 사람들이 관련되어 있는가? 있다면 어떤 사람들인가?

D. 당면 문제에 적절하고 효과적인 문제 해결 요소를 적용하라. 어떤 종류의 '자기대화'가 적절한가? 상황의 해결 전, 동안, 후에 어떤 느낌을 느끼고 싶은가? 당신은 합리적, 지적, 자신과 타인에게 민감한, 그리고 효과적이고 효율적인 행동 중 어떤 행동을 취할 것인가? 다른 사람들은 문제 해결 과정에 어떻게 관련될 것인가? 문제가 미래에 일어나지 않도록 무엇을 할 것인가?

E. 수정된 전략이 문제를 해결하는 동시에 사회적 관심의 높은 수준으로 내담자를 움직이게 하는 정도를 사정하라.

대화 예시: 눈보라

다음은 최근 상담 면접에서 사용된 전략의 한 예다.

상담 면접

상담자: 당신의 삶에서 길을 잃거나 꼼짝 못한 때에 대해 말해 보세요. 길을 잃고 장소를 찾기 위해 노력했거나 쇼핑몰에서 길을 잃었거나 모래, 진흙 또는 눈 속에 빠져 꼼짝 못했을지도 모릅니다.

내담자: 음……, 제가 결혼하기 전이었고, 친정에 살 때였어요. 거센 눈보라 후에 직장에서 집으로 운전 중이었습니다. 저는 집에 갈 수 있다고 생각했지요. 그런데 글쎄, 집에서 몇 마일 떨어진 길에서 미끄러져 결국 도랑에 빠져 버렸고, 차를 움직일 수 없었어요.

상담자: 그때 당신은 무엇을 했습니까?

내담자: 저는 잠시 동안 멍하게 앉아 있다가 어두워지기 전에 뭔가를 하는 것이 낫겠다고 생각했습니다. 저는 짐을 싸서 제가 보았던 농장을 향해 걷기 시작했어요.

상담자: 그러고 나서 무엇을 했지요?

내담자: 농장에 도착해서 그 집에 불이 켜진 것을 보고 뒷문으로 가서 노크했어요.

상담자: 당신은 무슨 생각을 했나요?

내담자: '불이 켜져 있으니 이 집에 사람이 있을 것이고, 그들은 내가 도랑의 딜레마에서 빠져나오도록 도와줄 수 있을 거야'라고 생각했어요.

상담자: 그러고 나서 무슨 일이 있었나요?

내담자: 노부부가 나와서 저를 집안으로 들어가게 해 주었어요. 그들에게 저의 사정을 이야기했고, 그러는 동안 몸도 따뜻해졌어요. 할아버지와 저는 트랙터를 타고 차가 있는 데로 가서 도랑에서 차를 끌어냈어요. 그에게 대가를 지불하려 했는데, 그는 고맙다는 말 외에는 어떤 것도 받으려 하지 않았어요. 나는 감사하며 집으로 천천히 갔습니다.

상담자: 내가 그 상황을 이해하고 있는지 아닌지 살펴봅시다. 당신은 미혼이었고 친정집에서 살고 있었군요. 당신은 눈보라 후 집으로 운전하고 가다가 도랑에 빠졌어요. 당신은 잠시 동안 앉아 있다가 짐을 챙겨 근처에 있는 농장으로 가서 그 집 문을 노크했어요. 부부가 나와서 당신을 따뜻하게 맞아 주었고, 이야기를 들어 주고, 도움을 줬어요. 당신과 그 친절한 남편은 당신의 차를 도랑에서 끌어냈고, 당신이 그에게 대가를 지불하려고 했지만 그는 거절했고, 당신은 감사하며 조심스럽게 집으로 돌아갔어요.

내담자: 네, 그래요. 그것이 일어났던 일입니다.

상담자: 그리고 그것이 당신이 문제를 해결한 방법이네요. 자, 당신이 처음부터 끝까지 사용한 문제 해결 과정을 살펴봅시다.

내담자: 네, 좋아요.

상담자: 먼저 당신은 문제가 생겼다는 걸 알았고, 어느 정도 부정적인 자기대화를 했어요.

내담자: 네, 저는 제가 어리석다고 생각했어요. 눈 속에서 너무 빨리 운전한 것, 스노타이어를 가지고 있지 않았던 것, 불필요한 요행을 바란 것에 대해 자책했습니다.

상담자: 그 상황을 살펴본 후에 짐을 챙겨 농장으로 가기로 했죠. 어떻게 그런 결정을 하게 되었습니까?

내담자: 네, 저는 차 안에 있으면서 저를 구해 줄 누군가를 기다릴 수도 있고, 또는 약 반 마일 떨어진 농장으로 걸어갈 수도 있다고 생각했습니다. 날씨가 얼어붙을 만큼 춥지 않았고, 차 안에 여분의 옷도 있어서 아직 충분히 날이 밝을 때 농장으로 갈 수 있다고 생각했어요.

상담자: 그러면 당신은 농장에 다가가 그 집에 불이 켜져 있는 것을 봤을 때 무슨 생각을 했나요?

내담자: 전 그곳에 사람들이 있기를 바랐고, 가능하면 저를 도와줄 미국 중서부 농부이기를 바란다고 생각했습니다.

상담자: 그리고 문을 노크했나요?

내담자: 네. 부부가 대답을 했고, 제가 몸을 녹이도록 집안으로 맞아 주었어요. 그들에게 제 사정을 이야기하고 도움을 청했어요.

상담자: 도움을 요청하는 것은 당신에게 어땠습니까?

내담자: 좀 두려웠어요. 하지만 그들이 할 수 있다면 저를 도와줄 거라고 생각했고 그들은 그렇게 했습니다.

상담자: 그리고 당신은 함께 도랑에서 차를 끌어냈고, 그에게 대가를 지불하려 했고, 그가 거절했고, 당신은 당신의 길을 갔지요. 그러면 당신이 사용한 문제 해결 단계는 다음과 같군요. (1) 가능한 방안을 위하여 상황을 조사하기, (2) 도움의 원천을 확인하기, (3) 모르는 사람에게 도움을 요청하기, (4) 도와준 사람에게 대가를 지불하고 감사의 말을 전하기, (5) 당신의 목적지를 향하여 조심스럽게 나아가기.

내담자: 네, 그것이 제가 한 일들입니다. 전에는 이와 같이 한 일을 단계별로 나누어 본 적이 없어요.

상담자: 만약 당신이 현재의 문제 상황에 이와 똑같은 다섯 단계를 적용한다면 어떤 일이 일어날까요?

내담자: 저도 확실히는 모르겠지만, 기꺼이 시도해 보겠습니다.

이 예는 개인의 문제 해결 양식을 확인하는 전략의 사용을 보여 준다. '농장'이 그녀에게 도움이 되었다면, 이 특별한 사람의 문제 해결 양식은 그녀가 만나는 미래의 문제를 해결하는 데 유용한 도구가 될 것이다. 그녀는 도움을 요청할 수 있음이 분명하다. 만약 요청을 들어줄 사람이 없거나 요청을 거절한다면, 무엇이 그녀의 전략일지는 분명하지 않다. 비록 그녀가 현재 상황에서 그녀의 전략을 사용할 수 있다 하더라도, 상담자 또는 치료자는 도움을 쉽게 얻을 수 없을 때 그녀가 무엇을 할 수 있는지에 대해 그녀와 함께 탐색하기를 바랄 것이다.

도구 18. 가장 기억에 남는 순간

근거

'가장 기억에 남는 순간'은 Walton이 부모용으로 개발한 것이다. 이는 양육방식과 관련한 부모의 신념체계를 이해하기 위하여 자전적인 기억을 사용하는 기술이다. 기억의 선택적 특성을 고려하면,

가장 기억에 남는 순간에서 양육에 관한 부모의 사적 논리를 찾을 수 있다. 변형하여 사용하면, 이 기법은 교사에게는 가르치는 것에 관해서, 다른 사람들에게는 생애과제에 관해서 적용할 수 있다.

목표
1. 가정에서 어려움의 원인이 되는 잘못된 생각을 보도록 돕기
2. 청소년 초기에 그의 가족생활을 관찰한 것에 관하여 부모에게 질문하기
3. 가족생활에서 중요한 것으로 여겨진 것이 무엇이었는지 결정하도록 돕기
4. 더욱 효과적인 양육기술을 사용하는 데 도움을 주거나 방해하는 데 부모의 신념이 어떻게 일반화되었는지 이해시키기

읽을거리
- Walton, F. X. (1996). *An overview of a systematic approach to Adlerian family counseling.* Paper presented at University of Texas Permian Basin Spring Counseling Workshop, Odessa, TX.
- Walton, F. X. (1998). Use of the most memorable observation as a technique for understanding choice of parenting style. *Journal of Individual Psychology, 54*(4), 487-494.

방법
A. 먼저 가족 구도와 현재의 문제에 관한 정보를 얻어라.

B. 질문하라: 때때로 십대 초기에 또는 십대 직전에 가족생활을 둘러보고, 중요한 것으로 보이는 삶의 모습에 대하여 결론을 내리는 것은 매우 일반적으로 보인다. 이는 때때로 긍정적이다. "나는 진심으로 우리 가족의 이런 면이 좋아. 어른이 되면, 내 가족이 이런 방식이면 좋겠어." 부정적일 경우도 자주 있다. "나는 이를 전혀 좋아하지 않아. 정말 싫어. 내가 어른이 되면, 내 집에서 이런 일이 일어나지 않도록 내가 할 수 있는 모든 일을 할 거야." 당신은 어땠는가? 열한 살, 열두 살, 열세 살쯤의 당신의 가족생활을 떠올릴 때, 당신이 내린 결론은 무엇인가? 그것은 긍정적일 수도 있고, 부정적일 수도 있다. 또는 둘 다일 수도 있다.

C. 부모가 다음 보상 유형 중 하나 또는 그 이상 얼마나 가지고 있는지 알도록 도우라.

- 부모가 경계하는 상황이 일어날 개연성을 지나치게 강조한다.
- 만약 그런 상황이 일어난다면, 그 상황의 부정적인 영향을 지나치게 강조한다.
- 만약 그런 상황이 일어난다면, 효과적인 문제 해결 방법으로 그 상황을 다루는 능력을 과소평가한다.

D. 부모가 새로운 이해에 기초하여 양육기법을 수정하도록 도우라.

- 우리를 성공하게 하는 방식은 우리를 어렵게도 한다는 점을 지적하면서 부모를 격려하라.
- 부모가 경계하는 상황이 일어날 개연성을 지나치게 강조하고 있는 구체적인 예를 찾아라.

- 아동과 청소년의 협력을 얻어 내는 데 초점을 두면서, 부모가 문제 상황을 다루는 기법 목록을 개발하도록 도우라.
E. 이와 같은 절차를 수정하여 교사들에게 적용할 수 있다. 당신이 가르치려고 하고 학급 담임을 맡으려고 했을 때, 확실히 일어나려고 했던 일은 무엇인가? 또는 일어나지 않은 일은 무엇인가?

대화 예시

가장 기억에 남는 장면을 질문하자 Scott은 이렇게 대답했다.

> 첫째로서 나는 가족의 기대에 부응해야 했다. 나는 모든 면에서 유능해야 했지만 내가 원하는 것을 가질 수 없었다. 나의 아버지는 많은 교육을 받지 못했고 가족을 충분히 부양할 수 없었다. 부모는 항상 싸웠고, 결국은 내가 대학에 갔을 때 이혼하셨다. 나는 결코 내 아이들에게 가난과 이혼의 고통을 받지 않게 하리라 다짐했다.

Scott은 과잉보상의 영향으로 가족을 위한 아버지와 보호자의 역할에서 완벽주의자가 될 수 있다. 나중에 실패자가 되는 것을 경계하려는 그의 바람은 열심히 일하는 윤리뿐만 아니라 보호적이고 요구가 많은 양육방식으로 전환되었다.

도구 19. 초기 기억 회상하기

근거

회상은 단지 경험을 이야기하는 것이 아니다. 마치 그 순간 그 일이 일어나고 있는 것처럼 경험을 떠올린다. 기억은 삶의 문제에 대해 의사결정할 때 지침이 되는 작은 인생 교훈들이다. 이러한 선택된 사건의 해석은 삶의 목적과 한계를 알려 준다. 적극적인 회상 활동은 자기, 타인, 세계뿐 아니라 윤리적인 신념과 행동 계획에 대한 개인의 인식을 드러낸다.

목표

1. 초기 학창시절 회상을 수집하는 대화 지침을 제공하기
2. 초기 직장생활 회상을 수집하는 대화 지침을 제공하기
3. 개인의 학교, 직장, 가정에 대한 인식을 이해할 수 있는 초기 기억을 수집하기

읽을거리

• 제4장, 제6장, 제10장
• Milliren, A. P., & Wingett, W. (2005, January). *Socratic questioning: The art of precision guess work.* Workshop presented at Chicago Adlerian Society, Chicago, IL.

방법

A. 일반적인 초기 회상법: 두 개의 초기 기억 회상을 가능한 한 자세하게 기록하라. 초기 기억은 초기 아동기에 일어난 구체적인 사건이다.

B. 학교생활

- 유치원부터 2학년 때까지를 회상할 때, 학교생활에서 무엇을 가장 좋아했습니까? 학교생활은 집에서 출발하여 방과 후 집으로 돌아오는 시간을 포함하십시오.

- 내가 학교생활에서 가장 좋아했던 것은 _____이었다.

- 이러한 특별한 학교생활에서 내가 좋아한 세 가지에서 다섯 가지는_____이었다.

- 개인의 강점 일람표를 만들기 위해 요약 형식(〈표 10-7〉)을 이용하라.

- 교사, 부모, 학생이 자신의 신념을 이해하도록 강점 일람표를 이용하라. 그리고 집에서나 학교에서 문제 해결을 위하여 자산과 강점을 이용하라. 다음과 같이 질문하라. "당신에게 문제가 되어 왔던 상황을 다루기 위하여 강점 몇 가지를 어떻게 이용할 수 있겠습니까?"

C. 초기 진로 회상

- 이완하라. 그리고 진로 또는 직업이라고 생각한 가장 초기의 기억을 생각해 보라. 이는 당신 부모의 직업일 수 있고, 또는 당신이 직업과 관련된다고 생각하는 초기 기억일 수도 있다. 구체적인 초기 기억에 초점을 맞추어라. 그리고 상세화하라. 이 기억을 기록하라.

- 기억에 수반하는 정서와 신체적 감각을 포함하여, 그 기억의 구체적인 요소를 경험하라. 이것을 가능한 한 구체적으로 기록하라.
- 그 기억에서 가장 두드러지는 부분이나 장면을 사진으로 만들고, 그 사진 장면의 정감을 설명하는 정서적 작업을 하면서 이를 묘사하라.
- 더 이른 진로 기억을 살펴보라. 당신의 초기 기억에서 드러난 부분적으로 진실인 가공적인 생각을 찾아보라. 다음 예를 지침으로 활용하라. 그리고 당신의 생각을 기록하라.
  - 과잉일반화. 예: 사람들은 적대적이다.
  - 안전에 대한 잘못된 또는 불가능한 목표. 예: 나는 모든 사람을 기쁘게 해야 한다.
  - 삶과 인생의 요구에 대한 오해. 예: 인생은 고난이다.
  - 자신의 가치에 대한 과소평가 또는 부정. 예: 나는 멍청하다.
  - 잘못된 가치. 예: 다른 사람을 밟고 올라가야 하더라도 최고가 되어라.

D. 미래에 대한 기억
- 어린 시절의 환상을 회상하라. 꿈이 실현된다면 당신은 어떤 사람이 되었을까?
- 당신이 무엇이 되거나 될 수 있다고 다른 사람들로부터 들었는가?

E. 초기 회상의 해석에 이용할 수 있는 몇 가지 기술
- 헤드라인 기법: 초기 기억을 짧은 신문기사로 생각해라. 그

이야기의 핵심에 관한 진술, 즉 논리적 추상인 헤드라인을 작성하라. 때때로 '인생은……' '사람은……' '나는……' 과 같은 헤드라인으로 시작하는 것이 도움이 된다.

- 그 문제는 어떻게 해결되는가?
- 내담자는 앞으로 나아가는가, 철회하는가?
- 혼자인가, 다른 사람과 함께 있는가?
- 응석받이인가?
- 주는가, 받는가?
- 기억 속의 사람들은 원형들이다. 아버지는 '남성' 또는 '권위적인 모습'을 의미하며, 현재의 아버지를 의미하지 않는다. 남성과 여성의 역할에 대한 개인의 관점을 찾아라.
- 정서가 어떻게 사용되는가?
- 개인에게 행복과 불행은 무엇인가?
- 무엇을 위하여 행동하는가? 완료했는가?
- 확인하고, 질문하고, 수용하고, 무력함을 느끼고, 반항하는가?
- 반항은 개방적인가, 은밀한가?
- 상황을 개선하려고 노력하는가, 또는 다른 동기가 더 우세한가?
- 통제의 문제를 살펴보라. 누가, 또는 무엇이 상황을 통제하는가? 통제할 수 없는 삶이 되지 않도록 조심하는가?
- 세부적인 것(직업적 단서뿐만 아니라 매우 흥미로워하는 심리적 상황에 대한 진술)을 챙기는가?
- 행위자인가, 관찰자인가?
- 형제자매의 출생은 자매경쟁 또는 폐위를 암시한다. (기억 속

의 행동은 형제자매가 생긴 후에 일어나는 과정을 암시할 수 있다.)

- 첫 학교 경험은 우리가 '바깥' 세상을 어떻게 바라보고 다루는지 보여 준다.
- 인생이나 사람들이 내담자에게 어떤 장애물을 주는가?
- 비행의 기억은 종종 우리가 회피하기로 결정한 행동 유형을 암시한다.
- 개인에게 성공과 실패의 구성요소는 무엇인가? 개인의 사적 세계는 무엇인가? 초기 기억에 나타난 신념은 그 사람의 삶의 규칙에 이바지함을 기억하라.

표 10-7 초기 기억과 학교생활 요약

자산과 강점	지표	자산과 강점	지표
중다 지능			
단어	수	신체	사진
음악	자연	자기	사람
생애과제			
일/놀이			
자기돌봄/자신감			
가족/친구/지역사회			
친밀한 관계			
영성적/철학적 가치			

도구 20. 움직임을 신뢰하기

근거

아들러는 사람들이 자신의 창조적인 힘으로 '마이너스 감정'에서 '플러스 인식'으로 나아간다고 믿었다. Dreikurs는 잘못된 행동의 네 가지 목적을 확인했다. 관심 추구, 힘겨루기, 복수하기, 가장된 무능력이다. 네 가지 목적은 모든 형태의 마이너스 감정의 표현이다. 잘못된 행동을 하는 낙담한 사람에게 용기를 발달시키는 것은 잘못한 행동을 넘어서고, 마이너스 감정에서 플러스 인식 사고로 나아가도록 재정향하는 것이다.

목표

1. 마이너스 감정과 잘못된 행동의 목적 간의 연관성을 인식하기
2. 행동계획에 수반될 수 있는 플러스 인식의 발달에 관여하고 격려하기

읽을거리

• 제6장
• Milliren, A., Clemmer, F., Wingett, W., & Testerment, T. (2006). The movement from "felt minus" to "perceived plus": Understanding Adler's concept of inferiority. In S. Slavik & J. Carlson (Eds.), *Reading in the theory of individual psychology*

(pp. 351-363). New York: Routledge/Taylor & Francis Group.

방법

A. 자신의 잘못된 행동을 통하여 말하고 있는 것을 주의 깊게 들어라. 마이너스 감정의 진술/사고를 찾아라.

B. 〈표 10-8〉을 이용하여 잘못된 행동의 목적을 확인하라. 개인의 생애운동 방향을 사정하기 위해 [그림 10-1]을 이용하라.

C. 플러스 인식을 발달시키도록 도우라.

D. 낙담, 두려움 또는 마이너스 감정 사고의 수준을 사정하라.

E. 강점을 사정하기 위하여 '도구 15. 편의점에서'의 '열한 가지 질문'과 '일곱 가지 시작 이야기'를 이용하라.

F. 움직임을 안내할 Yes 태도를 발달시키기 위하여 강점의 사용

표 10-8 마이너스 감정에서 플러스 인식으로

잘못된 행동의 목적	마이너스 감정	플러스 인식
관심 추구	나는 다른 사람들이 나에게 주목하기를 바란다.	나는 다른 사람들의 유용한 행동에 주목하고 격려한다.
힘겨루기	그 누구도 나를 쥐고 흔들거나 나에게 무엇을 하라고 말할 수 없다는 것을 다른 사람들에게 보여 주고 싶다.	나는 세상에 도움이 되는 문제를 해결하기 위하여 다른 사람들과 함께 작업할 수 있다.
복수하기	내가 상처받았던 것처럼 다른 사람에게 상처 입히고 싶다.	나는 언제 어떻게 다른 사람에게 공감해야 하는지 알고 있다.
가장된 무능력	나는 나 자신을 포기했고 다른 사람들이 나를 혼자 내버려 두길 원한다.	나는 나 자신을 격려할 수 있고, 다른 사람들의 격려를 받아들일 수 있다.

```
---0----1----2----3----4----5----6----7---8---
```
마이너스 감정   플러스 인식

> **동기화**
>
> 1에서 8까지(+/−) 척도: 당신에게 문제가 되어 온 상황이나 관계 중 두
> 가지를 선택하라. 당신은 현재 어디쯤 있는가? 당신이 한 칸 또는 두 칸
> 움직이려면 무엇이 있어야 하는가?

_____

_____

_____

그림 10-7 동기화 척도

출처: Adapted from Milliren, A. P., & Wingett, W.(2005, January). *Socratic questioning: The art of precision guess work*. Workshop presented at Chicago Adlerian Society, Chicago, IL.

을 격려하라.

G. 강점의 과잉사용이나 과소사용(즉, 과잉보상 또는 과소보상)에
   주목하라. [그림 10-1]의 생애태도를 이용하여 개인을 기술
   하라.

H. '동기 척도'([그림 10-7])의 단계를 따르라. 격려하면서, 플러
   스를 인식하는 태도로 나아가는 행동계획을 개발하도록 도
   우라.

도구 21. 위, 아래, 나란히: 평등 관계

근거

관계는 단지 촉진적이 되는 것 이상이다. 관계는 확장한다. 확장하는 것은 증가하고, 확대하고, 팽창하는 것이다. 긍정적인 관계는 긍정적이고 격려하는 분위기에서만 자랄 수 있다. 어쨌든 가부장적인 또는 어머니 같은 상호관계에서부터 조종하거나 어쩌면 강압적인, 촉진적인, 확장적인, 함께 일하는 상호관계에 이르기까지 다양한 범위의 척도가 있는 듯하다. 관계 척도는 타인의 행동을 (직접 또는 간접적으로) 통제하거나 제한하려는 바람으로부터 다른 사람의 성장의 촉매가 되고 평등한 관계를 맺는 것에 이르기까지 관계의 단계들을 나타낸다. 모든 관계에는 수평 차원이 있다. 이는 평등의 관계인데, 여기서 우리는 협력하고, 공동작업하고, 나란히 일할 수 있다.

목표

1. 관계하는 파트너가 서로에게 가져다줄 수 있는 것의 문제와 가능성을 이해하도록 돕기 위하여 관계 척도를 이용하기
2. 상대방이 성장할 수 있는 조건을 제공하기 위해 어떻게 행동할 수 있는가에 대하여 이해하도록 하기

읽을거리

• 제5장

• Milliren, A. (in press). Relationships: Musings on the ups, downs, and the side-by-sides. In D. Eckstein (Ed.), *Relationship repair: Activities for counselors working with couples.* EI Cajon, CA: National Science Press.

방법

A. 각 파트너가 다음의 관계 척도 위에서 자신이 생각하는 관계의 단계가 있는 위치를 찾도록 하라. 사정을 위하여 자기 이야기를 이용하라(〈표 10-9〉 참조).

아버지 같은/ 어머니 같은	조종하는/ 강제적인	촉진적인	확장하는	함께 일하는/ 상호적인
*	*	*	*	*

B. 자신의 행동이 상대방의 자존감을 유지하거나 증진하는 데 기여하도록, 각 파트너는 자신의 행동을 어떻게 정향할 수 있는가?

C. 파트너들이 있는 그대로 유지함으로써 각 개인의 자원을 활성화하고, 자극하고, 입증하는 작업을 어떻게 할 수 있는가?

D. 위험을 감수하기, 신뢰하기, 사랑하기가 자극될 수 있도록, 커플 각자는 어떻게 수용과 개방의 분위기를 유지하려고 노력할 수 있는가?

E. 커플은 자신과 상대방, 그 상황의 동시적 경험을 잘 받아들이도록 하기 위해 어떻게 하여 현재에 머무를 수 있는가?

표 10-9 관계의 단계

단계	개인적 이야기
아버지 같은/어머니 같은	나에게 이런 생각에서의 어려움은 노력들이 상대방을 지향하며 숭고하더라도, 상호 성장의 어떤 과정도 부정한다는 것이다. 게다가 여전히 미묘하게 조종하는 활동이 있을 수 있다.
조종하는/강제적인	나는 어떻게 내가 원하는 것을 그/그녀가 되도록/하도록 하는가? 내가 통제한다고 생각하는 만큼, 상대방은 항상 반대하는 힘을 가지고 있는 위치에 있다.
촉진적인	통제의 초점은 나 자신에게 있다. 나는 상대방의 성장을 위한 촉매로서 기능하고자 한다—어느 정도 상대방의 인생 여정의 파트너로서.
확장하는	나는 나 자신을 성장시킬 수 있을 뿐이다. …… 그렇게 하면서, 타인들은 나의 성장을 통해 성장 과정을 발견하게 될 것이다. 따라서 나는 다른 사람의 성장을 증대시킬 수 있을 뿐이다. 결코 성장이 일어나도록 할 수 없다.
함께 일하는/상호 성장	'함께 일하는'이라는 말은 협력적인 노력이라는 생각으로 되돌아가게 한다. 내가 성장하면 당신도 성장한다.

F. 각 파트너는 항상 기대에 부응하여 살 수는 없을 것이라는 점을 아는 **불완전할 용기**를 어떻게 연습할 수 있는가?

G. 내가 마치 평등하게 타인과 관계를 맺을 수 있을 것처럼 행동한다면, 사실 나는 그렇게 할 수 있을 것이다.

도구 22. 선 따라 걷기

근거

소속, 숙달, 독립 그리고 관용은 아메리카 원주민에게 자기가치
의 네 가지 기초다. 원은 인생의 바퀴를 상징한다. 모든 방향과 모
든 길은 명예로우며 걷기 위한 것이다. 그 길들을 걸으면서 얻은 모
든 교훈은 평등이다. 바퀴의 각 바퀴살은 진리, 평화, 조화에 이르
는 길이다.

목표

1. 아메리카 원주민의 '용기의 원'이라는 틀을 이용하여 자기이
   해를 발달시키기
2. 우리가 길을 걸으며 만나는 문제들을 통해 아메리카 원주민들
   이 인식한 성장의 목적과 소속의 정신을 지향하는 태도들의
   상호관계를 알아차리기
3. 관련된 예로 '용기의 원'을 알코올 중독 회복에 적용하기

읽을거리

• 제9장
• Brendtro, L., Brokenleg, M., & Bockern, S. V. (1992). *Reclai-
  ming youth at risk: Our hope for the future*. Bloomington, IN:
  National Educational Service.

방법

A. 동서남북 방향에 대해 기술어가 있는 아메리카 원주민의 '용기의 원' 모델인 [그림 10-8](〈표 10-10〉도 참조)을 숙지하라.

B. 당신이 남에서 북으로, 동에서 서로 길을 걷고 있음을 상상하라. 당신은 어떤 문제를 만나는가?

C. 이러한 문제는 어떤 기회를 주는가?

D. 이러한 관찰로부터 어떤 성장의 목적을 도출할 수 있는가?

E. 원 내의 삼각형은 수십 년간 A.A.의 상징이었다. 원은 A.A.의 전체 세계를 나타내며, 삼각형은 A.A.의 세 가지 유산인 회복, 일치, 봉사를 나타낸다. 알코올 중독에 의한 문제를 분리하는 대신, 다른 사람의 무조건적인 수용과 도움을 통하여 공동체 의식을 인식할 뿐만 아니라 빈곤한 사람들에 대한 봉사를 확

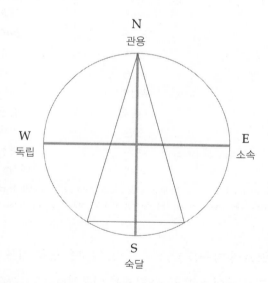

그림 10-8 용기의 동그라미. '용기의 원'을 본떠서 만듦(Artist: Georg Blue Bird.)

표 10-10 기회가 되는 문제들

목적	문제	강점
소속	소외	애착
	불신	신뢰
	철회	온정
	분리	우정
	적대감	협력
	배척	수용
독립	무책임	자율
	의존할 수 없음	책임
	반항	자기주장
	쉽게 잘못 인도됨	자신감
	무모함	자제력
	무력함	낙천주의
관용	이기적임	이타주의
	경시	존중
	냉담	친절
	원한	공감
	앙갚음	용서
	공허	목표
숙달	무능	성취
	부적절	재능
	무관심	집중
	혼란	이해
	혼돈	조직
	패배	대처하기

출처: Adapted from Brendtro, L., Brokenleg, M., & Bockern, S.V. (1992). *Reclaiming youth at risk: Our hope for the future.* Bloomington, IN: National Educational Service.

장함으로써 자유를 찾을 수 있다. 알코올 중독 회복 과정을 촉진하기 위하여 A, B, C, D 단계를 이용하라.

부록

부정적 태도를 긍정적 태도로 바꾸기

완화는 압력, 긴장, 스트레스, 불안의 고통스러운 감정을 대체한다. 이러한 부정적인 감정은 다음과 같은 감정으로부터 일어난다.

- 절망감
- 실패의 두려움
- 과분한 성공 경험에 대한 두려움
- 희생하려고 의도하지 않은 곳에서 희생당한 느낌
- 어떤 것도 할 수 없고 갈 곳이 없는 무력함에 대한 분노
- 화가 나는 자신에 대한 분노
- 필요 이상으로 당신의 삶을 더 힘들게 하는 부적절한 태도에 기초한 오래된 삶의 방식의 압력, 긴장, 스트레스

긍정적 통제는 (a) 통제할 수 없는 느낌과 (b) 부정적이고 파괴적인 방식으로 통제하기를 대체한다.

- 상황에 대해
- 당신 자신에 대해
- 당신의 삶에 대해

정체감은 기쁘게 하는 사람, 매우 책임감이 강한 아동, 반항하는 사람 등과 같이 타인의 역할을 행하는 것을 대체한다.

- 다른 사람의 이야기가 아닌 당신 자신의 말로
- 아동기부터 해 온 역할이 아닌
- "나는 내가 누구인지 안다. 나는 방금 그 일을 해낸 사람이다!"

성숙은 미성숙한 느낌을 대체한다.

- 나는 지금 어른이다. 나는 필요하다고 생각되는 어른스러운 일을 하고 있다.

• 나는 아동기의 역할을 하고 있지 않다.

소속은 소속되지 않은 느낌을 대체한다.
• 나는 인류의 당당한 구성원이다.
• 나는 나 자신에게 소속한다.
• 나는 내가 어디에 있든지 소속감을 느낀다.

안전은 불안전을 대체한다.
• 나의 안전은 물질적이지 않고 다른 사람에게 있지도 않다.
• 나의 안전은 허위의 관념론에 있지 않다.
• 나는 나 자신 안에서 안전하다.
• 내적으로 안전한 자기가 여기 있다.

신뢰는 자신과 타인의 불신을 대체한다.
• 나는 나의 동료를 믿을 수 있다. 나는 이들을 완전히 신뢰하지 않아야 한다. 나의 신뢰에 대한 배신을 예견하지 않아야 하며, 이를 예방할 방법을 발견하여야 한다. (이는 부정적인 통제다.)
• 나에게 잘못이 있고 불완전하더라도 나 자신을 신뢰할 수 있다. 만약 내가 실수를 한다면, 나는 실수로부터 배울 수 있다. 나는 실수를 반복하지 않을 것이다.

평등은 열등감, 충분히 훌륭하지 않음을 대체한다.
• 나는 다른 어떤 사람보다 낫거나 부족하지 않다.
• 나는 내가 동등하다는 것을 입증하지 않아야 한다. 입증할 것이 없다.
• 나는 과잉보상하지 않아야 한다. 이는 사태를 악화시킬 뿐이다. 열등감의 고통을 줄이려는 것은 자신에게 스스로 행한 좋은 의도다. 이제는 그것이 필요하지 않다.

자유는 덫에 잡힌 느낌을 대체한다.
• 나는 아동기 때의 두려움으로부터 자유롭다.
• 나는 사람, 인생, 나 자신에 대하여 아동기 때의 잘못된 생각으로부터 자유롭다.
• 나는 나의 오래된, 잘못된 태도로부터 나 자신을 자유롭게 한다. 나는 과제를 할 용기를 가지고 있었다.

• 아무도 나를 자유롭게 할 수 없다. 나는 지속적으로 스스로를 자유롭게 할 것이다.

독립은 의존적인 느낌을 대체한다.
• 나는 나 자신의 방식대로 삶을 살 능력이 있다.
• 나는 상호의존적인 평등한 관계에서 나의 동료와 자유롭게 협력한다.
• 나는 나 자신의 판단을 신뢰할 수 있다.
• 나는 나 자신의 성공을 입증할 수 있다.

업적은 '나는 아무리 해도 성공하지 못한다'를 대체한다.
• 나는 해냈다! 나는 이것이 실제로 일어나도록 했다.
• 나는 완벽하지 않았지만, 충분히 잘했다.

성공은 실패의 감정을 대체한다.
• 나는 결국 성공할 수 있다.
• 나는 성공할 만하다. 나는 달성했다.
• 나는 성공하는 데 내몰리지 않는다. 나는 성공하는 데 자유롭다.
• 내가 성공하는 것은 나 자신을 증명해야 하기 때문이 아니다. 성공하는 것이 내 안에 있기 때문이다.

자신감은 자기의심을 대체한다.
• 나는 한 번 그것을 했다. 나는 그것을 다시 할 수 있다. 이는 그렇게 어렵지 않다.
• 나는 나의 판단을 믿을 수 있다. 그리고 나 자신 안에서 자신감을 느낀다.

용기는 낙담을 대체한다.
• 용기는 기꺼이 위험을 감수하는 것이다.
• 나는 위험을 감수했다. 나에게 용기가 있었다.
• 내가 성공하지 않으면 상처받을 것임을 안다. 그러나 아동일 때 받았던 것만큼 상처받지는 않을 것이다. 이는 세상의 종말이 아니다. 나는 개인적으로 이를 받아들이지 않을 것이다.
• 용기가 생기기만을 기다리지 않았다. 나는 어떻게든 먼저 그 일을 해 냈다. 용기는 그 후에 생겼다.

적절한 책임감은 너무 많거나 너무 적은 책임감을 대체한다.
- 나는 지나치게 많은 책임을 맡지 않았다.
- 나는 책임을 회피하지도 않았다.
- 나는 스스로 적절한 책임을 맡았다.
- 나는 다른 사람들에게 똑같은 특권을 허용하고 있다.
- 나는 그들과 동등하게 책임을 나눌 준비가 되어 있다.

선택의 힘은 오래된 태도와 역할로 상황들에 반응하는 것을 대체한다.
- 나는 힘이 없거나 통제 불능이 아니다. 나는 선택하는 힘이 있다. 나는 나의 과제를 하기로 선택한다.
- 나는 그러한 선택을 하는 데 어른다운 판단을 했다. 완벽한 선택은 아니었다. 완벽하지 않아야 했다. 선택은 충분히 훌륭했다. 그 선택은 일이 되도록 했다.

판단에 대한 신뢰는 판단에 대한 의심을 대체한다.
- 나는 과제를 하기로 결정했다. 이는 매우 잘한 결정이었다.
- 나는 나의 판단을 신뢰할 수 있다. 이는 완벽하지 않지만, 충분히 훌륭하다. 내가 실수한다면, 나는 그것으로부터 배울 수 있다.

충분히 좋음은 열등감을 대체한다.
- 충분히 좋음은 지금 현재 나대로의 좋음이다.
- 나는 그 이상 더 잘나지 않아야 한다. 만약 내일도 여전히 더 잘한다면, 그것 역시 괜찮다.

선도적은 반응적을 대체한다.
- 나는 실제에 기반하여 독립적으로 작동하고 있다.
- 나는 어느 누구도 반대하지 않는다. 나는 적절한 근거로 나를 지지한다.
- 나 자신을 위하여 취할 긍정적인 행동을 말하는 데 나의 판단을 이용한다.

가용한 더 많은 에너지로서 나의 에너지는 자기분노와 자기비하에 더 이상 묶여 있지 않다.
- 나는 더 이상 나 자신과 싸우면서 정지되어 있지 않다.
- 있지 않아야 할 부정적인 태도와 정서와 싸우는 데 나의 에너지를 사용하고 있지 않다.

- 나의 에너지가 오래된 태도의 통제로부터 해방될 때, 나는 일어나는 일들을 받아들이고, 내가 할 수 있는 최선을 다하는 데 자유로움을 느낀다.
- 나는 이러한 새로운 에너지를 나를 행복하게 할 유용하고 생산적인 방식으로 이용한다.

용서는 분개를 대체한다.
- 그들에 대한 나의 분노를 놓아 버리기로 선택함으로써 나는 지금 다른 사람들을 용서하는 데 자유롭다.
- 이는 그들을 위한 것이 아니다. 나를 위한 것이다!
- 내가 용서했음을 그들은 알지 못해야 한다. 그들에게 말하고 안 하고는 나의 선택이다.
- 나의 분노를 놓아 버리면서, 나는 우울, 불안, 불만, 강박 사고, 자기의심의 고통을 완화한다.
- 나는 나이 들면서 희생자, 고난의 순교자, 감정 없는 Marlboro Man(다부지고, 잘생기고, 남성다운 흡연자로서 담배광고에 나온 우상적인 남성상-역자 주)의 역할에서 벗어난다.
- 나는 이들을 성숙한 정체감으로, 어른스러운 판단으로 대체한다.

의미는 무의미를 대체한다.
- 나는 나의 무의미감(열등감, 가치 없음, 소속되지 않음, 그리고 다른 모든 자기비하)을 내가 선택한 삶의 의미로 대체한다.
- 나는 다른 사람의 말에 따라 사는 것을 멈춘다. 그리고 책임 있고, 적절한 나의 방식에 따라 살기 시작한다.
- 나는 일어나는 일들을 받아들이고, 내가 할 수 있는 최선을 다하는 데 자유롭다.

사회적 관심은 자기중심을 대체한다.
- 나는 당당한 구성원으로서 인류에 소속하기 때문에, 이 지구상의 동료 시민의 복지에 대하여 적절한 관심을 갖는 데 구속받지 않는다.
- 나는 공상적 박애주의자나 약자의 옹호자가 아니다. 나는 삶을 더 나빠지게 하는 대신 더 나아지도록 하기 위하여 내가 할 수 있는 일을 하는 책임을 적절히 맡는 데 자유롭다.
- 나는 자기이익을 챙기며 실속을 차리려는 의도에서 다른 사람을 위해

필요한 일을 하는 진정한 의도로 변화했다.
• 나에게 완벽하게 하도록 요구하지는 않는다. 그 일이 완료되면 충분하다.
• 나는 사람, 세상 또는 나 자신에 대한 오해의 포로가 아니다. 나의 오래
된 태도는 비켜섰다. 나는 현실을 있는 그대로 더 분명하게 볼 수 있다.
나는 현실적으로 내가 무엇을 해야 하는지 이해한다. 나는 이를 하도록
적절히 준비되어 있다.

마음의 평화는 혼란, 불안, 혼돈을 대체한다.
• 나는 나 자신에게 평화롭다.
• 나는 현재 다른 사람과 평화롭게 지내는 데 자유롭다.
• 나는 방어막을 내려놓을 수 있었다. 이것은 어떤 것도 지켜 주지 않았다.
• 혼란, 불안, 혼돈이 올 때, 나는 이를 견딜 수 있다.

출처: Based on Messer's activity "Debriefing Homework," personal comminication.

표 A10-2	품성의 요소와 지시된 반영의 예
불편한 현실의 수용 -닥친 일에 최선 을 다하기	일어나는 모든 일을 다룰 수 있어서 기분이 좋으시군요. 어려운 일이었지만 잘 견뎌 냈기 때문에 당신은 매우 강 하다고 느끼고 있는 게 분명해요. 모든 일이 당신에게 주어졌지만, 이를 잘 다루고 있어서 정말로 기분이 좋으시군요. 따라서 당신은 매우 유능하다고 느끼고 있군요. 당신은 형편없는 상황에서도 최선을 다했습니다. 이는 당신을 정말로 기분 좋게 했습니다. 당신은 형편없 는 상황을 기회로 만드는 것을 배웠습니다.
수행-성취했음과, 이 정도면 충분히 훌륭함을 알기	당신이 해냈군요! 당신은 그것이 실제로 일어나게 했군요. 완벽하지는 않았지만 있는 그대로 충분히 훌륭하다는 것을 알게 되어 좋아요. 당신은 최선을 다했고 이 정도면 충분하다는 것을 알게 되어, 분명히 자부심을 느낄 수 있을 거예요. 와우! 당신은 그것을 실제로 해냈군요! 할 수 있다는 것 을 알았군요!

접근가능성-그들을 찾는 다른 사람을 만날 여유를 갖기	당신은 다른 사람들에게 진실한 관심을 보이는 방법을 알게 되었어요. 다른 사람들이 당신을 찾을 때, 무척 기분이 좋아 보이는군요. 당신에게는 사람들을 끌어 모으는 멋진 매너가 있군요. 이것이 당신을 기분 좋게 하는군요. 당신이 좋은 친구라는 것을 알게 되어 기분이 좋군요. 다른 사람들을 위해 그곳에 있어 줄 때, 당신은 분명하게 강하고 믿음직스럽다고 느끼는군요.
적절한 분노-성숙한/책임 있는 방식으로 정당한 분노를 표현하기	분노를 적절하게 표현할 수 있다면, 이는 정말 대단한 것입니다. 그들의 결정에 대해 화가 난 이유를 말할 수 있어서 매우 자랑스럽게 느끼고 있군요. 당신은 분노를 긍정적인 에너지로 바꿀 수 있었군요. 당신이 맡은 모든 일을 수행했다니 대단합니다. 지금 매우 침착하다고 느끼고 있군요. 관심사를 조용하고 효과적인 방식으로 표현했군요. 모든 것을 언짢아하지 않으면서 당신의 불평을 그들에게 표현해서 기분이 좋군요.
적절한 책임감-상황에 적절한 책임 수준을 상정하기	당신은 정말 멋있게, 그리고 여전히 그들이 스스로 책임지도록 다루었군요. 얼마나 좋습니까? 당신의 역할에 대해 책임졌고 그것으로 당분간 충분했습니다. 당신이 떠맡아야 하지 않고, 책임을 받아들일 수 있어서 기분 좋습니다. 충분히 공헌하여 기분이 좋군요.
소속-인류의 당당한 구성원임을 느끼기	당신은 만물의 한 부분일 수 있다는 것에 기분이 좋군요. 당신이 어울리고 소속한다고 느끼다니 멋집니다. 당신이 포함되고 소속된다고 생각하면 기분이 좋아집니다. 소속하는 것은 기분 좋은 일입니다. 당신도 다른 사람만큼 똑같이 여기에 존재할 권리가 있습니다.

자신감-삶의 긍정적인 것과 부정적인 것에 대처할 준비가 되어 있다고 느끼기	당신은 해냈어요! 당신이 필요할 때는 다시 할 수 있을 것입니다.
	당신이 닥치는 일이 무엇이든 다룰 수 있다는 것을 알게 되어 기분이 좋습니다.
	당신이 성공할 수 있음을 알게 되어 강렬한 느낌이 듭니다.
	당신이 만사를 다룰 수 있음을 알게 되어 강렬한 느낌이 듭니다.
좋은 일들을 회상하기-좋은 일들을 인식하고 고마워하기	당신에게 잘되고 있는 일에 초점을 맞출 수 있음을 잘 알고 있군요.
	당신이 가진 것에 감사하는 습관이 자신에게 무척 도움이 된다는 것을 잘 알고 있군요.
	잠깐 동안 기분이 가라앉았을지 모르지만, 지금은 당신에게 잘되고 있는 일에 초점을 맞출 수 있음을 알고 있군요.
	당신의 삶에 대해 긍정적인 일을 생각하고 감사할 수 있는 자신에 대해 만족스러워하는군요.
용기-감수할 필요가 있는 위험과 감수할 필요가 없는 위험을 알기	당신은 위험을 감수하고, 무엇이 일어날 것인지 생각하는 용기가 있군요.
	당신은 어떤 위험이 감수할 가치가 있는지 감수할 가치가 없는지를 알고 있군요.
	그것은 당신이 정말 용기 있다고 느끼게 할 것입니다. 해야 할 필요가 있는 것을 하고 이에 대해 걱정하지 않는 것이지요.
	때때로 약간의 겁이 날 수 있습니다만, 시도하는 것을 두려워하지 않았군요.
	쉽지 않다는 것을 알고 있었지만, 훌륭한 결정을 하게 되어서 매우 용기 있음을 느끼고 있군요.
성공할 용기-성공에 도전하고 성공적인 결과를 참고 기다리기	당신은 지금 매우 성공감을 느끼고 있군요. 시도하려면 무엇인가 기꺼이 행하려는 마음이 필요한데 당신은 바로 그렇게 했군요.
	당신은 결과가 어떻게 될지 모르더라도 무엇인가 새로운 것을 할 때, 매우 용기 있음을 느끼는군요.
	당신이 그와 같은 위험을 감수하면서, 모든 것이 잘되어

성공할 용기-성공에 도전하고 성공적인 결과를 참고 기다리기	가게 하여 기분이 매우 좋군요. 그것을 고수하여 다시 시도하는 당신 자신이 자랑스러웠군요. 당신은 해냈어요. 지금은 그 성공을 즐길 수 있군요.
평등성-동등한 사람으로서 행동하기, 다른 사람에게 열등감이나 우월감을 갖지 않기	당신은 다른 누구보다 낫거나 못하거나 하지 않습니다. 당신이 다른 사람과 동등하다는 것을 증명할 필요가 없어서 기분이 좋군요.
정체성-자기 자신이 되기, 관계에서 유연해지기	당신이 더 이상 역할 연기를 할 마음이 없다니 정말 대단하네요. 다른 사람이 아닌 바로 자신의 방식대로 살아갈 수 있다는 것이 정말 대단하네요. 평소의 당신 모습대로 행동할 수 있을 때는 기분이 좋지요. 바로 당신 모습 그대로일 수 있다는 것은 매우 기분 좋은 일입니다.
현실과의 접촉-세상을 객관적이고 적절하게 지각하기	당신의 세계관에 따르면 당신이 옳습니다. 그리고 이는 모든 것을 더 일리 있게 합니다. 당신의 계획이 불가능하지만 당신이 훨씬 나은 대안을 준비하였다는 것을 알게 되어 매우 기분이 좋습니다.
독립-존재를 입증하기 위하여 다른 사람에게 의존하지 않기	정말로 자유롭게 의사결정을 해서 기분이 좋군요. 지금 당신은 매우 독립적이군요. 당신 방식대로 삶을 살고 있군요. 자신의 성공을 입증할 수 있어서 기분이 좋군요.
지적인 자기존중-그 순간에 충분히 똑똑하다고 느끼기	그 상황을 다룰 수 있을 만큼 충분히 똑똑함을 알게 되어 정말 좋군요. 새로운 것을 다룰 수 있는 능력에 대해 자신감이 있군요. 그것은 당신에 대한 커다란 자기존중감이군요. 이제 무엇을 알아야 하는지 알게 되었군요.

유혹에 덜 취약하기-나쁜 행동이나 자기파괴적인 행동에 의존하지 않기	다른 사람이 원하는 모습이 아니라 당신이 있는 그대로의 모습으로 있어서 정말 좋습니다. 어려운 상황에서도 깔끔한 결정을 할 때 당신이 강하다고 느껴집니다. 당신은 성공의 절정에 있다고 느끼고 있군요. 주목받기 위하여 잘못된 행동을 할 필요가 없습니다. 이는 당신이 정말 강력하다고 느끼게 하지 않습니까? 당신은 선택권을 가지고 있고 당신을 위하여 최선의 행동을 선택할 수 있음을 알고 있군요.
해방-반항하거나 희생되지 않고 건설적으로 문제를 해결하기	사람(또는 사물)에 대한 오래된 신념에 사로잡혀 있지 않다니 대단합니다. 당신이 할 수 있는 최선을 다하면 자유롭지요.
현재에 살기-지금의 실제 세상에서 기능하기	당신이 전진하여 일들이 일어나게 할 수 있을 때는 기분이 좋지요. 완벽한 시기를 앉아서 기다리지 않았군요. 즉각 이를 행했군요.
사랑스러움-사랑하고 사랑받기	그래서 당신이 방금 한 것은 괜찮다고 당신 자신을 안아주는 것과 같군요. 사랑하고 사랑받는 것은 당신 자신에게 충분히 편안한 안전감을 주는군요. 그곳에서 누군가가 당신을 사랑하게 하다니 대단합니다. 당신도 그를 기꺼이 사랑할 수 있군요. 당신이 마음의 문을 열고 서로 사랑을 주고받으니 기분이 참 좋군요.
성숙-자신의 나이에 맞는 적절한 발달 단계	당신 혼자 힘으로 의사결정을 잘하니, 매우 어른스럽다고 느끼는군요. 당신이 지금 하는 일에 유능하다고 느끼는 것은 성장의 중요한 부분입니다. 다른 사람에게 의존하지 않고 당신 자신의 요구를 충족할 수 있다니 기분 좋습니다.

긍정적 존중-거리 낌 없이 인류 동료 를 긍정적으로 존 중하기	마치 자기 자신처럼 다른 사람을 동등하게 대하는군요. 인간의 종족과 영혼의 존재를 믿는 것은 대단하지 않습 니까? 타인의 관점을 이해하고 그들의 의견에 대한 권리를 존 중하는군요. 대단합니다. 당신이 다른 사람에게 선을 베풀면, 당신 내면은 더욱 행복해집니다.
힘과 통제-긍정적 인 것이 일어나도 록 하기	자신에 대해 매우 자랑스럽군요. 당신은 잘 해냈고 동시 에 그 상황을 잘 관리했습니다. 와우! 당신은 만사를 책임지고 있다고 느끼고 있군요. 당신 자신을 잘 관리하여 모든 사람을 위해 만사가 더 잘되도록 할 수 있었군요. 그것은 당신에게 강력한 것이 되었군요. 당신은 다르게 하였고, 이는 모두에게 좋았군요.
선택의 힘-선택할 수 있고 선택의 결과를 감수하기	당신은 해야 할 필요가 있는 것을 하고 그 결과를 감수 하기로 했습니다. 이는 당신이 매우 유능하다고 느끼 게 할 것입니다. 그것은 당신이 행동의 결과를 알아차리고 그 결과를 받 아들이는 강렬한 감정임이 분명합니다. 당신의 선택에 대해 기분이 좋군요. 선택권을 가지고 있고 자신의 행동을 선택할 수 있음을 알 때, 당신 자신과 당신의 인생을 매우 잘 다스리고 있다고 느끼는군요.
완화-자신의 가치 를 입증해야 하는 압박, 긴장, 스트 레스로부터 벗어 나기	바로 당신 자신이 될 수 있을 뿐이라는 것을 알게 되어 좋습니다. 당신이 넉넉하다는 것을 알게 되어 정말 안심이 됩니다. 당신의 방식 그대로 괜찮다는 것을 알게 되어 좋군요. 당신은 정말 마음을 놓았군요. 당신이 누구인지 증명하 기 위하여 더 이상 체면 차릴 필요가 없습니다.

죄책감의 완화-실제적인 양심의 가책을 느끼고 필요하면 배상하기	있기에 좋은 곳인 것 같아요. 당신은 상황을 바로잡을 수 있고, 더 이상 걱정하지 않고 나아갈 수 있군요. 죄책감에서 벗어나야 합니다. 당신은 실수를 했으나 이를 바로잡고 나아갈 수 있어요. 도로 주워 담을 수 없다니 안됐어요. 말한 것에 대해 기꺼이 사과하고 당신의 삶을 잘 살려고 하고 있군요. 당신은 잘못을 정정하고 당신의 행동에 대해 책임을 지게 되어 편안하군요. 당신 자신을 용서할 수 있어서 좋습니다. 당신은 그것을 다루거나 잊어버릴 수 있군요. 괜찮아질 것을 알고 있어요.
공포와 불안의 완화-긍정적인 미래관을 갖고 인생을 있는 그대로 받아들이기	그것은 당신에게 매우 좋군요. 당신은 일들이 일어나게 할 수 있군요. 그리고 이에 대해 좋은 전망을 가지고 있군요. 반응만을 하지 않고 이를 적절히 다루어서 기분이 좋군요. 인생을 있는 그대로 받아들이고 이를 다루고 있군요. 당신은 매우 자원이 풍부하다고 느끼고 있군요. 당신에게는 닥치는 것은 무엇이든지 걱정 없이 다룰 수 있는 수단이 있군요.
안전-인생의 부침에 대처하는 능력이 있어 편안해지기	당신 자신과 이를 다루는 당신의 능력에 대해 매우 괜찮게 느끼고 있군요. 이로써 당신 자신에 대해 안전감을 느끼고, 인생의 도전들을 있는 그대로 받아들이고, 당신이 잘 처리할 것을 아는군요.
안전한 협력-타인과 상호존중의 분위기에서 일하기	이는 당신에게 긍정적인 일로 여겨집니다. 즉, 할 필요가 있는 일을 하기 위하여 다른 사람들이 협력하게 하는 것입니다. 당신이 당신 팀(집단)이 함께 일을 잘 하도록 도왔다는 것을 알고 대단하다는 생각이 듭니다. 가족 활동과 프로젝트의 한 부분이라니 대단해요.

자기수용-있는 그대로 충분히 훌륭하다고 느끼기. "나의 잘못과 불완전함에도 불구하고 나는 가치 있는 사람이야."	당신은 지금 그대로 훌륭합니다. 충분히 훌륭합니다. 당신은 있는 그대로 좋다고 느끼는군요. 충분히 훌륭합니다. 당신은 그보다 나을 필요가 없었습니다. 이는 당신에게 만사가 잘 되어 간다고 느끼게 했군요.
자기존중-타인과 평등하게 살면서, 공동체에 긍정적으로 공헌하기	당신은 지금 당신에게 좋은 일을 했군요. 주거니 받거니 하면서 타인을 존중하는 일과 당신이 공헌할 수 있는 이군요. 다른 사람의 가치뿐만 아니라 당신의 가치를 알아보게 되어 당신은 매우 편안하군요. 다른 사람을 평등하게 대할 수 있는 것에 대해 매우 기분이 좋군요. 자신에 대해 매우 만족하는군요. 당신이 누구인지, 어디로 가고 있는지, 다른 사람들이 그 길을 따라 가도록 어떻게 도와야 하는지를 알고 있군요.
평온-자신에게 평화롭고 이웃과 기꺼이 평화롭게 지내기	당신이 경계태세를 유지할 필요가 없을 때는 정말 편안하군요. 정말 마음이 평화롭군요. 당신 자신의 존재에 대해 편안해하는군요.
성공-구속받지 않고 성공하고 출세하기	하려고 한 일을 완수했군요. 자신을 증명해 보이려 하지 않고 자기 방식대로 성공하여 자유로움을 느끼는군요.
고통 또는 실망에 대한 관용-인생을 절망하지 않고 있는 그대로 받아들이기	안 좋은 날(때)이 있을 때에도 당신의 낙관주의는 빛나는 것 같군요. 당신이 역경 속에서도 미소 짓는 것을 지켜보았습니다. 되는 대로 일들을 받아들여서 정말 기분 좋습니다. 지금 슬퍼하고 있지만, 최선을 다하였고, 당신이 원하면 이를 다시 할 수 있다는 것을 알게 되어 좋습니다. 실망하였더라도, 당신은 힘든 상황에 적응하는 법을 알고 있군요.

신뢰-신뢰할 가치가 있는 것을 분별하면서 자신을 신뢰하기	다른 사람을 믿을 수 있어서 기분이 좋습니다. 당신은 실망하고 있군요. 그러나 그들이 당신을 실망시키더라도 당신은 다른 결정들을 할 수 있군요.
자신의 판단에 대한 신뢰-경험에 의한 학습에 대해 개방적이기	그래서 당신은 과제를 하기로 결정하였고, 이는 잘한 결정으로 판명되었군요. 당신의 판단을 믿는 것이 괜찮음을 알게 되었군요.
사심 없는-다른 사람에게 거리낌 없이 자신이 할 수 있는 일을 다하기	타인에 대한 연민의 정이 있어, 당신은 자신에 대해 괜찮다고 느끼고 있군요. 경험을 나누어서 기분이 좋군요. 몇몇 구성원에게 실제적으로 도움이 되었군요. 아무것도 바라지 않고 베풀 수 있어서 기분이 좋군요. 자발적으로 헌신하면서 다른 사람이 당신의 선물을 기뻐하도록 하는 일이 당신에게 매우 즐거운 일이군요.

출처: Components of character based on Messer, M. (1995). The components of our character (pp. 29-40). Anger Institute: Chicago, IL. Examples of directed reflections based on Milliren, A., Messer, M. H., & Reeves, J. (n.d.). *"Reflections" on character.* Unpublished manuscript.

표 A10-3 의사소통의 열두 가지 장애물

장애물	표현의 예
1. 주문하기, 지시하기, 명령하기-다른 사람에게 무엇인가를 하도록 말하기, 주문이나 명령하기	다른 부모들이 무엇을 하는지는 상관없어. 너는 정원 일을 해야 한다. 엄마에게 그렇게 말하지 마라! 자, 저리 가서 Ginny와 Joyce랑 놀아라! 불평 좀 그만해라! 비언어적: 아이를 물리적으로 방으로 밀어 넣기

2. 경고하기, 위협하기, 약속하기—다른 사람이 무엇인가를 하면 어떤 결과가 일어날 것인가를 말하기 또는 결과를 수행하기(보상 주기 또는 처벌하기)	너, 그렇게 하면 후회하게 될 거야! 한 번 더 그렇게 말하면, 방에서 나가게 될 거야! 무엇이 너에게 좋을지 알면, 틀림없이 그것을 하지 않을 텐데! 네가 착한 아이라면, 산타클로스가 찾아올 거야. 진정해야 네 말을 경청할 거야. 비언어적: 엉덩이를 때리기, 보상하기
3. 훈계하기, 설교하기, 당위와 의무—모호한 외부 권위를 용인된 진리인 것처럼 들먹이기	그렇게 행동하지 않아야 한다. 너는 이것을 해야 한다. 아이들은 어른들을 존경해야 한다.
4. 충고하기, 해결책 주기, 제안하기—다른 사람에게 문제를 해결하는 방법을 말하거나, 조언하거나 제안하기, 또는 답이나 해결책을 주기	Ginny와 Joyce에게 너의 수준에 맞추어 달라고 요청하는 게 어때? 대학에 가려면 2년만 기다리면 돼. 네가 그것에 대해 선생님께 말하는 것이 좋겠다. 다른 여자아이들과 친구가 되어라.
5. 가르치기, 강의하기, 논리적인 논쟁하기—사실, 반론, 논리, 정보 또는 당신의 의견으로 상대방에게 영향을 주려고 하기	대학은 네가 하게 될 경험 중 가장 멋진 경험일 수 있다. 아이들은 서로 잘 지내는 법을 배워야 한다. 대학 졸업에 관한 실태를 살펴보자. 아이가 집에서 책임감을 배우게 되면, 책임감 있는 어른으로 성장하게 된다. 이런 식으로 살펴보자. 네 엄마는 집에서 도움이 필요하단다. 내가 네 나이라면, 네가 한 일보다 두 배는 열심히 했을 거야.
6. 판단하기, 비평하기, 동의하지 않기, 비난하기—다른 사람을 부정적으로 판단하거나 평가하기	너는 명료하게 생각하고 있지 않구나. 그것은 미성숙한 관점이야. 너는 그것이 틀렸어. 나는 너에게 더 이상 동의할 수 없다.

7. 칭찬하기, 동의하기–긍 정적으로 평가하거나 판단하기, 동의하기	나는 네가 예쁘다고 생각해. 너에게는 잘할 능력이 있어. 네가 옳다고 생각해. 너에게 동의해. 너는 항상 훌륭한 학생이었어. 우리는 항상 너를 자랑스러워했단다.
8. 욕하기, 낙인찍기, 고정 관념 갖기–상대를 바보 처럼 느끼도록 하기, 상 대를 어떤 범주에 넣기, 상대를 부끄럽게 하기	너는 버릇없는 녀석이구나. 여기 좀 봐, 잘난척쟁이야. 너는 야생동물처럼 행동하고 있구나. 좋아, 꼬마야.
9. 해석하기, 분석하기, 진 단하기–다른 사람에게 그들의 동기가 무엇인 지 말하거나 무엇인가 행동하거나 말하는 이 유를 분석하기, 그들을 이해하거나 진단하도 록 소통하기	너는 Ginny를 질투하는구나. 너는 나를 괴롭히기 위해서 그렇게 말하는구나. 너는 그것을 전혀 믿지 않는구나. 네가 학교에서 잘하고 있지 않기 때문에 그렇게 느 끼지.
10. 안심시키기, 동정하기, 위로하기, 지지하기–다 른 사람들을 더 기분 좋게 하고, 그들의 감 정에서 벗어나도록 말 하고, 감정을 떠나보 내고, 감정의 힘을 부 정하기	내일은 기분이 나아질 거야. 때로는 모든 아이가 이 일을 극복하지요. 걱정하지 마, 일이 잘될 거야. 너의 잠재력을 보면 너는 우수한 학생이었을 것 같아. 나도 종종 그렇게 생각해. 학교가 때로는 매우 지루할 수 있음을 알고 있어. 평소에는 다른 아이들과 잘 어울리는구나.
11. 탐색하기, 질문하기, 추 궁하기–이유, 동기, 원 인을 찾으려고 하기, 당신이 문제를 해결하 도록 돕기 위해 더 많 은 정보를 찾기	언제 이런 식으로 느끼기 시작했지? 왜 학교가 싫다고 생각하니? 아이들이 너와 놀기 싫은 이유를 말한 적 있니? 해야 할 일에 대해 얼마나 많은 아이와 이야기를 나누었니? 누가 그 생각을 너의 머릿속에 집어넣었지? 대학을 가지 않는다면, 너는 무엇을 할 것 같니?

12. 철회하기, 흩뜨리기, 빈 정대기, 익살 부리기, 우회하기, 에두르기–다 른 사람이 문제에서 도 망가도록 하기, 문제로 부터 철회하기, 다른 사람을 산만하게 하기, 정상이 아니라고 놀리 기, 문제를 제쳐 놓기	그것에 대해서는 잊어버려. 식사 중에 그것에 대해 말하지 말자. 자, 더 즐거운 것에 대해 이야기하자. 농구는 어떻게 되어 가고 있니? 학교 건물을 태워 버리는 게 어때? 우리는 이전에 이 모든 것을 극복해 왔어요.

출처: L. E. Losoncy, personal communication.

표 A10-4 희망 활동지 #2-2

이접 감정	가훈 또는 성서 말씀
예: 나는 상황을 진전시킬 어떤 방법도 알 수 없었다.	어두움 다음에는, 밝음이 있다.
	"야훼를 믿고 바라는 사람은 새 힘이 솟아나리라. 날개 쳐 솟아오르는 독수리처럼 아무리 뛰어도 고단하지 아니하고 아무리 걸어도 지치지 아니하리라." (이사야 40:31)

다음에는 많은 성서 말씀이 있는데, 인생의 어려움에 대한 이접 감정을 이겨 내도록 하기 위하여 색인카드에 복사하고, 확대하고, 붙여서 이용할 수 있다. 주제나 범주로 분류되면, 이 절들을 Q-Sort 활동으로 이용할 수도 있다.

"하느님께서 주신 성령은 우리에게 비겁한 마음을 주시는 것이 아니라 힘과 사랑과 절제를 주십니다." (디모테오에게 보낸 둘째 편지 1:7)	"야훼를 믿고 바라는 사람은 새 힘이 솟아나리라. 날개 쳐 솟아오르는 독수리처럼 아무리 뛰어도 고단하지 아니하고 아무리 걸어도 지치지 아니하리라." (이사야 40:31)
"여러분의 온갖 근심 걱정을 송두리째 하느님께 맡기십시오. 하느님께서는 언제나 여러분을 돌보십니다." (베드로의 첫째 편지 5:7)	"나에게 능력을 주시는 분에게 힘입어 나는 무슨 일이든지 할 수 있습니다." (필립비인들에게 보낸 편지 4:13)

"누가 감히 우리를 그리스도의 사랑에서 떼어놓을 수 있겠습니까? 환난입니까? 역경입니까? 박해입니까? 굶주림입니까? 헐벗음입니까? 혹 위험이나 칼입니까?……그러나 우리는 우리를 사랑하시는 그분의 도움으로 이 모든 시련을 이겨 내고도 남습니다."(로마인들에게 보낸 편지 8:35, 37)

"나는 확신합니다. 죽음도 생명도 천사들도 권세의 천신들도 현재의 것도 미래의 것도 능력의 천신들도 높음도 깊음도 그 밖의 어떤 피조물도 우리 주 그리스도 예수를 통하여 나타날 하느님의 사랑에서 우리를 떼어 놓을 수 없습니다."(로마인들에게 보낸 편지 8:38-39)

"주 야훼의 영을 내려 주시며 야훼께서 나에게 기름을 부어 주시고 나를 보내시며 이르셨다. 억눌린 자들에게 복음을 전하여라. 찢긴 마음을 싸매 주고, 포로들에게 해방을 알려라. 옥에 갇힌 자들에게 자유를 선포하여라."(이사야 61:1)

"우리는 이렇게 사랑함으로써 우리가 진리에 속해 있다는 것을 알게 되고 또 하느님 앞에서 확신을 가질 수 있습니다. 우리가 양심의 가책을 받을 때에도 그렇습니다. 하느님께서 우리의 마음보다 크시고 또 모든 것을 알고 계시기 때문입니다. 사랑하는 여러분, 우리가 양심의 가책을 받지 않을 때에는 하느님 앞에서 떳떳합니다."(요한의 첫째 편지 3:19-21)

"도둑은 다만 양을 훔쳐다가 죽여서 없애려고 오지만 나는 양들이 생명을 얻고 더 얻어 풍성하게 하려고 왔다."(요한의 복음서 10:10)

"정신을 바짝 차리고 깨어 있으십시오. 여러분의 원수인 악마가 으르렁대는 사자처럼 먹이를 찾아 돌아다닙니다. 굳건한 믿음을 가지고 악마를 대적하십시오. 아시다시피 온 세상에 퍼져 있는 여러분의 교우들도 같은 고난을 다 당해 왔습니다."(베드로의 첫째 편지 5:8-9)

"그 몸에 상처를 입음으로써 우리의 병을 고쳐 주었구나."(이사야 53:5)

"그것은 권세나 힘으로 될 일이 아니라 내 영을 받아야 될 일이다. 만군의 야훼께서 하신 말씀이시다."(즈가리야서 4:6)

"두려워하지 마라. 내가 너의 곁에 있다. 걱정하지 마라. 내가 너의 하느님이다. 내가 너의 힘이 되어 준다. 내가 도와준다."(이사야 41:10)

"너를 치려고 벼린 무기는 아무리 칼을 잘 만들었어도 소용이 없으리라. 너를 법정에 고소하는 혀가 도리어 패소의 쓴 잔을 마시리라. 바로 이것이 야훼의 종들이 나에게서 받을 몫이다. ……"(이사야 54:17)

"야훼를 믿고 바라는 사람은 새 힘이 솟아나리라. 날개 쳐 솟아오르는 독수리처럼 아무리 뛰어도 고단하지 아니하고 아무리 걸어도 지치지 아니하리라." (이사야 40:31) | "누구는 병거를 믿고 또 누구는 기마를 믿지만, 우리만은 우리 하느님 야훼의 이름을 믿사옵니다. 이 사람들은 휘청거려 쓰러지겠지만 우리는 꿋꿋이 선 채 넘어지지 않사옵니다." (시편 20:7)

역자 주: 원전에서는 성서 구절을 King James Version, New International Version, New King James Version에서 인용하였음을 밝히고 있으나, 번역서에서는 신구교가 공동으로 성서를 번역한 『한영대조 성서: 공동번역개정판, 가톨릭용』(대한성서공회, 1999)의 성서 구절을 인용하였음.

* 희망 활동지의 성서 말씀 부분은 다음에서 가져옴. Sori, C., & McKinney, L. (2005). Free at last! Using scriptural affirmation to replace self-defeating thought. In K. B. Helmeke & C. F. Sori (Eds.), *The therapist's notebook for integrating spirituality in counseling: Homework, handouts, and activities for use in psychotherapy* (pp. 223-234). New York: Haworth Press.

에·필·로·그

그는 상한 갈대도 꺾지 않고
꺼져가는 심지도 끄지 않으리라……
마태오의 복음서 12:20

이 책을 쓰려는 생각은 3년 전 눈 오는 날 아침에 Julia가 경험한 깨달음에서 촉발되었다. 우리는 문제 많고 낙담시키는 세상에 살고 있고 우리에게 필요한 것은 용기다.

이 책의 저술을 끝냈을 때, 우리는 미국 역사의 변환 순간을 목격했다. 미국은 처음으로 아프리카계 미국인을 대통령으로 선출했다. 변변치 않은 양육과 이 나라의 인종차별 경향과 억압의 역사를 고려하면 예상 밖의 후보자였다. 전 세계에 걸친 의심과 두려움의 시대에서, 미국인들은 상상하고 믿고 변화하는 용기를 보여 주었다. Barack Obama 대통령은 수락연설에서 "우리의 이상에 대한 지속적인 힘인 민주주의, 자유, 기회, 그리고 단단한 희망"으로부터 나오는 국가의 진정한 힘을 상기했다. 오랫동안의, 그리고 도전적인 앞으로의 여정에 마주하여, 그는 우리에게 더 열심히 일하며 우리 자신만을 돌보지 말고 서로 돌보자고 외쳤다. 그렇다. 우리는 할 수 있다!

이러한 공동체 의식과 Yes 태도는 바로 무관심과 적대감에 대한 해결책이다. 소속감은 전체의 부분이고자 하는 열망에서 시작한다. 용기는 행동하면서 실현되는 우리의 본성이며 열망이다. 우리 자신과 타인을 위하여 모든 삶의 요구에 맞부딪쳐서 처리하려고 애씀에 따라, 용기는 삶에 그와 관련한 힘을 가져다준다. 좋은 삶 또는 행복은 우리가 소유하는 것이 아니다. 이는 현재를 수용하는 용기와 우리가 하고 있는 것이 차이를 만들어 내는 것처럼 행동함으로써 참여하는 용기가 있을 때 우리의 깊은 열망에 응답하는 안녕의 상태다.

우리는 개인심리학, 용기의 심리학이 현대의 문제들에 대한 횡문화적인 고대의 지혜에 어떻게 접근하도록 하는지에 대하여 계속 경탄한다. 실용적으로, 상식적인 면에서, 개인심리학은 집과 학교, 직장, 지역사회에서 진정한 정신건강을 얻기 위하여 실행가능한 방법을 제공한다.

우리가 여러분에게 알프레드 아들러를 소개하는 기회를 갖게 되어 기쁘다. 아들러의 업적은 우리의 삶에 영향을 주어 왔다. 그는 세상이 어떤지, 그리고 세상에서 어떻게 존재하여야 하는지에 대한 의미와 이해를 우리에게 가져다주었다. 우리는 자기를 향상시키고 타인을 돌보는 여러분 자신의 여정에서 이 책이 유용하고 세월이 흘러도 변치 않음을 여러분이 알게 되기를 바란다.

참·고·문·헌

Adler, A. (1956). *The Individual Psychology of Alfred Adler: A systematic presentation in selections from his writing* (H. L. Ansbacher & R. R. Ansbacher, Eds.). New York: Harper & Rowe.

Adler, A. (1964). *Social interest: A challenge to mankind.* New York: Capricorn Books.

Adler, A. (1979). *Superiority and social interest: A collection of later writings* (3rd rev. ed., H. L. Ansbacher & R. R. Ansbacher, Eds.). New York: Norton.

Adler, A. (1927/1992). *Understanding human nature.* Chatham, NY: Oneworld Publications. (Original work published 1927)

Adler, A. (2003). Critical Considerations on the meaning of life. In H. T. Stein (Ed.) & G. L. Liebenau (Trans.), *The collected clinical works of Alfred Adler* (Vol. 5, pp. 176). Bellingham, WA: Classical Adlerian Translation Project. (Original work published in 1924)

Adler, A. (2003). *The meaning of life.* In H. T. Stein (Ed.) & G. L. Liebenau (Trans.), *The collected clinical works of Alfred Adler,* Vol. 5, (p. 176). Bellingham, WA: Classical Adlerian Translation Project. (Original work published 1931)

Adler, A. (2006a). Fundamentals of individual psychology. In S. Slavik & J. Carlson (Eds.), *Readings in the theory of Individual Psychology* (pp. 33-43). New York: Routledge/Taylor & Francis Group.

Adler, A. (2006b). How the child selects his symptoms. In S. Slavik & J. Carlson (Eds.), *Readings in the theory of Individual Psychology* (pp. 243-255). New York: Routledge/Taylor & Francis Group.

Alcoholics Anonymous (3rd ed.). (1976). New York: Alcoholics Anonymous World Services.

Andreas, C., & Andreas, S. (1989). *Heart of the mind.* Boulder, CO: Real People Press.

Ansbacher, H. L. (2006). The relationship of Dreikurs' four goals of children's disturbing behavior to Adler's social interest-activity typology. In S. Slavik & J. Carlson (Eds.), *Readings in the theory of Individual Psychology* (pp. 257-264). New York: Routledge/Taylor & Francis Group.

Bass, M. L., Curlette, W. L., Kern, R. M., & McWilliams, A. E., Jr. (2006). Social interest: A meta-analysis of a multidimensional construct. In S. Slavik & J. Carlson (Eds.), *Readings in the theory of Individual Psychology* (pp. 123-150). New York: Routledge/Taylor & Francis Group.

Bazzano, M. (2006, May). *Who is the other? Social interest and interdependence in Adler and Zen Buddhism.* Paper presented at North American Society of Adlerian Psychology Conference, Chicago.

Becker, G. D. (1997). *The gift of fear and other survival signals that protects us from violence.* New York: Dell.

Beecher, W., & Beecher, M. (1966). *Beyond success and failure.* Marina del Rey, CA: DeVoss & Company.

Beecher, W., & Beecher, M. (1981). *The sin of obedience.* Richardson, TX: The Beecher Foundation.

Beecher, W., & Beecher, M. (1983). *Parents on the run.* Marina del Rey, CA: DeVoss & Company.

Bellah, R., Madsen, R., Sullivan, W. M., Swider, A., & Tipton, S. M. (1985). *Habits of the heart: Individualism and commitment in American life.* Los Angeles: University of California Press.

Brendtro, L., Brokenleg, M., & Bockern, S. V. (1992). *Reclaiming youth at risk: Our hope for the future.* Bloomington, IN: National Educational Service.

Bettner, B. L., & Lew, A. (1996). *Raising kids who can.* Newton Center, MA: Connections Press.

Blagen, M. (2008). *The best kept secret: Adler's influence on A.A.* Manuscript in preparation.

Blagen, M. T., & Yang, J. (2009, April 18). Courage and hope as factors for client change: Important cultural implications and spiritual considerations. Retrieved from American Counseling Association Website: http://counselingoutfitters.com/vistas/vistas08/Blagen.htm

Bloch, D. P., & Richmond, L. (2007). *Soul work: Finding the work you love, loving the work you have.* Palo Alto, CA: Davies-Black Publishing.

Blustein, D. L. (2006). *The psychology of working. A new perspective for career development, counseling, and public policy.* Mahwah, NJ: Lawrence Erlbaum Associates.

Butler, L. H. (2000). *A loving home caring for African American marriage and families.* Cleveland, OH: The Pilgrim Press.

Careles, R. A., Darby, L., & Cacciapaglia, H. M. (2007). Using motivational interviewing as a supplement to obesity treatment: A stepped-care approach. *Health Psychology, 26,* 369-374.

Carlson, J., Kurato, W. T., Ng, K., Ruiz, E., & Yang, J. (2004). A multicultural discussion about personality development. *The Family Journal, 12,* 111-121.

Carlson, J., & Slavik, S. (Eds.). (1997). *Techniques in Adlerian psychology.* New York: Taylor & Francis.

Carlson, J., Watts, R., & Maniacci, M. (2006). *Adlerian therapy: Theory and practice.* Washington, DC: American Psychological Association Books.

Carns, M. R., & Carns, A. W. (1998). A review of the professional literature concerning the consistency of the definition and application of Adlerian encouragement. *The Journal of Individual Psychology, 5,* 72-89.

Chang, I. (2004). *The Chinese in America: A narrative history.* New York: Penguin.

Cheever, S. (2004). *My name is Bill: Bill Wilson-His life and the creation of Alcoholic Anonymous.* New York: Simon & Schuster.

Cheston, S. E. (2000). Spirituality of encouragement. *The Journal of Individual Psychology, 56,* 296-304.

Cleary, T. (1989). *The book of balance and harmony.* San Francisco: North Point.

Dahlsgaard, K., Peterson, C., & Seligman, M. E. P. (2005). Sacred virtue: The convergence of valued human strengths across culture and history. *Review of General Psychology, 9,* 203-213.

Dewey, E. A. (1984). The use and misuse of emotions: Individual psychology. *Journal of Adlerian Theory, Research, and Practice, 40,* 184-195.

Diller, J. V. (1999). Cultural diversity. A primer for the human services. New York: Brooks/Cole.

Dinkmeyer, D., Jr., & Carlson, J. (2001). *Consultation: Creating school-based interventions* (2nd ed.). Philadelphia: Taylor & Francis.

Dinkmeyer, D., & Eckstein, D. (1996). *Leadership by encouragement*

(Trade ed.). Boca Raton, FL: CRC Press.

Dixon, P. N., & Strano, D. A. (2006). The measurement of inferiority: A review and directions for scale development. In S. Slavik & J. Carlson (Eds.), *Readings in the theory of Individual Psychology* (pp. 365-373). New York: Routledge/Taylor & Francis Group.

Dreikurs, R. (1958). *The challenge of parenthood* (3rd ed.). New York: Duell, Sloan, & Pearce.

Dreikurs, R. (1970). The courage to be imperfect. In Alfred Adler Institute (Ed.), *Articles of supplementary reading for parents* (pp. 17-25). Chicago: Alfred Adler Institute.

Dreikurs, R. (1971). *Social equality: The challenge of today.* Chicago: Adler School of Professional Psychology.

Dreikurs, R. (1989). *Fundamentals of Adlerian psychology.* New York: Greenberg.

Dreikurs, R., Grunwald, B. B., & Pepper, F. C. (1982). *Maintaining sanity in the classroom* (2nd ed.). New York: Harper & Row.

Dreikurs, R., & Soltz, V. (1964). *Children: The challenge.* New York: Hawthorn.

Eckstein, D. (2006). *Four directions and the seven methods of encouragement.* Workshop delivered at Governors State University, University Park, Illinois.

Eckstein, D. (in press). *Relationship repair: Activities for counselors working with couples.* El Cajon, CA: National Science Press.

Eckstein, D., & Cooke, P. (2005). The seven methods of encouragement for couples. *The Family Journal: Counseling and Therapy for couples and Families, 13,* 320-350.

Eckstein, D., & Kern, R. (2002). *Psychological fingerpritns: Lifestyle assessment and interventions* (5th ed.). Dubuque, IW: Kendall/Hunt.

Edgar, T. E. (2006). The creative self in Adlerian psychology. In S. Slavik & J. Carlson (Eds.), *Readings in the theory of Individual Psychology* (pp. 107-110). New York: Routledge/Taylor & Francis Group.

Erikson, E. H. (1964). *Insight and responsibility.* New York: W. W. Norton.

Evans, P. D., & White, D. G. (1981). Towards an empirical definition of courage. *Behaviour Research and Therapy, 19,* 419-424.

Evans, T. D., & Milliren, A. P. (1999). Open-forum family counseling. In R. E. Watts & J. Carlson (Eds.), *Interventions and strategies in counseling and psychotherapy* (pp. 135-160). Levittown, PA: Accelerated Development.

Frankl, V. (1984). *Man's search for meaning.* New York: Washington Square Press. (Original work published 1946)

Fromm, E. (2006). *The art of loving.* New York: HarperCollins. (Original work published 1956)

Furtmuller, C. (1979). Alfred Adler: A biological essay. In H. L. Ansbacher & R. Ansbacher (Eds.), *Superiority and social interest* (pp. 309-423). New York: Norton & Company.

Gardiner Lord, H. (1918). *The psychology of courage.* Boston: John W. Luce & Company.

Gibran, K. (1923/2005). *The Prophet.* 2001. New York: Alfred A. Knopf.

Glasser, W. (2005). *Treating mental health as a public health problem. A new leadership role for the helping professions.* Chatsworth, CA: William Glasser, Inc.

Godfrey, J. J. (1987). *A philosophy of human hope.* Dordrecht, Germany: Martinus Nijhoff.

Gomes, P. J. (2000). Introduction. In P. Tillich. *The courage to be* (pp. xi-xxxiii). New Haven, CT: Yale University Press. (Original work published 1952)

Grunwald, B. B., & McAbee, H. V. (1985). *Guiding the family: Practical counseling techniques*. Muncie, IN: Accelerated Development Inc.

Hall, D. T. (1976). *Careers in organizations*. Glenview, IL: Scott Foresman.

Hall, D. T. (1986). Breaking career routines: Midcareer choice and identity development. In D. T. Hall & Associates (Eds.), *Career development in organizations* (pp. 120-159). San Francisco: Jossey-Bass.

Hall, D. T. (2002). *Careers in and out of organizations*. Thousand Oaks, CA: Sage Publications.

Hall, D. T., & Mirvis, P. H. (1996). The new protean career: Psychological success and the path with a heart. In D. T. Hall (Ed.), *The career is dead-long live the career: A relational approach to careers* (pp. 15-45). San Francisco: Jossey-Bass.

Hall, D. T., & Moss, J. E. (1998). The new protean career contract: Helping organizations and employees adapt. *Organizational Dynamics, 26*(3), 22-37.

Jobs, S. (2005, June 12). Commencement address given at Stanford University, CA. Retrieved May 10, 2007, from *Stanford Report*, http://news-service.stanford.edu/news/2005/june15/jobs-061505.html

Johansen, T. M. (2006). The four goals of misbehavior: Clarification of concepts and suggestions for future research. In S. Slavik & J. Carlson (Eds.), *Readings in the theory of Individual Psychology* (pp. 231-242). New York: Routledge/Taylor & Francis Group.

Kortman, K., & Eckstein, D. (2004). Winnie-the-Pooh: A "honey-jar" for me and for you. *The Family Journal, 12*(1), 67-77.

Krakauer, J. (1996). *Into the wild*. New York: Anchor Books.

Lewis, C. S. (1976). *A grief observed*. New York: Bantam. (Original work published 1961)

Lewis, C. S. (1988). *The four loves*. New York: Harcourt Brace & Company.

(Original work published 1960)

Lewis, C. S. (1996). *Problems of pain.* New York: HarperCollins. (Original work published 1940)

Lin, Y. (1959). *From pagan to Christian.* Cleveland, OH: The World Publishing Company.

Lin, Y. (1996). *The importance of living.* New York: William Morrow. (Original work published 1937)

Lingg, M., & Wilborn, B. (1992). Adolescent discouragement: Development of an assessment instrument. *Individual Psychology, 48,* 65-78.

Lombard, D. N., Melchior, E. J., Murphy, J. G., & Brinkerhoff, A. L. (2006). The ubiquity of life style. In S. Slavik & J. Carlson (Eds.), *Readings in the theory of Individual Psychology* (pp. 207-216). New York: Routledge/Taylor & Francis Group.

Lopez, S. J., & Snyder, C. R. (Eds.). (2003). *Positive psychology assessment: A handbook of models and measures.* Washington, DC: American Psychological Association.

Losoncy, L. E. (2000). *Turning people on: How to be an encouraging person.* Sanford, FL: InSync Communications LLC and InSync Press.

Losoncy, L. E. (2004, June). *Building the encouraging school district, agency or corporation.* Preconference workshop presented at the North American Society of Adlerian Psychology 52nd Annual Conference, Myrtle Beach, SC.

Manaster, G., & Corsini, R. J. (1982). *Individual psychology: Theory and practice.* Itasca, IL: F. E. Peacock.

Mansager, E. (2003). Adlerian psychology and spirituality in critical collaboration. In A. M. Savage & S. W. Nicholl (Eds.), *Faith, hope and charity as character traits in Adler's individual psychology: With related essays in spirituality and phenomenology* (pp. 61-69). Lanham,

MD: University Press of America.

Mansager, E. (2008). Affirming lesbian, gay, bisexual, and transgender individuals. *The Journal of Individual Psychology, 64,* 123-136.

May, G. G. (1988). *Addiction and grace: Love and spirituality in the healing of addictions.* San Francisco: Harper.

May, R. (1969). *Love and will.* New York: W. W. Norton & Company.

May, R. (1975). *The courage to create.* New York: W. W. Norton & Company.

May, R. (1977). *The meaning of anxiety* (Rev. ed.). New York: W. W. Norton & Company.

May, R. (1983). *The discovery of being.* New York: W. W. Norton & Company.

McBrien, R. J. (2004). Expanding social interest through forgiveness. *Journal of Individual Psychology, 60,* 408-419.

McGee, R., Huber, J., & Carter, C. L. (1983). Similarities between Confucius and Adler. *Journal of Adlerian Therapy, Research & Practice, 39,* 237-246.

Messer, M. (1995). *The components of our character.* Chicago: Anger Institute.

Messer, M. (2001). *Managing anger: A handbook of proven techniques.* Chicago: Anger Institute.

Miller, R. B. (2005). Suffering in psychology: The demoralization of psychotherapeutic practice. *Journal of Psychotherapy Integration, 15,* 299-336.

Miller, W. I. (2000). *The mystery of courage.* Cambridge, MA: Harvard University Press.

Miller, W. R. (1999). *Integrating spirituality into treatment: Resources for practitioners.* Washington, DC: American Psychological Association.

Miller, W. R. (2000). Rediscovering fire: Small interventions, large effects. *Psychology of Addictive Behaviors, 14,* 6-18.

Milliren, A. (in press). Relationships: Musings on the ups, downs, and the side-by-sides. In D. Eckstein (Ed.), *Relationship repair: Activities for counselors working with couples.* EI Cajon, CA: National Science Press.

Milliren, A., & Clemmer, F. (2006). Introduction to Adlerian psychology: Basic principles and methodology. In S. Slavik & J. Carlson (Eds.), *Readings in the theory of Individual Psychology* (pp. 17-32). New York: Routledge/Taylor & Francis Group.

Milliren, A., Clemmer, F., Wingett, W., & Testerment, T. (2006). The movement from "felt minus" to "perceived plus": Understanding Adler's concept of inferiority. In S. Slavik & J. Carlson (Ed.), *Readings in the theory of Individual Psychology* (pp. 351-363). New York: Routledge/Taylor & Francis Group.

Milliren, A., Evans, T. D., & Newbauer, J. F. (2006). Adlerian counseling and psychotherapy. In D. Capuzzi & D. Gross (Eds.), *Counseling and psychotherapy* (pp. 91-132). Upper Saddle River, NJ: Pearson.

Milliren, A., & Harris, K. (2006). Work style assessment: A Socratic dialogue from the 100 Aker Wood. *Illinois Counseling Association Journal, 154*(1), 4-16.

Milliren, A., Messer, M. H., & Reeves, J. (n.d.). *"Reflections" on character.* Unpublished manuscript.

Milliren, A., & Wingett, W. (2004). *Conversations in the style of Alfred Adler: RCI/TE.* Unpublished workshop handout. West Texas Institute for Adlerian Studies, Odessa, TX.

Milliren, A., & Wingett, W. (2005, January). *Socratic questioning: The art of precision guess work.* Workshop presented at Chicago Adlerian

Society, Chicago, IL.

Milliren, A., Yang, J., Wengett, W., & Boender, J. (2008). A place called home. *The Journal of Individual Psychology, 64*(1), 83-95.

Mitchell, K. E., Levin, A. S., & Krumboltz, J. D. (1999). Planned happenstance: Constructing unexpected career opportunities. *Journal of Counseling and Development, 77*, 115-124.

Moran, L. (1987). *The anatomy of courage.* Gordon City Park, NY: Avery Publishing Group Inc.

Mosak, H. H. (1977a). Life style assessment: A demonstration focused on family constellation. In H. H. Mosak (Ed.), *On purpose* (pp. 198-215). Chicago: Adler School of Professional Psychology Chicago.

Mosak, H. H. (1977b). The tasks of life I. Adler's three tasks. In H. H. Mosak (Ed.), *On purpose* (pp. 93-99). Chicago: Adler School of Professional Psychology Chicago.

Mosak, H. H. (with Dreikurs. R.). (1977c). The tasks of life II. The fourth life task. In H. H. Mosak (Ed.), *On purpose* (pp. 100-107). Chicago: Adler School of Professional Psychology Chicago.

Mosak, H. H. (with Dreikurs. R.). (1977d). The tasks of life III. The fifth life task. In H. H. Mosak (Ed.), *On purpose* (pp. 108-117). Chicago: Adler School of Professional Psychology Chicago.

Mosak, H. H., Brown, P. R., & Boldt, R. M. (1994). Various purposes of suffering. *The Journal of Adlerian Theory, Research & Practice, 50*, 142-148.

Nelson, J., Erwin, C., Brock, M. L., & Hughes, M. L. (2002). *Positive discipline in the Christian home: Using the bible to develop character and strengthen moral values.* Roseville, CA: Prima Publishing.

Oswald, R. F. (2008). The invisibility of lesbian and gay parents and their children within Adlerian parenting materials. *The Journal of Indivi-*

dual Psychology, 64, 246-251.

Palmer, P. J. (1997). *The courage to teach: Exploring the inner landscape of a teacher's life.* San Francisco: Jossey-Bass.

Palmer, P. J. (1999). *Let your life speak: Listening for the voice of vocation.* San Francisco: Jossey-Bass.

Peterson, C., & Seligman, M. (2004). *Character strengths and virtues: A handbook and classification.* Oxford: Oxford University Press.

Phillips, C. (2004). *Six questions of Socrates: A modern-day journey to discovery through world philosophy.* New York: W. W. Norton & Company.

Prochaska, J. O., & DiClemente, C. C. (1982). Transtheoretical therapy: Toward a more integrative model of change. *Psychotherapy: Theory, Research, and Practice, 19,* 276-288.

Putnam, D. (1997). *Psychological courage. Philosphy, Psychiatry, & Psychology, 4,* 1-11.

Rachman,. S. J. (1990). *Fear and courage* (2nd ed.). New York: W. H. Freeman and Company.

Rawls, J. (2005). *A theory of justice: Original edition.* Cambridbge, MA: Harvard University Press.

Rollnick, S., & Miller, W. R. (1995). What is motivational interviewing? *Behavioural and Cognitive Psychotherapy, 23,* 325-334.

Sandberg, D., & Yang, J. (2006). Spirituality at work: Usefulness of analogy and questions [Special issue]. *Illinois Counseling Association Journal, 154,* 17-28.

Savage, A. M., & Nicholl, S. W. (2003). *Faith, hope and charity as character traits in Adler's individual psychology: With related essays in spirituality and phenomenology.* Lanham, MD: University Press of America.

Savickas, M. (2005, April). *Career construction theory.* Paper presented at American Counseling Association Annual Convention. Atlanta, GA.

Seligman, M. E. P. (2002). *Authentic happiness: Using the new positive psychology to realize your potential for lasting fulfillment.* New York: Free Press.

Slagle, D. M., & Gray, M. J. (2007). The utility of motivational interviewing as an adjunct to exposure therapy in the treatment of anxiety disorders. *Professional Psychology: Research and Practice, 38,* 329-337.

Snyder, C. R. (1994). *The psychology of hope: You can get there from here.* New York: Free Press.

Snyder, C. R. (Ed.). (2000). *Handbook of hope: Theory, measurement, and applications.* San Diego, CA: Academic Press.

Snyder, C. R., & Lopez, S. J. (Eds.). (2000). *Handbook of positive psychology.* New York: Oxford University Press.

Sonstegard, M. A., & Bitter, J. R. (2004). *Adlerian group counseling and therapy: Step-by-step.* New York: Brunner-Routledge.

Sonstegard, M. A., Dreikurs, R., & Bitter, J. R. (1983). The teleoanalytic group counseling approach. In G. Gazda (Ed.), *Basic approaches to group psychotherapy and group counseling* (3rd ed., pp. 507-551). Springfield, IL: Charles Thomas.

Sori, C., & McKinney, L. (2005). Free at last! Using scriptural affirmation to replace self defeating thoughts. In K. B. Helmeke & C. F. Sori (Eds.), *The therapist's notebook for integrating spirituality in counseling: Homework, handouts, and activities for use in psychotherapy* (pp. 223-234). New York: Haworth Press.

Stein, H. T. (n.d.). *Classical Adlerian quotes: Overcoming difficulties.* Retrieved November 21, 2004, from Alfred Adler Institute of San

Francisco, http://ourworld.compuserve.com/homepages/hstein/qu-
over.htm.

Stein, H. T. (1991). Adler and Socrates: Similarities and differences. *Individual Psychology, 47*(2), 241-246.

Stein, H. T., & Edwards, M. E. (n.d.). Classical Adlerian theory and practice. Retrieved November 21, 2004, from Alfred Adler Institute of San Francisco, http://ourworld.compuserve.com/homepages/ hstein/theoprac.htm. (Reprinted from *Psychoanalytic Versions of the Human Condition: Philosophies of Life and Their Impact on Practice*, by P. Marcus & A. Rosenburg, Eds., 1998, New York University Press.)

Stoltz, K. (2006, March). *The work life task: Integrating Adlerian ideas into career development counseling.* Workshop presented at Illinois Career Development Association, Glen Ellyn, IL.

Stone, M. H. (2006). The creative self. In S. Slavik & J. Carlson (Eds.), *Readings in the theory of Individual Psychology* (pp. 93-105). New York: Routledge/Taylor & Francis Group.

Stone, M. H. (2008). Immanuel Kant's influence on the psychology of Alfred Adler. *The Journal or Individual Psychology, 64*, 21-36.

Suprina, J. S., & Lingle, J. A. (2008). Overcoming societal discouragement: Gay recovering alcoholics' perceptions of the Adlerian life tasks. *The Journal of Individual Psychology, 64*(2), 193-212.

Templeton, J. (1999). *Agape love: A tradition found in eight world religions.* West Conshohocken, PA: Templeton Foundation Press.

Terner, J. R., & Pew, W. L. (with Aird, R. A.). (1978). *The courage to be imperfect: The life and work of Rudolf Dreikurs.* New York: Hawthorn Books.

Tillich, P. (2000). *The courage to be.* New Haven, CT: Yale University Press. (Original work published 1952)

Virginia Tech Convocation [Producer]. (2007, April 17). [Video file]. Cassell Coliseum, Blacksburg, VA. Remarks partially transcribed by Yang, J. Video archived by the Virginia Tech Athletics Internet Services Web site: http://www.hokiesports.com/convocation.html

Walton, F. X. (1996a). *How to get along with oneself.* Paper presented at the annual meeting of the Florida Society of Adlerian Psychology.

Walton, F. X. (1996b). *An overview of a systematic approach to Adlerian family counseling.* Paper presented at University of Texas Permian Basin Spring Counseling Workshop, Odessa, TX.

Walton, F. X. (1996c). *Questions for brief life style analysis.* Paper presented at University of Texas Permian Basin Spring Counseling Workshop, Odessa, TX.

Walton, F. X. (1998). Use of the most memorable observation as a technique for understanding choice of parenting style. *The Journal of Individual Psychology, 54*(4), 487-494.

Watts, R. E. (1992). Biblical agape as a model of social interest. *Individual Psychology, 48,* 35-39.

Watts, R. E. (1996). Social interest and the core conditions: Could it be that Adler influenced Rogers? *Journal of Humanistic Education and Development, 34*(4), 165-170.

Watts, R. E. (2000). Biblically based Christian spirituality and Adlerian psychotherapy. *The Journal of Individual Psychology, 56,* 316-328.

Way, L. (1962). *Adler's place in psychology.* New York: Collier Books.

Wingett, W., & Milliren, A. (2004). Lost? Stuck? An Adlerian technique for understanding the individual's psychological movement. *Journal of Individual Psychology, 60,* 265-276.

Wolf, M. S. (2002). *Philosophical and spiritual implications of Adlerian psychology.* Retrieved November 21, 2004, from Alfred Adler Institute

of San Francisco. http://ourworld.compuserve.com/homepages/
hstein/theoprac.htm

Wolfe, W. B. (1957). *How to be happy though human*. London: Penguin
Books. (Original work published 1932)

Yang, J. (1991). Career counseling of Chinese American women: Are
they in limbo? *The Career Development Quarterly, 39*, 350-359.

Yang, J. (1992). *Chilly campus climate: A qualitative study on white racial
identity development attitudes*. (ERIC Document Reproduction
Service No. ED352576).

Yang, J. (1998). *Understanding worldviews in the 21st century: Global and
postmodern perspective*. Paper presented at the 7th International
Counseling Conference: Relating in a Global community, Sydney,
Australia.

Yang, J. (2006, July). *The color of courage: Unlearning oppression in the
work place*. Workshop presented at National Career Development
Association, Chicago.

Yang, J. (in press). Inconsolable secret. In D. Eckstein (Ed.), *Relationship
repair: Activities for counselors working with couples*. El Cajon, CA:
National Science Press.

Yang, J., & Drabik, G. (2006, May). *The courage for harmony: On
suffering and social interest*. Workshop presented at North American
Society of Adlerian Pystandard, Chicago.

Yang, J., & Milliren, A. P. (2004, October). *Yin, yang, and social interest:
In search of laws of social living across cultures*. Paper presented at
the North American Society of Adlerian Psychology 52nd Annual
Conference, Myrtle Beach, SC.

Yang, J., & Waller, B. (2005). Transforming a work life into a life work
[special issue]. *Illinois Counseling Association Journal, 153*, 21-31.

Yearley, L. H. (1990). *Mencius and Aquinas: Theories of virtue and conceptions of courage*. Albany: State University of New York Press.

Zeig, L. B. (2009). For better and for worse or until the multicultural problems do us part: The challenges of multicultural adaptation to couples. In D. Eckstein (Ed.), *Relationship repair: Activities for counselors working with couples*. EI Cajon, CA: National Science Press.

찾·아·보·기

내용

저자 소개

Julia Yang(PhD, NCC)

Illinois 주 University Park에 있는 Governors 주립대학교의 심리학 및 상담 교수다. Shippensburg에 있는 Pennsylvania 주립대학교와 Fresno에 있는 California 주립대학교에서 가르친 바 있고, 대만의 국립 Kaohsiung Normal University 상담학과의 창립 학과장이었다. 위기청소년 상담, 일의 영성적·문화적 측면에 관한 논문과 책들을 쓴 그녀는 교육, 음악, 우정, 가족, 사회적 평등, 신의 가치를 공유하는 두 아이의 자랑스러운 '아들러학파' 어머니다.

Alan Milliren(EdD, NCC, BCPC)

Illinois 주 University Park에 있는 Governors 주립대학교의 심리학 및 상담 부교수, 시카고 Adler School of Professional Psychology의 겸임교수이자 북미 아들러심리학회의 전임 회장이며 전문가다. 중학교 상담자와 교사, 초등학교 학교상담자를 거쳐 Illinois 주립대학교와 Permian Basan의 Texas 대학교에서 상담전문가로 일했다. 세계적인 워크숍 발표자이자 아들러 심리학과 이와 관련한 주제에 대하여 여러 권의 책과 수많은 논문을 쓴 그는 세 아이의 자랑스러운 아버지다.

Mark T. Blagen(PhD, CAC)

Springfield에 있는 Illinois 대학교 Human Services 학과 부교수로 학생들을 가르치면서 알코올과 약물 남용 상담의 대학원 과정을 이끌어 가고 있다. Virginia의 Regent 대학교와 Colorado의 Adams 주립대학교에서 상담 조교수로 재직한 바 있다. 그의 일차적인 연구 관심은 중독 회복의 영성적 차원을 밝히고, 생애 목적과 알코올 및 기타 약물 사용의 관계를 탐구하는 것이다. 대만 원주민 집단과 함께 작업하는 데 특별한 관심을 가진 그는 두 아이의 자랑스러운 아버지다.

역자 소개

오익수(Oh Iksoo) 전남대학교 교육학박사
현 광주교육대학교 교수
    한국아들러상담학회 부회장
    한국상담학회 수련감독전문상담사, APT 강사
전 한국청소년상담원 교수
    한국상담학회 부회장, 광주전남상담학회장
    광주교육대학교 학생생활연구원장

유리향(Yu Lyhyang) 전남대학교 교육학박사
현 중국 상해한국학교 교사, 청소년상담사 2급
전 광주교육대학교 강사

김선희(Kim Seonhui) 광주교육대학교 교육학석사
현 광주 무등초등학교 교사

김선우(Kim Sunwoo) 광주교육대학교 교육학석사
현 광주 송정초등학교 교사

조회진(Cho Hoijin) 광주교육대학교 교육학석사
현 광주 농성초등학교 교사

이해중(Lee Hyejung) 광주교육대학교 교육학석사
현 광주 경양초등학교 교사

용기의 심리학
건강한 사회적 삶을 위한 아들러학파의 안내서
The Psychology of Courage
An Adlerian Handbook for Healthy Social Living

2015년 5월 30일 1판 1쇄 발행
2021년 9월 25일 1판 3쇄 발행

지은이 • Julia Yang · Alan Milliren · Mark Blagen
옮긴이 • 오익수 · 유리향 · 김선희 · 김선우 · 조회진 · 이해중
펴낸이 • 김 진 환
펴낸곳 • (주) **학지사**

04031 서울특별시 마포구 양화로 15길 20 마인드월드빌딩 5층
대표전화 • 02) 330-5114   팩스 • 02) 324-2345
등록번호 • 제313-2006-000265호

홈페이지 • http://www.hakjisa.co.kr
페이스북 • https://www.facebook.com/hakjisabook

ISBN 978-89-997-0434-5   93180

정가 15,000원

이 도서의 국립중앙도서관 출판시도서목록(CIP)은 서지정보유통지원시스템
홈페이지(http://seoji.nl.go.kr)와 국가자료공동목록시스템(http://www.nl.go.kr/kolisnet)
에서 이용하실 수 있습니다.
(CIP제어번호: CIP2015014403)

출판 · 교육 · 미디어기업 **학지사**

간호보건의학출판 **학지사메디컬** www.hakjisamd.co.kr
심리검사연구소 **인싸이트** www.inpsyt.co.kr
학술논문서비스 **뉴논문** www.newnonmun.com
원격교육연수원 **카운피아** www.counpia.com